쫄지 마 형사절차

쫄지 마 형사절차

초판 1쇄 발행 2019년 5월 20일
초판 2쇄 발행 2019년 8월 14일

지은이 민주사회를 위한 변호사모임

펴낸이 이상순 주간 서인찬 편집장 박윤주 제작이사 이상광
기획편집 이주미, 박월, 이세원 디자인 유영준, 이민정
마케팅홍보 이병구, 신희용, 김경민 경영지원 고은정

펴낸곳 (주)도서출판 아름다운사람들
주소 (10881) 경기도 파주시 회동길 103
대표전화 (031) 8074-0082 팩스 (031) 955-1083
이메일 books777@naver.com
홈페이지 www.books114.net

생각의길은 (주)도서출판 아름다운사람들의 교양 브랜드입니다.

ISBN 978-89-6513-555-5 03360

이 도서의 국립중앙도서관 출판예정도서목록(CIP)은 서지정보유통지원시스템 홈페이지(http://seoji.nl.go.kr)와
국가자료종합목록시스템(http://www.nl.go.kr/kolisnet)에서 이용하실 수 있습니다. (CIP제어번호 : CIP2019018131)

쫄지마 형사절차
재판편

민주사회를 위한 변호사모임

민변이 이번에 출간하는 《쫄지 마 형사절차: 재판편》은 2009년에 출간했던 《쫄지 마 형사절차: 수사편》의 후속편입니다.

이 책의 독자들은 2008년 8월 미국산 소고기 수입 반대 촛불집회를 기억할 것입니다. 당시 집회에 참여했던 수많은 시민은 현행범으로 무차별하게 체포되어 경찰의 수사를 받았고, 민변은 졸지에 형사피의자가 된 시민들의 인권을 보호하고자 적극 변론활동에 나섰습니다. 그 과정에서 민변은 시민들이 형사절차를 잘 몰라 스스로를 방어하는데 큰 어려움을 겪는 것을 체험하고 시민들이 쉽게 이해할 수 있는 형사절차 해설서를 두 번에 나누어 출간하기로 결정했습니다. 그래서 1차로 2009년에 《쫄지 마 형사절차: 수사편》을 출간했습니다. 그 뒤 세월호참사와 백남기 농민 사망사건에 뒤따른 각종 집회에서 수많은 시민이 유사한 어려움을 또 다시 겪는 과정에서 민변은 위 수사편의 개정판을 출간했습니다.

개정판 출간 이후 4년의 세월이 흐르는 동안 촛불혁명이 일어나 정권이 바뀌었습니다. 각종 집회 참가자들에 대한 재판에서도 시민들의 무죄가 확정되는 등 큰 변화와 진전이 있었습니다. 2008년 이래 10년을 넘게 집회 참여를 이유로 형사절차에 맞닥뜨린 시민들을 위해 변론활동을 이어온 민변은 그간의 경험과 성과를 충실히 반영하여 처음에 계획했던 형사절차 해설서를 완성하는 작업에 들어갔고, 그 결과 이번에《쫄지 마 형사절차: 재판편》을 출간하기에 이르렀습니다.

민변은 처음 수사편을 출간할 때 3대 집필원칙을 세웠는데, 이번 재판편 역시 그 집필원칙을 충실히 따르고자 했습니다. 그 원칙이란 첫째, 쉬운 용어를 사용하고 둘째, 실제 사례를 중심으로 설명하고 셋째, 새로운 유형의 인권침해 사례와 대응방법도 함께 살펴본다는 것입니다. 그 이유는 형사절차에 맞닥뜨린 시민들이 혼자서도 책의 내용을 쉽게 이해하고 충분히 활용하여 자신을 잘 방어하도록 하기 위한 것입니다. 집필원칙에 따라 완성된 수사편이 독자들에게 호응을 얻었던 것처럼 이번 재판편 역시 독자들에게 큰 호응을 얻기를 소망해봅니다. 아울러 독자들이 이 책의 취지와 내용을 보다 잘 이해하기를 바라는 마음에서 다음 몇 가지 사항을 첨언하고 싶습니다.

첫째, 이 책은 부당한 인권침해를 당한 사람에게만 도움이 될 것이라는 오해가 없기를 바랍니다. 이 책은 형사절차에 연루된 사람이면 그 누구에게라도 도움이 되도록 집필되었습니다. 부당한 인권침해 유무를 떠나 형사재판절차 일반을 폭넓게 다루며, 형사피의자와 피고인은 물론 범죄피해자의 권리보장을 위한 정보까지 쉽고 충실하게 담고 있기 때문입니다.

둘째, 이 책만 익히면 나 혼자서도 충분히 방어권을 행사할 것이라는 선입견도 갖지 않기를 바랍니다. 국가권력을 상대하여 나 자신을 방어하려면 무기가 대등해야 하지만 피의자 내지 피고인의 처지에서 그러기가 참 어렵습니다. 그래서 변호사의 조력을 받고 그를 잘 활용하는 것이 긴요합니다. 언젠가 형사피고인이 되었다가 무고함이 밝혀졌던 매우 실력 있는 선배 변호사로부터 "피고인석에 앉아보니 변호사가 옆에 있는 것 자체가 그렇게 큰 힘이 되더라"는 경험담을 들은 적이 있습니다. 이 책 역시 형사절차에서 변호사의 조력이 중요함을 전제하고 그 조력을 얻을 시기와 방법을 제시하기도 합니다.

마지막으로 이 책은 변호사의 조력을 받지 못하는 상황은 물론이고 조력을 받는 상황 모두에서 독자에게 필요한 도움을 줄 것입니다. 대다수 형사 피고인들은 형사재판이 개시된 후 상당한 기간 동안 변호사의 조력을 얻지 못하는 공백상태를 경험하는데, 그 경우에도 여러 소송준비가 필요합니다. 하지만 그것을 혼자서 잘하기는 어렵습니다. 변호사의 조력을 얻는 상황에서도 피고인과 변호사의 소통은 재판에서 좋은 결과를 얻기 위해 매우 긴요합니다. 허나 피고인이 형사절차에 어두울 경우, 원활한 소통은 어려운 일이 되는 게 사실입니다. 이 책은 독자로 하여금 그러한 어려움들을 보다 쉽게 해소하게 만들어 주는 역할을 하게 될 것입니다.

아무쪼록 이번 재판편이 수사편과 더불어 뜻하지 않게 형사절차에 맞닥뜨린 시민들을 돕는 충실한 길잡이 역할을 할 수 있기를 소망합니다. 끝으로 이 책이 출간되기까지 시민의 좋은 벗이 되고자 각종 집회현장에 발 벗고 나서서 인권감시단 역할을 하고, 수사기관과 법정에서 시민을 열심히 변론하고, 이 경험과 성과를 모아 집필의 수고를 감당하며 편집의 노고를 떠맡아주신 민변 회원 여러분들의 노고에 무한한 감사를 드립니다.

김호철(민주사회를 위한 변호사모임 회장)

목차

발간사   4

◀ **제1부 총론: 형사재판 한눈에 알아보기**   12

1. 내가 형사재판을 받는다고?   14
2. 형사소송은 민사소송과 뭐가 다른가   16
3. 형사재판절차는 '검사의 기소'로 시작된다   19
4. 공소장과 피고인소환장을 받았다면   24
5. 형사재판과 출석   32
6. 형사재판은 어떻게 진행되나   35
7. 판사는 어떻게 유무죄를 판단할까   42

◀ **제2부 1심이 가장 중요하다**   48

1. 재판 준비 과정   50
2. 제1회 공판기일과 공판준비절차   57

3. 증거인부와 증거능력   64

4. 증거신청과 증거조사   80

5. 감정과 검증   97

6. 검증신청과 증거조사   105

7. 증인신문과 피고인신문   110

8. 형사합의와 공탁   126

9. 형사재판에서의 구속과 보석   141

10. 최후진술과 변론요지서 제출   166

11. 형의 선고   178

12. 판결 이후의 절차   193

제3부 특수한 재판   206

1. 국민참여재판   208

2. 약식절차   235

3. 즉결심판   242

◀ **제4부 형사재판과 인권**　　　　　　　　　　　　　248

　1. 형사재판절차와 피해자 보호　　　　　　　　　　250
　2. 장애인, 성폭력피해자, 소년, 외국인에 대한 특례　　264

◀ **제5부 실전편**　　　　　　　　　　　　　　　　　276

　1. 집회와 공무집행방해사건　　　　　　　　　　　278
　2. 국가보안법　　　　　　　　　　　　　　　　　298
　3. 표현의 자유　　　　　　　　　　　　　　　　313

쫄지 마! 법률용어　　　　　　　　　　　　　　326

제1부

총론:
형사재판 한눈에 알아보기

1.
내가 형사재판을 받는다고?

과연 살면서 한 번이라도 형사법정에 설 일이 있을까 싶지만, 자신의 의지와 무관하게 일이 벌어지는 경우가 있다. 친구가 전해준 연예인 소식을 무심코 다른 친구에게 전달하거나 댓글 한번 잘못 달았다가 명예훼손으로 재판을 받을 수 있다. 홧김에 싸우다가 심한 욕을 하여 모욕으로 재판을 받을 수 있다. 지인들에게 돈을 빌려 가면서 사업을 어렵게 끌고 가다가 사기죄로 재판을 받을 수 있고, 술김에 장난으로 남의 가게에서 신발을 훔쳤다가 절도로 재판을 받을 수 있다. 2008년에는 평생 법원에 갈 일이 거의 없을 것 같은 시민들이 시청광장 일대에서 미국산 쇠고기 수입에 반대한다며 구호를 외쳤다가 체포되어 형사재판을 받기도 했다.

형사사건에 연루되지 않는 것이 가장 좋겠지만, 그래도 사람 일은 어떻게 될지 모르는 일이다. 가까운 지인이 형사재판을

받게 되었다며 근심 가득한 표정으로 상담하러 올지도 모르니,

형사재판에서 꼭 알아야 할 용어와 절차에 대해 함께 살펴보자!

2.
형사소송은 민사소송과 뭐가 다른가

　빌려준 돈을 돌려받지 못하면 무조건 처벌이 가능하다고 생각하는 사람들이 많다. 법적 분쟁에 휘말렸는데, 그게 '민사절차'인지 '형사절차'인지 헷갈리는 경우가 많다. '형사고소'를 당했는데 '소송을 제기당했다'고 말하기도 하고, '민사소송'을 진행하고 있는데 '형사재판을 받고 있다'고 말하기도 한다.

　민사소송은 개인(또는 법인)과 개인(또는 법인) 사이에 발생한 분쟁을 판사가 법률에 따라 해결하는 절차이다. 채권자가 채무자에게 빌려준 돈을 갚으라고 법원에 청구하는 소송, 맞아서 갈비뼈에 금이 간 피해자가 때린 가해자를 상대로 피해를 배상하라고 법원에 청구하는 소송이 민사소송이다.

　형사소송은 검사가 범죄를 저지른 사람을 법원에 처벌해 달라고 청구(기소)하여 법원이 유무죄를 판결하는 절차이다. 형사소송에서는 검사와 피고인이 법정에 선다. 검사가 사기범이나 폭행범을 기소하여 형사법정에 세운 다음 판사에게 유죄를 증명하는 절차로 진행한다.

민사소송과 형사소송의 차이

① 당사자 호칭

민사소송에서는 소송을 제기한 측을 '원고', 소송을 제기당한 측을 '피고'라고 한다. 형사소송에서는 '검사'가 기소하며, 기소당한 사람을 '피고인'이라고 한다.

② 변호사 호칭

민사소송에서는 '대리인'이라고 하는데, 형사소송에서는 '변호인'이라고 한다.

③ 재판 참석 여부

민사소송에서는 변호사를 선임하면 법정에 출석하지 않아도 괜찮지만, 형사소송에서는 변호사를 선임하더라도 법정에 출석하여야 한다.

1) 죄와 형은 반드시 법률로 정해야 한다

형사소송에서 가장 중요한 것은 **죄형법정주의**이다! '법률이 없으면 범죄도 없고, 법률이 없이는 형벌도 없다'는 원칙으로, 범죄와 형벌을 미리 법률로써 규정하여야 한다는 것이다. 우리나라 헌법에도 죄형법정주의를 천명하고 있다. 따라서 처벌하는 법률의 규정이 없으면, 아무리 악독한 짓을 하더라도 처벌할 수 없다. 예를 들어 이전에는 형법에 간통죄가 있어서 처벌이 가능했으나, 헌법재판소에서 위헌결정이 선고된 후 간통죄가 폐지되었다. 그러나 민사소송은 다르다. 형법에서 간통죄가 폐지되어 처벌할 수 없지만, 간통을 저지른 배우자를 상대로 손해배상을 구하는 민사소송을 제기할 수 있다.

⚖️ 쫄지 마 법전 헌법 제12조 제1항

모든 국민은 신체의 자유를 가진다. **누구든지 법률에 의하지 아니하고는** 체포·구속·압수·수색 또는 심문을 받지 아니하며, 법률과 적법한 절차에 의하지 아니하고는 **처벌·보안처분 또는 강제노역을 받지 아니한다.**

2) 사기죄로 처벌받으면 더 이상 돈을 갚지 않아도 되는가?

사기죄로 형사재판을 받으면 더 이상 돈을 갚지 않아도 된다고 생각하는 사람들이 있다. 그러나 형사소송은 국가가 형사처벌을 할 것인가의 문제이고, 민사소송은 당사자 사이에 돈을 주고받는 관계이므로 별개의 절차이다. 형사재판에서 처벌을 받았다 하더라도 그것과 별개로 피해자에 돈을 갚아야 한다.

3.
형사재판절차는 '검사의 기소'로 시작된다

수사가 시작된 이상 반드시 끝이 있어야 하는데, 그 끝은 검사가 사건을 기소하거나 불기소하는 것으로 마무리된다. 이처럼 검사가 법원에 피의자를 처벌해달라고 요구하는 것이 '기소'이고, 법원에 처벌을 요구하지 않고 사건을 끝내는 것을 '불기소'라고 한다. 기소가 되었다면 이제 본격적인 형사재판절차가 시작된 것이다!

쫄지 마 사전 피의자와 피고인

기소 전후로 신분이 바뀐다. 수사 중에 있는 사람을 '피의자'라고 하고, 기소되어 형사재판을 받고 있는 사람을 '피고인'이라고 한다.

기소와 불기소에도 여러 종류가 있다. 기소에는 ① 공판청구(정식기소) ② 약식명령청구(약식기소) ③ 즉결심판청구가 있다.

공판청구는 공개된 법정에서 정식으로 증거조사를 하여 유무죄를 판결하는 절차이다. 일반적으로 '기소'라고 하면 공판청구를 의미한다. 수사 단계에서 구속한 피의자를 기소하면 '구속기소'라고 하고, 불구속 피의자를 기소하면 '불구속기소'라고 한다.

약식명령청구는 검사가 법원에 '벌금'을 선고해달라고 기소하는 것을 말한다. 법원은 검사가 벌금을 선고해달라고 약식청구를 하면, 정식으로 재판을 열지 않고 기록만 보고 재판(약식명령)한다. 그러나 법원이 벌금형으로 처벌하는 것이 적절하지 않다거나 유무죄를 판단해야 할 사건이라고 판단하면 정식재판에 회부하는 결정을 할 수 있다.

피고인도 법원의 약식명령을 받고 나서 7일 이내에 법원에 정식재판을 청구할 수 있다. 2008년 촛불집회에서 많은 시민이 법원에서 벌금형의 약식명령을 받았지만 유무죄를 다투기 위해 정식재판을 청구했다.

TIP **형벌의 종류**

형벌의 종류는 사형, 징역, 금고, 자격상실, 자격정지, 벌금, 구류, 과료, 몰수가 있다. '과태료'와 '과징금'은 형벌이 아니다.

즉결심판청구는 경미한 형사사건을 정식재판을 거치지 않고 신속하게 처리하기 위한 절차이다. 20만 원 이하의 벌금, 구류, 과료에 해당하는 경미한 사건이나 교통범죄로 범칙금 통고처분을 받았는데 이를 납부하지 않은 사건에 대해 경찰서장이 법원에 청구한다. 담배꽁초를 함부로 버리거나 길거리에서 함부로 침을 뱉는 행위는 「경범죄처벌법」에서 10만 원 이하의 벌금, 구류, 과료로 처벌할 수 있어 즉결심판 대상이다. 즉결심판청구는 경찰서장이 법원에 청구한다는 점에서 기소독점주의의 예외에 해당한다.

즉결심판은 정식재판보다 간단한 절차로 진행된다. 즉결심판도 원칙적으로 기일에 출석해야 하는데, 「경범죄처벌법」이나 「도로교통법」 위반으로 즉결심판청구가 된 경우, 납부할 범칙금의 1.5배액을 예납하고 불출석심판청구서를 제출하여 법원의 허가를 받으면 출석하지 않아도 된다.

📙 **쫄지 마 사전 기소독점주의와 기소편의주의**

형법이나 다른 형벌 법규가 규정하고 있는 거의 모든 수사사건의 종국처분은 검사가 한다. 즉 검사가 기소하거나 불기소 결정을 하는데, 이를 **기소독점주의**라고 한다. 우리 「형사소송법」은 기소독점주의와 함께 **기소편의주의**를 채택하고 있는데, 죄가 인정되면 무조건 기소하는 것이 아니라 검사가 여러 사정을 고려하여 기소를 할 수도 있고 하지 않을 수도 있는 제도이다.

기소독점주의와 기소편의주의로 검사는 무소불위의 권력을 행사할 수 있는데, 정치 권력의 이해와 기득권 유지를 위해 기소권을 남용한다는 비판에 직면해왔다. 2008년 MBC 〈PD수첩〉 기소, 2009년 정연주 전 KBS 사장 배임죄 기소 등이 그 대표적인 사례라고 할 수 있다.

시민사회는 2000년 초부터 기소독점주의와 기소편의주의로 검사 등의 고위공직자 수사나 처벌이 제대로 되지 않는 점을 문제로 지적하면서 '고위공직자비리수사처(공수처)'의 설치를 요구했다.

불기소결정('불기소처분'이라고도 부른다)은 검사가 법원에 기소하지 않고 사건을 종결하는 것을 의미한다. ① 혐의가 인정되지 않거나(무혐의) ② 혐의는 인정되지만 기소가 필요하지 않다고 판단(기소유예)한 경우 ③ 공소시효가 지났거나 법률이 폐지되는 경우와 같이 소송조건이 결여되거나 형 면제의 사유가 있어서 기소할 수 없는 경우(공소권 없음)와 ④ 혐의는 인정되지만 정당방위가 인정되어 위법하지 않거나 형사미성년자라서 책임이 없는 경우처럼 범죄를 구성하지 않는 경우(죄가 안 됨)에 불기소처분을 한다.

검찰에서 불기소결정을 하면 처분결과만 적은 '고소·고발사건 처분결과 통지서'를 보낸다. 불기소처분의 이유를 알기 위해서는 검찰청을 방문하여 '불기소이유고지청구'를 해야 한다. 불기소결정을 한 검찰청이 아니더라도, 가까운 검찰청 민원실을 방문하여 민원실에 비치된 민원신청서를 이용하면 된다.

4.
공소장과 피고인소환장을 받았다면

법원에서 날아온 공소장

검사가 기소를 한다(또는 공소를 제기한다)는 의미는 '공소장을 법원에 제출한다'는 의미이다. 즉, 공소를 제기하기 위하여 법원에 제출하는 것이 공소장이다. 공소장에는 ① 죄명 ② 적용법조 ③공소사실이 적혀 있다. 죄명에는 절도, 사기, 상해 등 죄의 이름이, 적용법조에는 처벌 근거 법률 규정이, 공소사실에는 기소가 된 구체적인 사실이 적혀 있다.

어떤 죄로 기소되었는지를 알아야지만 재판에서 대응할 수 있으므로, 공소장을 받으면 가장 먼저 죄명과 적용법조를 확인하는 것이 좋다. 사람을 폭행했는데 사망한 경우, 살인죄나 폭행치사죄로 처벌될 수 있는데, 죄명과 적용법조를 보면 검사가 무슨 죄로 기소했는지 알 수 있다.

서울중앙지방검찰청

2015. 7. .

사건번호 2015년 형제56 호

수 신 자 서울중앙지방법원   발 신 자

검   사

제   목 공소장

아래와 같이 공소를 제기합니다.

I. 피고인 관련사항

피 고 인

직 업

주 거

등록기준지

죄   명 명예훼손

적용법조 형법 제307조 제2항.

구속여부 불구속 (2015. 7. 16.별건구속)

변 호 인 없음

II. 공소사실

	살인죄로 기소한 경우	폭행치사로 기소한 경우
죄명	살인	폭행치사
적용법조	형법 제250조 제1항	형법 제262조, 제260조

공소사실을 꼼꼼히 읽어보고 재판에서 전부 인정할 것인지, 부인할 것인지, 부인하는 경우 전부인지 일부인지를 정해야 한다. 가능하면 이때부터 변호사의 도움을 받는 것이 좋다.

TIP **검찰 사건번호를 메모하자!**

공소장 맨 위 왼쪽에 사건번호가 있다. '2019년 형제0000호'와 같이 사건이 검찰에 접수된 연도를 기준으로 '형제'번호를 붙인다. 형사재판이 확정되어 끝나면 검찰청에서 기록을 보관하는데, 기록을 보기 위해 검찰청에 열람 신청을 할 때 사건번호를 알면 빨리 찾을 수 있으므로, 검찰 사건번호를 메모해두는 것이 좋다.

공소장과 함께 오는 서류들

1) 법원에서 의견서를 내라고 하는데?

법원에서 공소장과 함께 서류를 뭉텅이로 보내오는데 하

나하나 살펴보자!

우선, 질문이 가득한 의견서가 있다. 법원이 공판절차를 진행하기 전에 피고인으로부터 공소사실에 대한 의견(인정 또는 부인), 절차 진행에 대한 의견(다른 형사사건이 있는지, 빨리 진행하기 원하는지 등) 등을 듣기 위하여 보내는 것이다(자세한 내용은 2부를 참조하라).

2) 국민참여재판 안내서, 국민참여재판 의사확인서

법원은 공소장을 보낼 때 '국민참여재판 안내서'와 '국민참여재판 의사확인서'도 같이 보낸다. 국민참여재판은 직업 법관이 아닌 일반 국민이 형사재판 과정에 참여해 유무죄의 의견과 양형의 의견을 판사에게 주는 방식으로 진행하는 재판이다. 국민참여재판을 받고 싶으면 1심 공판기일 전에 신청해야 한다. 법원은 피고인들에게 국민참여재판 받을 권리를 보장하기 위해서 국민참여재판 안내서와 의사확인서를 동봉해서 보낸다(국민참여재판에 대해서는 208쪽에서 구체적으로 살펴본다).

3) 국선변호인 선정청구서

법원은 '국선변호인 선정청구서'도 같이 보낸다. 이것이 무엇인지 살펴보자!

수사 단계부터 변호인을 선임해서 대응하는 경우도 있는데, 변호인이 없다면 형사소송절차에서 변호인을 선임할지 진지하게 고민할 필요가 있다. 형사소송은 피고인이 법률전문가인 검사와 싸우는 것이다. 무죄추정의 원칙이 적용되지만 혐의를 받고 있다는 점에서 불안과 공포로 위축될 수밖에 없으며, 구속된 경우에는 유리한 증거 수집도 어렵다. 공소장을 받은 즉시 변호사와 상의하고 소송 전략을 세우는 것이 좋다. 헌법과 「형사소송법」에서도 피고인이 검사와 같은 무기를 들고 싸울 수 있도록 변호인 선임권을 인정하고 있는데, 이를 '무기평등의 원칙'이라고 한다. 변호사를 선임할 계획이라면, 법원에 의견서를 제출하기 전에 선임하여 공소사실에 대한 입장을 정리하고 필요한 증거를 수집하는 것이 좋다.

⚖ **쫄지 마 법전 헌법 제12조 제4항**

누구든지 체포 또는 구속을 당한 때에는 즉시 변호인의 조력을 받을 권리를 가진다. 다만, 형사피고인이 스스로 변호인을 구할 수 없을 때에는 법률이 정하는 바에 의하여 국가가 변호인을 붙인다.

⚖ **쫄지 마 법전 헌법 제27조 제4항**

형사피고인은 유죄의 판결이 확정될 때까지는 무죄로 추정된다.

변호인의 조력을 받을 권리는 헌법상 권리다. 그렇다고 국가가 항상 챙겨주는 것도 아니다. 만약 변호사를 선임하고 싶은데 경제적으로 부담이 된다면 국선변호인 제도를 적극 활용하길 바란다.

1) 필요적 국선변호인

피고인이 ① 구속된 때 ② 미성년자(19세 미만) ③ 70세 이상 ④ 농아 ⑤ 심신장애의 의심이 있는 경우 ⑥ 사형·무기 또는 3년 이상의 징역·금고에 해당하는 사건으로 기소된 경우, 재판하기 위해서는 반드시 변호인이 있어야 한다. 피고인이 변호인을 선임하지 않았다면 법원이 국선변호인을 지정해야 한다. 변호인이 없으면 재판을 할 수가 없다. 법원은 ⑦ 피고인의 연령·지능·교육 정도 등을 참작하여 권리보호를 위하여 필요하다고 인정되고 피고인이 명시적으로 국선변호인의 선정을 원하지 않는다고 의사를 표시하지 않는 경우에도 피고인의 청구 없이 국선변호인을 선정할 수 있다.

국가가 흉악하고 비난 가능성이 높은 범죄자(⑥의 경우)에게 국선변호인을 선정해주는 이유가 무엇일까? 형벌이 중할수록 피고인에게 미치는 영향이 크므로 우리 「형사소송법」은 '사형·무기징역 또는 3년 이상의 징역·금고'에 해당하는 범죄를 저지른 피고인의 방어권을 좀 더 보장하기 위하여 국선변호인 제도를 채택하고 있다.

2) 임의적 국선변호인

앞에서 살펴본 여섯 가지 사유(①~⑥)의 경우에는 반드시 변호인이 있어야 하지만, 위 사유에 해당하지 않을 경우에는 변호인이 없더라도 재판을 받을 수 있다.

그러나 무기평등을 위하여 변호인을 선임하는 것이 좋은데, 경제 사정 등으로 변호사를 선임할 수 없는 경우 법원에 국선변호인의 선정을 청구할 수 있다. 공소장과 함께 온 국선변호인 선정청구서를 활용하면 된다. 법원은 청구인이 「국민기초생활 보장법」에 따른 수급자, 「한부모가족지원법」에 따른 지원대상자, 「기초연금법」에 따른 기초연금 수급자, 「장애인연금법」에 따른 수급자, 「북한이탈주민의 보호 및 정착지원에 관한 법률」에 따른 보호대상자 등에 해당하면 국선변호사를 선정해준다.

TIP **피고인 가족이 대신 국선변호인 청구를 할 수 있을까?**

피고인이 병환 중에 있거나 외국에 있어 국선변호인 청구를 할 수 없더라도 배우자나 형제, 자매가 대신 청구할 수 있다. 미성년자의 경우에는 법정대리인인 부모가 대신 국선변호인 선정을 청구할 수 있다.

법원은 피고인소환장을 공소장과 함께 보내기도 하지만, 공소장을 먼저 보내고 나서 따로 보내기도 한다. 피고인소환장에서 반드시 확인해야 할 것은 공판기일과 법정이다.

TIP 공판기일은 어떻게 확인할 수 있나?

첫 번째 공판기일은 법원이 피고인소환장을 보내주므로 확인할 수 있는데, 그다음부터는 법정에서 판사가 알려주므로 메모를 잘해야 한다. 공판기일을 잊어버리더라도 전혀 당황할 필요가 없다. 대법원 '나의 사건 검색 사이트'를 잘 활용하자. 대한민국 법원 인터넷 사이트(www.scourt.go.kr)에 접속해서 '대국민서비스'→'사건 검색'으로 들어가서 법원, 사건번호, 당사자 이름을 입력하면 바로 공판기일과 사건 진행 내용을 확인할 수 있다.

사건번호	대법원 ⌄	2019 ⌄	다 ⌄		당사자명 필수!	☐ 사건번호입력모드
	150312	새로고침	음성듣기	자동입력 방지문자를 입력	검색	

5.
형사재판과 출석

재판에 꼭 나가야 할까?

민사재판은 변호사가 출석하면 당사자는 안 나가도 되지만 형사재판은 피고인 본인이 반드시 출석해야 한다. 불구속기소 되었는데 특별한 이유 없이 출석하지 않으면 구인장이나 구속영장이 발부될 수 있다. 구속되었다가 재판 중에 보석이나 구속집행정지로 풀려난 사람이 재판에 출석하지 않으면 보석 또는 구속집행정지가 취소될 수 있다. 몸이 아프거나 불가피한 사유로 출석하기 어려우면 반드시 소명자료를 첨부해서 공판기일 변경을 신청한다.

📖 **쫄지 마 사전 구속과 구인의 차이**

구속은 사람을 강제로 끌고 와서 일정 기간 구금하는 것이고, 구인은 사람을 강제로 끌고 와서 24시간 이내에 석방하는 것이다. 전두환이 회고록에 5.18 당시 헬기 사격을 목격했다고 주장한 조비오 신부의 주장은 거짓말 이라고 적었다가 사자명예훼손으로 기소된 적이 있다. 그가 재판에 출석 하지 않자 법원은 구인영장을 발부했다.

박근혜 전 대통령처럼 구속기소되었는데 구치소에서 재판 에 나오지 않고 버티는 경우는 어떻게 할까? 「형사소송법」은 구 속피고인이 정당한 이유 없이 출석을 거부하고 교도관이 강제 로 데리고 나올 수 없거나 현저히 곤란하다고 인정되면 피고인 출석 없이 절차를 진행할 수 있다.

법정에 출석할 때 주의할 점

• 법정에 출석할 때는 판사가 당사자임을 확인할 수 있도록 신분증을 지 참한다.

• 국민참여재판을 받고자 한다면 첫 번째 공판기일 전에반드시 국민참여 재판 신청을 한다.

• 공판 날짜와 법정을 정확히 확인한다.

• 재판은 원칙적으로 공개재판이므로 가족은 물론 일반인도 다른 피고인 의 재판을 방청할 수 있다. 한 법정에서 시간 순서대로 여러 사건 재판을 진행하므로 가능하면 공판 시간보다 빨리 법정에 도착해서 다른 사람들이 재판받는 모습을 미리 보는 것도 좋다.

• 방청석에 앉아 있다가 판사가 사건번호와 피고인의 이름을 부르면 피고인석으로 가서 앉는다. 피고인 자리는 검사 맞은편에 있다.

• 변호인과 같이 앉으므로, 재판 중에 필담이나 조용한 목소리로 변호인과 상의할 수 있다.

• 「형사소송법」에서 "검사의 좌석과 피고인의 좌석은 대등하다(제275조 제3항)"고 명시하고 있고, "피고인은 유죄의판결이 확정될 때까지 무죄로 추정된다(제275조의2)"고 명시하고 있다! 그러므로 검사 앞에서 쫄 필요가 없다!

▪ 법정 모습

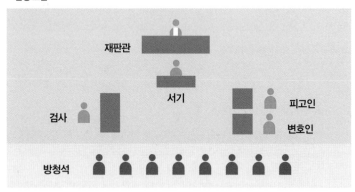

6.

형사재판은 어떻게 진행되나

깊은 숲속에 들어왔다면 자신이 어디에 서 있는지 알아야 길을 찾아갈 수 있다. 형사재판도 시작부터 끝까지 어떻게 진행되는지 알아야 자신을 방어할 수 있다. 법원에서 진행되는 통상의 공판절차에 대해 간략하게 소개한다.

재판 준비

앞에서 이야기한 것처럼 공소장을 꼼꼼히 살펴보고 변호사를 선임한 다음, 변호사와 의견서 작성에 대해 의논한다. 이때 반드시 확보해야 하는 것이 수사기록이다. 형사재판은 검사가 피고인이 유죄를 입증해야 하는데, 이 유죄의 증거가 바로 수사기록(검사가 가지고 있는 증거기록)이다. 증거조사가 끝날 때까지 증거는 검찰청에 있으므로, 검찰청에 가서 기록을 복사한다.

공판준비절차

법원은 본격적인 공판절차로 들어가기 전에 공판준비절차를 진행할 수 있다. 다툼이 있고 증거관계가 복잡한 사건에서 재판장이 효율적이고 집중적인 재판을 위하여 미리 쟁점을 정리하는 절차이다. 공판준비절차의 진행 여부는 재판장의 선택 사항이지만, 국민참여재판 사건에서는 반드시 진행한다. 법원은 피고인(변호인)과 검사에게 서면으로 쟁점과 입증계획 등을 제출하게 할 수 있고, 공판준비절차기일을 정해서 직접 피고인(변호인)과 검사를 만나 주장 및 입증계획을 협의하고 의견을 들을 수도 있다. 피고인은 공판준비절차기일에 출석하지 않아도 된다.

첫 번째 공판기일

첫 번째 공판기일에 판사는 우선 피고인에게 진술거부권을 고지한 다음 그의 신원을 확인한다(인정신문). 그다음 검사가 공소장에 적힌 공소사실의 요지를 진술하고(검사의 모두진술), 피고인이 공소사실을 인정하는지 여부에 대하여 진술한다(피고인의 모두진술). 피고인 대신 변호인이 공소사실에 대한 의견을 이야기할 수 있다. 그 후 판사가 증거조사절차에 들어가는데, 검사가 법원에 증거목록을 제출한다. 그러면 피고인(변호인)은 증거에 대하여 동의 또는 부동의 의견을 이야기한다. 보통 검찰청에서 복사해온 기록목록과 증거목록이 동일하므로 사전에 기록을 보고 의견을 정리해오면 좋다. 그러나 준비를 못 했다고 한다면, 판사에게 다음에 의견을 진술하겠다고 하면 된다. 피고인(변호인)이 증거에 동의하지 않으면, 검사는 그 증거의 진실성을 입증하기 위하여 증인신청 등의 증거신청을 한다.

첫 번째 공판기일에 공소사실도 인정하고 증거도 모두 동의하면 그날 바로 검사가 구형을 하고 최후진술을 하여 변론을 종결할 수 있다. 그러면 판사가 선고기일을 지정해준다.

쫄지 마 사전 간이공판절차

첫 번째 공판기일에 공소사실을 모두 인정하면 판사가 '간이공판절차'로 진행한다고 할 수 있다. 피고인이 자백하여 간이공판절차로 넘어가면, 피고인이 증거에 동의하는 것으로 보고 신속하게 재판을 진행하겠다는 것이다.

쫄지 마 사전 구형

검사가 판사에게 양형에 대하여 의견을 이야기하는 것이다. 예를 들어, '피고인에게 5년의 징역형을 처해주십시오'. 법원은 검사의 구형에 구속되지 않으며, 구형을 초과하여 선고할 수 있다.

첫 번째 공판기일에 증거동의를 하지 않아 검사가 증인 등의 증거신청을 하면 두 번째 기일부터 증거조사를 한다. 증거조사를 마친 다음 필요한 경우 피고인신문을 할 수 있다. 검사, 변호인, 재판장의 순서로 질문하며 피고인에게는 진술거부권이 있다. 통상은 검사나 판사가 굳이 피고인신문을 하겠다고 하지 않는 이상 생략하는 경우가 많다.

1심 선고기일

피고인은 선고기일에도 반드시 출석해야 한다. 판사가 형을 선고하면서 유죄의 이유를 간단하게 설명한다. 죄가 없으면 무죄를 선고하고 죄가 인정되면 형을 선고한다. 징역과 금고, 그리고 벌금에는 집행유예 제도가 있다. 예를 들어 판사가 징역 1년에 집행유예 2년을 선고한다면, 그 의미는 원래 1년간 교도소에서 복역해야 하지만 복역을 유예하고 일상생활을 하면서 2년의 기간 동안 다른 죄를 저지르지 않으면 징역 1년의 선고는 효력을 잃게 된다는 것이다. 판사가 불구속 피고인에게 실형을 선고하면서 법정 구속을 하는 경우도 있다. 한편, 구속피고인이 무죄나 집행유예를 선고받으면 법정에서 바로 석방된다.

형사재판에서는 판결문을 보내주지 않으므로 법원에 가서 열람·등사 신청을 해야 한다. 형사재판도 3심의 기회가 있으므로 1심 선고에 대하여 불만이 있으면 항소할 수 있다. 항소는 선고한 날부터 7일 이내에 1심 법원에 항소장을 접수하는 방식으로 한다.

항소심(2심)

항소심 법원은 피고인에게 '소송기록접수통지서'를 보낸다. 1심 법원의 기록을 받았으니 항소이유서를 제출하라는 통지서이다. 소송기록통지서를 받은 날로부터 20일 안에 항소이유서를 제출해야 하며, 만약 위 기간 안에 제출하지 않으면 불복한 이유에 대해 판단도 받지 못하고 항소가 기각된다. 다만 항소이유서 제출 기간이 지났더라도 항소장에 항소이유를 적었거나, 법원이 직권조사사유가 있다고 판단하는 경우에는 예외적으로 판단을 하기도 한다. 문화예술계 블랙리스트사건 등으로 구속기소되어 1심에서 유죄판결을 받은 김기춘이 항소이유서 제출기한을 넘겨 문제가 되었는데, 항소심 법원은 직권조사사유가 있다고 봐 재판을 했다.

그러나 이러한 예외는 아주 이례적으로 인정되는 만큼, 항소이유서 제출기한을 꼭 체크해야 한다.

📖 쫄지 마 사전 항소기각이란?

'기각'은 재판에서 청구를 인정하지 않겠다는 법원의 판결 또는 결정이다.

항소기각이란, 피고인의 항소를 인정하지 않겠다는 법원의 판결이다.

항소심 공판절차도 1심 공판절차와 거의 비슷하게 진행된다. 그러나 증거신청이 제한적으로 인정되기에 1심처럼 증거를 충분히 다투거나 증거조사를 요청하기 어렵다. 따라서 1심의 증거조사에 더욱 신중하게 대처할 필요가 있다.

상고심(3심)

상고심 법원은 대법원이다. 상고심에서도 역시 피고인에게 소송기록접수통지서를 보내며, 피고인은 위 통지서를 받은 날부터 20일 이내에 상고이유서를 제출해야 한다. 위 기간 내에 이유서를 제출하지 않으면 무조건 기각된다. 상고장에 상고이유를 같이 작성했다면 괜찮지만, 항소심과 달리 직권조사사유가 있다고 하더라도 제출기한을 지키지 못하면 무조건 기각된다.

TIP 구속피고인을 위한 절차!

「형사소송법」은, 구속피고인이 항소장 제출 마감일에 구치소에 항소장을 제출하더라도 법원에 제출한 것으로 보고 구제를 하고 있다. 항소장뿐만 아니라 항소이유서, 상고장, 상고이유서도 마찬가지이다.

▪ 대한민국 법원 전자민원센터 형사소송절차 흐름도

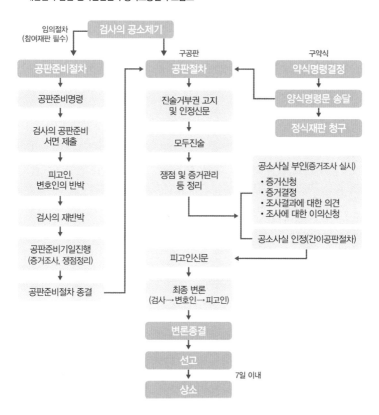

7.
판사는 어떻게 유무죄를 판단할까

　　형사재판은 결국 피고인의 유무죄를 판단하는 과정이다. 형사절차는 그 판단을 공정하게 하기 위한 장치이다. 중요한 것은 그 과정을 통해 판사가 어떻게 유무죄를 판단하는지 아는 것이다.

　　판사가 유무죄를 판단하는 순서는 구성요건 → 위법성 → 형사책임능력이다. 위 세 가지를 차례로 검토하여 모두 갖췄다고 판단하면 유죄로 판단하고 그중 하나라도 인정되지 않으면 무죄를 선고한다.

　　구성요건은 어떤 행위를 처벌하는지 형법이나 특별법에 정해놓은 행위 내용이다. 어떤 여성이 부부싸움 중 목을 조르는 남편에게 벗어나기 위해 그의 손을 깨물었다가 상해죄로 기소된 상황을 떠올려보자. 상해죄는 '사람'을 '폭행'하여 '다치게' 하는 것이다. 사람을 폭행하는 것이므로 물건을 깨트리는 것은 상해죄가 되지 않는다. 폭행했지만 다치지 않았으면 상해죄가 되지 않는다. 또한 사람을 폭행하여 다치게 한다는 고의나 인식이 있어야 한다. 사안에서 부인은 남편의 손을 깨물어 상해를 가했으므로 형법에서 정한 죄를 저질렀다고 일단 볼 수 있다(법률용어로 **구성요건에 해당한다**고 표현한다).

그다음 단계가 '위법성'이다. 구성요건에는 해당하지만 그 행위를 위법하다고 평가할 수 없는 경우에는 처벌하지 않는다. 대표적인 것이 한 번은 들어본 적이 있을 '정당방위'이다. 현재의 부당한 침해가 발생했을 때 자기 또는 타인을 방어하기 위한 행위로서 상당한 이유가 인정되면 정당방위가 된다. 위 사건에서 부인이 남편의 손을 깨문 것은, 목을 조르는 남편의 손에서 벗어나기 위한 것이므로 정당방위로 봐야 한다. 이 경우까지 법이 부인을 처벌한다면 지나치게 가혹하다(법률용어로 **위법성이 조각된다**고 표현한다).

한편, 구성요건과 위법성이 모두 인정되어도 행위자가 형사책임을 질 능력이 없다고 판단되면 처벌하지 않는다. 14세 미만의 미성년자를 형사처벌하지 않는 것도 이런 이유고, 사물이나 의사를 변별할 수 없는 정도의 심신상실 상태였다는 것이 인정되면 처벌되지 않는다. 형사재판에서 피고인들이 '만취해서 기억나지 않는다'는 변명을 하는 경우가 많다. 죄를 저질렀고(구성요건에 해당) 위법하지만 만취해서 전혀 기억나지 않으며

내 의지와 무관하게 발생한 일이므로 책임이 없다는 주장을 하기 위한 것이다. 법률 용어로 **책임 조각사유**를 주장하기 위한 것이다. 그러나 음주 변명이 거의 통하지 않는다는 점을 명심해야 한다.

Q&A

Q. 재판을 받는 중에도 구속될 수 있나?

A. 구속은 수사 단계에서만 일어나는 것으로 재판을 받는 중에도 구속될 수 있다. 법원은 ① 피고인이 죄를 범했다고 의심할 만한 상당한 이유가 있고 ② 피고인에게 일정한 주거가 없거나 ③ 증거인멸의 염려가 있거나 ④ 피고인이 도망할 염려가 있는 경우 구속영장을 발부할 수 있다. 1980년대 보안사에서 근무하며 재일 동포 유학생들을 간첩으로 조작했던 수사관이 민사재판에서 고문하지 않았다고 거짓말을 하여 위증으로 기소된 사건이 있었다. 법원은 도주와 증거인멸의 우려가 있다고 봐 수사관을 공판기일에 법정에서 구속했다.

Q. 법인이 기소되는 경우 누가 법정에 나가야 하나?

A. 형사처벌은 범죄를 저지른 사람을 그 대상으로 하므로 원칙적으로 '사람'만 처벌할 수 있다. 그런데 사안이 중대하여 법률에서 법인을 처벌하는 규정을 두는 경우가 있는데, 이때

에는 법인도 형사처벌이 가능하며 벌금형에 처하도록 하고 있다. 예를 들어 「공익신고자 보호법」은, 회사가 내부제보자에 대한 탄압으로 해고를 할 경우 실제 해고를 한 사람뿐만 아니라 회사도 처벌하고 있다. 법인이 기소되면 법인이 법원에 갈 수 없으므로 대표자나 대리인이 출석한다.

Q. 선고기일에도 출석해야 하나?

A. 피고인은 공판기일은 물론 선고기일에도 반드시 출석해야 한다. 출석하지 않으면 구인장이 발부될 수 있다. 그러나 예외적으로 피고인이 법원의 약식명령에 대해 정식재판을 청구하여 재판이 진행된 경우, 피고인은 선고기일에 출석하지 않아도 된다.

Q. 어떤 사건을 합의부에서 재판하며, 합의부의 구성은 어떻게 되나?

A. 1심 재판은 일반적으로 정식재판사건이나 가벼운 사건은 단독판사 혼자서 재판한다. 한편 사형, 무기 또는 단기 1년 이상의 징역 또는 금고에 해당하는 사건 등 「법원조직법」 제32조에 정한 사건은 세 명의 판사가 있는 합의부에서 재판한다. 2심은 모두 합의부에서 재판한다. 합의부 재판에서 법정에 들어가면 가운데 앉은 판사가 재판장이고, 방청석에서 보

기에 왼쪽이 우배석, 오른쪽이 좌배석 판사이다. 재판장 기준으로 판단한 것인데 국민 입장에서는 헷갈린다. 합의부 사건은 사건을 1차적으로 검토하고 챙기는 주심판사가 누구인지 아는 것이 중요하다. 대법원 '나의 사건 검색 사이트'에 들어가서 사건을 검색하면 합의부 사건의 주심판사를 알 수 있다. 기호로 재판장은 '가'로, 우배석은 '나'로, 좌배석은 '다'로 표시된다. 예컨대 이 사이트에서 재판부 표시에 '제1형사부(나)'라고 쓰여 있으면 우배석 판사가 그 사건의 주심판사라는 의미다.

제2부

1심이 가장 중요하다

1.
재판 준비 과정

형사소송의 시작

지금까지 당신은 '피의자' 신분으로 수사를 받았다. 경찰과 검찰은 당신에게 범죄혐의가 있다고 생각하고 있고, 그에 대한 증거를 수집했다. 수사가 마무리되면, 검사는 당신을 처벌하기 위해 재판을 걸 것이다. 이것을 '공소제기(公訴提起)' 줄여서 '기소(起訴)'라 한다. 지금까지 피의자였던 당신은 기소가 됨으로써 '형사소송을 당한 사람'이란 의미에서 '피고인(被告人)'이 된다. 검사의 기소는 법원에 공소장을 제출하는 것으로 이루어진다. 그러면 법원은 당신에게 공소장의 사본을 우편으로 보내준다. 이것을 '공소장 송달(送達)'이라고 한다. 형사재판은 공소장이 송달되는 것에서 시작한다. 즉 공소장이 피고인에게 도달되지 않으면 원칙적으로 형사재판은 열릴 수 없다.

공소장을 받아본 당신은 이제 재판을 준비해야 한다. 무엇을 어떻게 해야 할까? 이 책을 찾아보는 것도 방법이겠지만, 가장 좋은 방법은 변호사를 찾아가는 것이다. 변호사를 선임하는 것이 비용 때문에 부담스럽다면, 일단 최소한 상담이라도 해보는 것이 좋다. 인터넷으로 관련 정보를 최대한 찾아보거나 지인들에게 물어보는 방법도 있지만 부정확한 경우도 많고 구체적으로 상담하기 어렵다. 따라서 최소한 한 번 정도는 직접 변호사를 만나보는 것이 좋다.

공소장을 받은 당신이 가장 먼저 해야 할 일은, 검사가 가지고 있는 증거기록을 열람·등사하는 일이다. 형사재판에서 '당신이 바로 범죄자다'라고 입증해야 할 책임은 검사에게 있다. 검사는 증거를 가지고 '당신이 범죄자가 아닐 수 있다는 합리적 의심이 배제될 정도'로 입증해야 한다. 따라서 당신의 범죄를 입증하는 증거기록에 무슨 내용이 있는지부터 알아야 재판에 대응할 수 있다. 참고로 검사의 증거기록을 복사하는 절차는 비교적 까다롭고 오래 걸린다. 일단 검사의 증거기록을 열람·등사하려면 법원이 아닌 검찰청으로 가야 한다. 검찰청에 가서 이리저리 물어봐 열람·등사하려고 하면, 검찰 직원이 언제 복사하러 오라고 알려준다. 즉 열람·등사한답시고 검찰청에 가면, 그날로 되는 것이 아니다. 해당 사건을 관장하는 부서에서 증거기록을 열람·등사실로 보내줘야 할 수 있기 때문이다. 형사 사건이 가장 많은 서울중앙지방검찰청의 경우 신청 후 3~4주는 지나야 열람·등사가 가능할 정도로 예약이 밀려 있다. 참고로 변호인이 이미 있는 경우 피고인 본인은 열람만 가능하고, 등사는 불가능하다(「형사소송법」 제266조의3).

자신에게 유리한 증거를 모아서 법원에 제출하자

형사재판은 증거 싸움이다. 검사는 당신이 범죄를 저질렀음을 입증하기 위해 증거를 제출한다. 만약 당신이 억울하다면 어떻게 해야 할까. 판사님이 알아서 나의 억울함을 받아들여 줄까? 그렇지 않다. 아무리 억울하더라도 증거로 입증되지 않으면 별로 소용이 없다. 잊지 말자. 판사는 당신의 '말'을 믿는 사람이 아니라 '증거'를 믿는 사람이다. 따라서 자신에게 유리한 증거는 자신이 직접 준비해야 한다. 그리고 여기에 많은 시간과 노력이 필요하다. 수사 과정에서 미처 제출하지 못했던 유리한 증거가 있다면 재판 과정에서 반드시 제출해야 한다.

문제는 많은 사람들이 **유리한 증거란 구체적으로 무엇이고, 어떻게 준비해야 하는지** 잘 모른다는 것이다. 거칠게 말하면 유리한 증거란, '나의 주장을 뒷받침해줄 수 있는 것'이거나 '검사의 주장과 반대되는 것'이다. 알리바이를 입증하고 싶다면, 범죄가 저질러진 시간에 다른 장소에 있었다는 영수증이나 휴대전화 위치 기록 같은 것이 있는지 찾아야 한다. 하지만 이런 설명도 원론적인 것에 지나지 않는다. 유리한 증거가 무엇인지는 사건의 내용, 피고인이 처한 상황에 따라 모두 다르기에, 직접 마주 보고 대화하는 과정에서 변호인의 조력이 이루어질 수밖에 없다.

당신이 이미 가지고 있는 것이라면 크게 문제 되지 않겠지만 공문서라든가, 다른 사람이 가지고 있는 증거는 모으기 어렵다. 그렇다고 포기해서는 안 된다. 형사재판 과정에서 사실조회나 문서송부촉탁 등의 방법으로 입수할 수 있기 때문이다. 또한 자신에게 유리한 증인이 있다면 적극적으로 섭외해야 한다. 괜히 쫄아서 증거 수집을 게을리한다면 그 불이익은 그대로 당신에게 돌아온다.

불구속재판의 경우 기소 후 형사재판이 열릴 때까지는 보통 2~3개월 정도 걸린다

수사 과정에서도 자신에게 유리한 증거를 수집해야 하지만, 재판 준비 기간에도 이를 게을리하면 안 된다. 막상 재판이 시작되면 시간이 없기 때문이다. 따라서 공소장이 송달된 다음부터 형사재판이 열릴 때까지의 사이에라도 집중해서 재판을 준비해야 한다. 재판은 사건에 따라 오래 걸릴 수도 있지만, 금방 끝날 수도 있다. 시간은 우리 편이 아니다.

그런데 가끔 첫 공판기일 직전에서야 공소장이 도착하는 경우도 발생한다. 「형사소송법」 제266조에는 "제1회 공판기일 전 5일까지 송달"하도록 되어 있기 때문에 잘못된 것은 아니다. 그런데 재판 준비도 제대로 되어 있지 않은데 일주일 뒤에 나오라고 하면 당혹스러울 수밖에 없다. 이럴 때는 쫄지 말고 공판기일연기신청 즉 '이런저런 이유로 출석이 어려우니 재판 날짜를 좀 연기해주세요'라고 신청하면 된다. 불구속재판이라면 가급적 받아주는 편이고, 보통 4주 뒤 같은 요일 같은 시간으로 기일(재판 날짜)을 정해 소환장을 다시 보내준다. 하지만 한 달 정도 유예 기간을 주고 소환한 것이라면, 가급적 당일에 출석하는 것이 좋다. 별다른 이유 없이 출석하지 않으면 구속영장이 발부될 위험이 있다. 통상 1~2번 정도는 출석하지 못하더라도 구속영장을 발부하지는 않지만, 소환장이 송달되었는데도 출석하지 않는 경우가 쌓이면 판사는 도주 우려가 있다고 보고 구속영장을 발부할 수 있다. 아무리 무죄추정의 원칙이라고 하더라도 당신은 범죄혐의를 받고 있는 사람이라는 사실을 잊어서는 안 된다.

의견서 제출 기한

공소장이 담긴 우편물에는 의견서 양식이 들어 있는데, "이 의견서는 피고인의 진술권 보장과 공판절차의 원활한 진행을 위하여 제출하도록 하는 것입니다. 피고인은 다음 사항을 기재하여 이 양식을 송달받은 날로부터 7일 이내에 법원에 제출하시기 바랍니다(『형사소송법』 제266조의2)"라는 안내 이후에 여러 가지를 써내라고 되어 있다.

하지만 7일은 생각보다 짧다. 검사의 증거기록을 보고 검토해서 의견서를 제출하는 것은 사실상 7일 안에 불가능하다. 또한 충분히 고민해보지도 않고, 기록을 검토하지도 않은 채 의견서를 쓰다 보면 잘못된 정보가 적히거나 자신이 하고 싶은 말도 제대로 담기지 않을 수 있다. 오히려 불리한 내용이 제출될 수도 있다. 판사도 7일 안에 의견서를 내지 않았다고 뭐라 하지 않고 불이익을 주지도 않으니, 괜히 7일 안에 의견서를 제출해야 한다고 밤에 잠 못 자고 끙끙대지는 말자.

사건번호 확인

공소장이 담긴 우편물을 받으면, 맨 앞장(공소장이 시작하기 전에 겉표지)에 '○○법원 2019고단1234호' 이런 식으로 사건번호가 써 있을 것이다. 해당 사건번호를 꼭 메모해두자. 모든 재판은 사건번호로 관리되므로 이를 제대로 알아야 법원 직원과 소통하거나 서류 분실 후 재발급받을 때 편하다. 대한민국 법원 인터넷 사이트(www.scourt.go.kr)에 접속한 다음 '대국민 서비스'→'사건 검색'으로 접속하면 사건 진행 상황을 확인할 수 있다.

2.
제1회 공판기일과 공판준비절차

본격적인 재판의 시작-피고인소환장 수령

공소장 사본을 받은 다음 2~3개월 정도 지나면, 당신은 법원으로부터 '피고인소환장'이란 것을 받게 될 것이다. 이건 "○월 ○일 ○시에 ○○법원 ○○호 법정에서 형사재판이 열리니 나오세요"라는 말이다. 대부분 오전 10~12시 사이일 것이다. 형사재판부는 보통 오전에는 일반적인 재판을, 오후에는 증인신문을 하는 재판을 잡기 때문이다. 보통 형사재판이 열리기 한 달 정도 전에 피고인소환장이 도착하는데, 형사소송법에는 '5일' 이상의 유예 기간을 두게 되어 있으므로(「형사소송법」 제269조), 일주일 뒤에 나오라고 해도 잘못된 것은 아니다.

참고로 공소제기 후 제1회 공판기일이 언제 잡히는지는 각 법원이나 재판부 사정에 따라 다르다. 보통 공소장이 송달된 후 약 3개월 후에 1회 공판기일(또는 공판준비기일)이 잡히는데, 이

보다 짧을 수도 있다. 다만 구속사건의 경우 공소제기 후 한 달 안에는 기일이 잡힌다. 1심 구속 기간이 최장 6개월이어서 그 안에 재판을 마치려고 하기 때문이다.

일단 법원이 나오라고 하면 나가야 하는 것이 원칙이다. 다만 재판 준비가 부족하거나, 너무 급박하거나, 출석하기 매우 어려운 사유가 있다면 미리 공판기일연기신청을 해서 연기하는 것이 좋다. 만약 피고인소환장을 받았는데도 질병 기타의 사유로 출석하지 못할 때는 의사의 진단서 기타의 자료(출석할 수 없는 점을 입증할만한 자료)를 제출하여야 한다(「형사소송법」 제271조).

공판기일과 공판준비기일

제1회 공판기일은 공판기일로 진행될 수도 있고, 공판준비기일로 진행될 수도 있다. 법정에서 진행된다는 점에서 공판기일과 공판준비기일은 별로 다르지 않고, 일반인의 입장에서는 그게 그거 같지만, 형식적 측면에서 양자는 다르다. 공판기일은 말 그대로 공판 즉 '재판'을 하는 날이고, 공판준비기일은 '앞으로 재판을 어떻게 할까'를 논의하는 날이다. 형사재판은 피고인이 실제로 범죄를 저질렀는지를 따지는 것으로서 이는 공판기일 중에 검사와 피고인(변호인)이 다툰다. 허나 공판준비기일에는 피고인이 범죄를 저질렀는지 아닌지를 따지지 않는다. 이때에는 적용법조가 무엇인지, 쟁점이 무엇이고 입증계획은 무엇인지 등을 정리한다(「형사소송법」 제266조의9).

　공판기일이나 공판준비기일이나 그게 그거라고 할 수도 있지만, 사건에 따라 공판준비기일에서부터 검사와 피고인 사이의 기 싸움이 시작된다. 법리적 쟁점이 무엇인지, 누구를 증인으로 할 건지, 증인 중 누구를 먼저 신문할 것인지, 공판기일을 일주일에 몇 번으로 할 것인지, 국민참여재판으로 할 것인지 말 것인지 등을 '공판준비절차'에서 다루는데, 검사와 변호인은 각자 유리한 방식으로 재판을 진행하고자 치열하게 다투기도 한다. 결국 판사가 최종적으로 결정하여 정리하는데, 한 번에 (하루 만에) 정리되지 않으면 공판준비기일을 여러 번 열어 준비절차를 마무리한다. 하지만 대부분의 경우 제1회 공판기일에서 사실상 준비절차가 끝난다.

제1회 공판기일은 '인정신문'부터 시작한다

　피고인소환장을 받은 당신은, 법원이 나오라는 날에 긴장한 채 법정 문을 열고 들어갔다. 판사에게 무슨 말을 할지 속으로 몇 번을 되뇌었을 수도 있다. 하지만 막상 법정 안에 들어가면 '무슨 사람이 이렇게 많나' 싶을 것이다. 만약 10시 재판에 갔다면, 판사가 줄줄이 선고를 하는 장면을 볼 수 있다. 그러다 보면 '대한민국에 무슨 범죄자가 이렇게 많나'라는 생각이 들 수도 있다(방청석에는 피고인의 가족들도 많다. 혹시 법정 구속되는 장면을 본다면, 정말로 죄를 짓고 싶지 않아질 것이다).

드디어 판사가 당신의 사건번호와 당신의 이름을 불렀다. 당신은 쭈뼛거리며 피고인석으로 걸어나갔다.

맨 처음 절차는 판사가 당신이 누구인지를 확인하는 절차, 즉 '인정신문' 절차이다(「형사소송법」 제284조). 당신이 그 사건의 피고인이 아니라면 재판을 받을 필요도 없고, 받아서도 안 되기 때문이다. 통상 이렇게 진행된다.

> 판사: 피고인이 '홍길동' 씨 맞습니까?
>
> 당신: 네, 맞습니다.
>
> 판사: 주민등록번호 앞 여섯 자리 말씀해주세요(또는 생년월일이 어떻게 되세요?).
>
> 당신: 네, ○○○○○○입니다(또는 ○○년 ○월 ○일 생입니다).
>
> 판사: 직업이 무엇인가요(또는 직업이 회사원 맞는가요)?
>
> 당신: ○○○입니다(또는 아닙니다. 현재 무직입니다).
>
> 판사: 주소가 어디지요(또는 주소가 ○○구 ○○동 ○○아파트 ○○동 ○○호 맞는가요)?
>
> 당신: ○○○입니다(또는 네 맞습니다. 또는 아닙니다. ○○○입니다).
>
> 판사: (만약 주소가 공소장에 기재된 주소와 다르다면) 주소가 바뀐 건가요?
>
> 당신: 네, 이사했습니다(또는 원래 주소가 여기고, 조사받을 때는 다른 주소를 말씀드렸습니다).
>
> 판사: 등록기준지가 ○○○ 맞는가요?
>
> 당신: 네, 맞습니다.

피고인은 '모든' 진술을 거부할 수 있다. 자신의 이름을 말하지 않아도 되는 것이다. 하지만 가급적 인정신문 절차에서는 말하는 것이 좋다. 당신의 이름과 주소 정도는 어떻게든 파악할 수 있을 뿐만 아니라, 신원을 밝히지 않는다면 판사는 도주의 우려가 있다는 이유로 당신을 구속할 수 있기 때문이다.

검사의 모두진술과 피고인 모두진술

그다음 절차는 '검사의 모두진술'이다(『형사소송법』 제285조). 검사는 당신이 언제 어디서 무슨 행위를 했고, 그에 따라 무슨 범죄를 저질렀다고 담담하게 말할 것이다. 복잡한 사건의 경우 진술이 오래 걸릴 수 있지만, 대부분의 경우 1~2분 안에 간단하게 공소사실의 요지만 진술한다.

검사의 모두진술이 끝나면, 판사는 "피고인, 검사의 공소사실에 대해 인정합니까?"라고 물어본다. 이제부터 그다음 절차인 '피고인의 모두진술'이 시작되는 것이다(『형사소송법』 제286조). 여기서 대답을 잘해야 한다. 검사의 공소사실, 즉 '당신이 언제 어디서 무슨 범죄를 저질렀다'는 내용에 대해 당신이 인정하느냐 아니냐는 질문이기 때문이다.

통상적으로 많은 사건에서 피고인은 수사기관이 제시한 증거와 혐의를 수사와 재판 과정에서 인정한다. 이처럼 혐의를 인정하고 선처를 바라는 사건이라면 "네, 인정합니다"라고 하면서 억울한 사정을 하소연하면 된다.

그러나 공소사실을 인정하지 못하는 경우, 당신은 분명하게 "아니요, 인정하지 않습니다"라고 말해야 한다. 여기서 우물쭈물하거나 말을 헷갈리게 하면 판사는 "그래서 피고인은 공소사실은 인정한다는 겁니까, 부인한다는 겁니까?"라고 다시 물어볼 것이다.

문제는 공소장에 적힌 행위를 하긴 했는데, 자신이 범죄자로 처벌받는 것에는 동의하지 못하는 경우이다. 이건 공소사실을 인정하는 것도 아니고 부인하는 것도 아니다. 그런데 판사가 인정하느냐 부인하느냐고 물어보니 난감해진다. 대표적인 경우가 소위 '차용금 사기' 사건이다. 돈을 빌린 것도 맞고 갚지 못한 것도 맞는데, 사기 치려고 빌린 것은 아니기에 사기죄로 처벌받는 것은 받아들일 수 없는 경우 어떻게 답변해야 할까. 이때는 "공소사실과 같은 행위는 있었지만, 범죄성립은 부인합니다"라고 답변하면 된다. 예를 들어 집회에 참석했다가 「집회 및 시위에 관한 법률」 위반(집시법 위반)이나 일반교통방해죄로 기소된 경우를 보자. 집회에 참석한 것이 맞고 도로 위에 서 있었던 것도 맞지만, 일반교통방해죄로 처벌되는 것은 부당하다는 이유로 "공소사실과 같은 행위는 있었지만, 일반교통방해죄로 처벌하는 것은 부당합니다"라는 식으로 피고인 모두진술을 하는 경우가 많다.

통상 피고인의 모두진술은 1~2분 사이에 이루어진다. 「국가보안법」 사건이나, 사회적으로 알려진 사건 중에는 피고인 모두진술이 길게 이루어지는 경우도 있지만, 이는 예외적인 경우이다. 피고인 모두진술이 5분 넘게 길어지면 판사가 별로 좋아하지도 않고 귀에도 잘 안 들어오니, 간단명료하게 하는 것이 좋다.

3.
증거인부와 증거능력

"증거에 동의하나요?"라는 질문은 무서운 질문이다

피고인 모두진술이 끝나면 판사는 피고인에게 "검사 측 증거는 보셨나요?" "증거에 동의하나요?"라고 물어본다. 증거인부절차, 즉 '형사재판을 함에 있어 증거로 사용할 것인지 말 것인지'를 결정하는 절차가 시작되는 것이다.

별거 없어 보이는 이 질문은 사실 매우 무서운 질문이다. "증거에 동의하나요?"라는 질문의 속뜻은 '검사는 당신의 범죄를 입증하기 위해 이런저런 증거들을 제출하고 있는데, 이 증거들을 당신의 형사재판 증거로 사용해도 되나요?'라는 것이다.

당신을 처벌하는 절차에서 무슨 증거가 있는지도 잘 모르는데 동의하는지 아닌지를 대답할 수는 없을 것이다. 하지만 대부분의 피고인들은 이 질문의 속뜻도 제대로 모른 채, 그냥 "네"라고 대답한다. 그러면 판사는 검사에게 "증거를 제출하세요"라고 한다. 검사는 두툼한 서류 묶음을 판사에게 전해준다. 증거기록을 받아든 판사는 즉석에서 증거기록을 훑으면서 "피고인, 이런저런 증거들이 있네요"라고 증거의 내용을 대략 말해준다. 이는 「형사소송법」 제292조 제3항에 따라 증거조사를 하는 것이다. 이때 대부분의 피고인들은 실제로 보지도 않았으면서 "네, 네" 한다. 하지만 이것은 원칙적인 증거조사 방식이 아니다. 증거 중 '증거서류'에 대한 조사는 '낭독'해야 하고, '증거물'에 대한 조사는 '제시'해야 하는 것이 원칙이다(「형사소송법」 제292조, 제292조의2).

　결론부터 말하면, 위 판사의 질문에 함부로 대답하면 안된다. 한 번 "네"라고 답하는 순간 증거조사까지 끝나버릴 수 있다. 이렇게 되면 검사가 제출한 증거를 제대로 다툴 수조차 없게 된다. 따라서 판사가 "증거에 동의하나요?"라고 물어볼 때, 증거기록을 열람·등사하지 않았다면 쫄지 말고 "아직 증거를 보지 못해 이에 대한 의견을 말씀드릴 수 없습니다"또는 "아직 변호인이 선임되지 않았고, 변호인과 검토를 해봐야 알 것 같습니다"라고 대답하는 것이 현명하다. 판사가 "동의하나요?"라고 물어보더라도 "동의합니다" 또는 "동의하지 않습니다"라고 둘 중 하나로 대답할 의무는 없다.

　하지만 위와 같이 아직 말할 수 없다면서 증거의견을 밝히지 못하게 된다면, 판사는 "피고인의 증거의견을 듣기 위해 속

행합니다"라며 다음 기일을 잡을 것이다. 이렇게 되면 당신은 한 번 더 법원에 와야 하는 번거로움을 겪어야 한다. 그래서 재판 준비 과정에서 공소장 사본을 받으면 그날로 증거기록을 열람·등사해야 하는 것이고, 증거기록을 보지 못한 채 피고인소환장이 오면 공판기일연기신청을 하는 게 좋다는 것이다. 그래야 제1회 공판기일이 효율적으로 진행될 수 있다.

왜 증거인부절차가 필요할까?

그런데 왜 판사는 증거에 동의하냐고 물어볼까? 이건 「형사증거법」상의 '증거능력'이란 개념과 연결되는 문제인데, 간단하게 역사적·사회적 맥락을 보면 이해가 좀 더 쉬울 수 있다.

일단 형사법의 근본적인 전제 사실은 국가형벌권, 즉 '범죄를 저지른 사람을 처벌할 수 있는 권리는 국가에게 있다'는 점이다. 이 점을 항상 기억해야 한다. 현행 형사사법제도에서 형벌권은 '국가'에게 전속되어 있다. 국가만 형벌을 부과할 수 있지, 개인적으로 형벌을 부과할 수는 없다(사적으로 복수하는 것은 금지되어 있다!). 이처럼 형벌권이 국가에 '전속'되어 있는 것은 긍정적인 면과 부정적인 면을 동시에 갖는다. 힘없는 범죄피해자는 복수하고 싶어도 복수할 수 없지만 힘이 센 국가는 범죄자에게 형벌을 내릴 수 있다. 또 복수는 복수를 낳아 끝없이 반복될 뿐이니, 그로 인한 사회적 혼란도 방지할 수 있다. 그러나 국가는 국가형벌권을 남용하여 마음에 안 드는 사람을 마음대로 처벌할 수 있다. 〈왕좌의 게임〉에서 네드 스타크가 반역자로 몰려 사형당하는 장면을 떠올리면 된다. 또 대한민국 현대사만 봐도 알 수 있다. 독재정권이 국가형벌권을 사용하여 민중의 삶을 얼마나 처참하게 유린했던가. '강기훈 유서대필사건'이나 '민청학련사건'은 대표적인 사건이다. 그 외 수많은 사건에서 정권은 국가형벌권을 앞세워 자신에 반대하는 사람들을 고문하고, 자백을 강요하며, 함부로 구속시키고, 증거를 조작하며, 징역이나 심지어 사형에 처했다. 국가형벌권이 국가에 전속되어 있는 이상 국민은 이를 당해낼 수 없다. 국가형벌권은 언제나 남용의 위험이 있다.

그런데 형사재판은 '증거재판주의'를 채택하고 있다. 중세시대 마녀재판처럼 무턱대고 사람을 처벌할 수 없기에 범죄를 이유로 처벌하려면 반드시 범죄사실을 입증할 수 있는 증거가 있어야 한다. 따라서 정권도 마음에 안 드는 사람을 처벌하려면 '증거'가 있어야 한다. 하지만 아무거나 다 증거가 될 수 있다면, 다시 말해 증거능력의 범위가 무한정 넓어진다면, 증거재판주의는 사실상 무의미해진다. 고문을 받고 허위 자백한 진술서를 내밀면서 '너는 간첩이다'라고 한다면, 또는 조작된 증거를 내밀면서 '너는 살인자다'라고 한다면 증거재판이라고 할 수 없다. 그렇다고 증거능력의 범위를 지나치게 좁힌다면, 형사사법이 추구하는 정의가 실현되기 어렵다. 수사기관이 힘들게 모은 증거들을 '증거능력이 없다'면서 배척해버리고 '증거가 없으니 무죄'라고 한다면, 마피아처럼 돈 많고 힘센 사람들은 웃으며 법정 밖으로 걸어 나가고 범죄피해자는 땅을 치며 통곡할 것이다.

결국 증거랍시고 제출되는 것들이 정말로 '증거가 될 수 있는 자격'을 갖췄는지(증거능력이 있는지)부터 판단되어야 한다. 그래서 증거능력을 제한하는 법칙이 세워지는데, 가장 중요한 법칙 두 가지가 바로 '위법수집증거 배제법칙'과 '전문법칙'이다.

위법수집증거 배체법칙과 전문법칙

국가는 형벌권과 강제수사권을 모두 가지고 있다. 처벌하기 전에 사람을 체포하고 구속할 수 있고, 압수하고 수색할 수도 있다. 그런데 국민을 함부로 체포·구속하고 압수·수색하면 국가는 폭력배와 마찬가지가 되어버린다. 그래서 헌법은 국가권력 남용을 방지하기 위해 적법절차 원칙과 영장주의를 규정하고 있다.

▐ 쫄지 마 사전 헌법 제12조

- -

① 모든 국민은 신체의 자유를 가진다. 누구든지 법률에 의하지 아니하고

는 체포·구속·압수·수색 또는 심문을 받지 아니하며, 법률과 적법한 절차에 의하지 아니하고는 처벌·보안처분 또는 강제노역을 받지 아니한다.

③ 체포·구속·압수 또는 수색을 할 때에는 적법한 절차에 따라 검사의 신청에 의하여 법관이 발부한 영장을 제시하여야 한다. 다만, 현행범인인 경우와 장기 3년 이상의 형에 해당하는 죄를 범하고 도피 또는 증거인멸의 염려가 있을 때에는 사후에 영장을 청구할 수 있다.

위법수집증거 배제법칙이란 말 그대로 '위법하게 수집된 증거는 증거에서 배제한다'는 법칙이다. 헌법상의 적법절차 원칙과 영장주의를 형사재판 과정에서 구체화한 것이다. 아무리 헌법에 적법절차에 따라야 한다고 규정해놓더라도 현실 재판에서 위법하게 수집된 증거가 사용된다면 헌법만 무색해진다. 또 수사기관이 영장도 없이 압수 수색해서 증거를 확보하고 그에 따라 처벌이 이루어진다면, 경찰은 영장도 없이 마구잡이로 압수 수색하게 될 것이다. 수사기관이 뭣하러 귀찮게 영장을 받겠는가. 이러면 영장주의는 이름만 영장주의일 뿐이다. 그래서 「형사소송법」 제308조의2는 "적법한 절차에 따르지 아니하고 수집한 증거는 증거로 할 수 없다"고 규정하고 있다.

혹자의 경우 아무리 위법하게 수집된 증거라 하더라도 나쁜 사람을 처벌하기 위해 필요하다면 인정해줘야 하는 것 아니냐는 생각을 할 수도 있다. 정말로 나쁜 사람인데, 증거가 위법하게 수집되어서 소용이 없고, 그 밖의 증거가 없다고 해서 무죄로 석방된다면 얼마나 화나는 일인가. 하지만 그럼에도 불구하고 적법절차 원칙은 지켜져야 한다. 왜냐하면 정권은 자기 입맛에 맞게 사람을 나쁜 사람으로 만들어버릴 수 있기 때문이다. 박근혜 전 대통령 시절 '그 사람 참 나쁜 사람'이라는 말 한마디에 성실한 공무원이 좌천되어버리고, 독재정권 시절 '사회를 혼란에 빠트리는 용공분자들'이란 낙인에 수많은 사람들이 옥고를 치러야 했다. 나쁜 사람을 제대로 처벌하려면 수사기관이 적법절차에 따라 증거를 수집해야 한다. 만약 나쁜 사람의 범죄를 입증할 증거가 위법수집증거로 배제된다면, 그건 기본적으로 수사기관이 잘못한 것이다.

그다음으로 전문법칙은 전문(傳聞), 즉 '전해 들은 이야기'는 증거로 할 수 없다는 법칙이다. 예를 들어 보자. 홍길동은 존속살인죄 혐의를 받고 있다. 이때 심 봉사가 "나 심 봉사는 딸 심청으로부터 홍길동이 자기 아버지인 홍 참판을 죽인 걸 봤다는 말을 들었습니다"라고 진술한다. 심 봉사의 진술은 증거가 될수 있을까? 증거를 믿고 안 믿고는 판사 마음이기 때문에 이처럼 심 봉사가 심청으로부터 전해 들은 이야기를 증거로 삼는다면 판사는 자기 마음대로 "네 이놈 홍길동, 정직하기로 유명한심 봉사와 심청의 말을 들으니 네가 바로 아버지를 살인한 것이맞구나"라고 판단해 홍길동을 사형에 처할 수 있다. 그런데 만약 진짜 범인이 심 봉사라면 어떨까? 또는 심 봉사가 심청이 목격한 내용을 잘못 기억하는 거라면 어떨까? 심 봉사가 꾸며낸 이야기, 또는 심 봉사의 착각 때문에 실체적 진실은 사라지고 억울한 홍길동만 저세상으로 가버리게 된다. 그렇기에 전문법칙은 너무 당연한 법칙이다.

그런데 심 봉사 자리에 '형사'를 놓으면 뭔가 느낌이 다르다. 형사가 거짓말을 하거나 들은 말을 착각할 리는 없을 것 같기 때문이다. 그러나 형사가 누군가로부터 들은 말도 전문이므로, 전문법칙이 적용된다. 형사(사법경찰관)가 작성한 '피의자신문조서'는 형사가 당신(피의자)의 말을 듣고 받아쓴 것으로서 '전문'이고, '참고인진술조서'도 경찰이 범죄피해자(고소인)·목격자·사건관련자 등 참고인의 말을 받아쓴 것으로서 '전문'이다. 따라서 피의자신문조서나 참고인진술조서는 모두 전문으로서 원칙적으로 증거능력이 없다.

하지만 전문법칙을 너무 폭넓게 적용하면, 진실에 부합하는 진술마저 법정에서 증언되지 않았다는 이유로 배척되어버릴 수 있다. 또 사건에 관련된 사람들이 전부 법정에 나와 직접 증언을 해야만 한다면, 형사재판이 너무 길어지게 된다. 그래서 현행 「형사소송법」은 비록 전문이지만 예외적으로 증거능력이 인정되는 다양한 경우를 규정하고 있다(제311조~제316조). 그러나 어떤 경우에 예외적으로 증거능력이 인정되는지를 제대로 이해하고 실제 재판에서 적용하는 것은 변호사에게도 쉽지 않은 일이다.

증거에 동의할까 말까?

다시 증거인부절차로 돌아가 보자. 증거인부절차는 검사가 증거랍시고 제출한 것들이 정말로 증거능력을 갖춘 증거인지 피고인 측의 의견을 확인하는 절차다. 최종적으로 증거능력 유무에 대한 판단은 판사에 의해 이루어지지만, 피고인이 보기에 검사가 증거능력이 없는 증거를 제출했다고 주장한다면, 증거능력이 있다는 점에 대한 입증책임 역시 검사에게 있으므로 검사는 입증계획을 제출한다. 증거인부절차는 다시 말해 증거능력이 있는 증거를 추리는 절차인 것이다. 검사가 아무리 입증하려고 해도 결국 증거능력을 입증하지 못한다면, 판사는 해당 증거를 증거로 채택하지 않는 결정(증거기각결정)을 내린다. 그러면 검사는 해당 증거를 제출할 수 없게 된다.

증거인부절차가 시작되면 판사는 "피고인 측은 증거의견을 말씀하세요"라고 말한다. 증거의견이란 검사가 제출하려는 증거에 대해 동의하는지, 증거능력이 없다고 할 것인지, 증거능력은 인정되지만 신빙성이 없다든지, 이렇게 증거에 대한 피고인의 의견을 말한다. 각 증거가 왜 신빙성이 없는지에 대해 구체적으로 설명하는 의견을 의미하는 것은 아니다. 증거가 공소사실을 입증하지 못한다는 의견이나 주장은 추후 증거조사 과정에서 하는 것이다.

증거인부절차는 피고인이 검사의 증거목록을 입수하여 검토한 상황을 전제로 한다. 검사의 증거목록은 열람·등사한 증거기록 맨 앞에 붙어 있는데, 증거목록을 보면 검사가 어떤 증거들을 법원에 제출하려고 하는지 알 수 있다. 이 증거목록을 보고 인부(인정과 부인, 동의와 부동의)절차가 진행된다.

예를 들어 보자. 당신은 현재 절도죄 혐의를 받고 있다. 당신은 죽어도 훔친 적이 없는데, 심 봉사가 이를 목격했다면서 경찰에 "홍길동이 ○○슈퍼에서 사과 2개를 훔치는 것을 내가 봤소"라고 말했다. 증거기록에는 '참고인 심 봉사 진술조서'라고 표시가 되어 있다. 이건 경찰이 심 봉사의 이야기를 전해 들은 진술증거가 되기에 원칙적으로 증거능력이 없다. 그런데 만약 아무 생각 없이 이 진술조서를 증거로 함에 동의한다면, 판사는 아무리 당신이 사과를 훔치지 않았더라도 결백이 객관적으로 입증되지 않는 한 심 봉사의 말을 증거로 유죄를 선고할 가능성이 높다. 그렇다면 참고인 심 봉사 진술조서를 부동의해야 한다.

만약 당신이 참고인 심 봉사 진술조서를 부동의한다면, 검사는 심 봉사를 증인으로 신청할 것이다. 이것은 검사의 입증계획 중 한 가지가 된다. 실제로 경험자(목격자) 심 봉사가 자신이 경험한 사실, 즉 '홍길동이 사과를 훔치는 장면을 봤다는 사실'을 법정에서 직접 진술하면서 진술조서에 대해 "내가 경찰한테 이야기한 내용과 일치합니다"라고 한다면, 이 진술조서는 증거능력을 갖게 된다. 이처럼 심 봉사가 법정에서 증언하는 것은 심 봉사라는 '인증(人證)'을 조사하는 것으로서 증거조사의 하나이다.

참고로 진술조서가 증거능력을 갖추게 되더라도 곧바로 유죄의 증거가 되는 것은 아니다. 만약 심 봉사가 거짓말을 하고 있다면, 당신은 치밀한 반대신문을 통해 그의 진술이 별로 믿음직스럽지 못하다는 점을 드러내야 한다. 예를 들어 심 봉사가 앞을 보지 못한다는 점이 드러나면, 그의 진술은 비록 증거능력이 있더라도 믿을만한 진술이 못 되기에(증명력이 없기에) 당신의 유죄(절도죄) 판단의 근거가 되지 않을 것이다. 이처럼 진술증거가 많을수록 증인신문도 많아지게 된다.

그런데 진술을 기록한 증거(대부분 무슨 무슨 조서)에 대해 모두 증거능력이 없다고 해서 배척해버리면, 수사 과정에서 했던 모든 진술을 법정에서 반복해야 한다. 그렇게 되면 재판은 무한정 길어지고, 효율적이지 않다. 그래서 '원칙적으로 증거능력이 없지만, 증거능력이 있는 것으로 동의할 것인지'를 물어보게 된다. 이게 바로 판사가 "증거에 동의합니까?"라고 묻는 이유다. 그리고 "동의합니다"라고 하면 피의자신문조서나 참고인진술조서는 증거능력을 갖게 된다. 「형사소송법」 제318조 제1항이 "검사와 피고인이 증거로 할 수 있음을 동의한 서류 또는 물건은 진정한 것으로 인정한 때에는 증거로 할 수 있다"고 규정한 이유다.

결국 실무상 증거인부는 '전문법칙에 따라 증거능력이 없는 증거를 (진짜) 증거로 할 것인지 말 것인지에 관한 절차'로 집약된다. 수사기관도 예전과 달리 증거수집에 있어 대부분 절차를 준수하기 때문에 위법수집증거 배제법칙이 적용되는 예는 많지 않다.

증거인부절차를 위해서는 증거의견을 준비해야 하고, 증거의견을 준비하려면 「형사소송법」상의 증거법칙에 대해 알아야 한다. 또한 증거의견은 결국 '누구를 증인으로 부를 것인가'를 정한다는 점에서 앞으로의 형사재판에 대한 전략 및 입증계획과도 맞물린다.

내용부인과 자백보강법칙

그런데 증거의견 중에는 '내용을 인정한다' 또는 '내용을 부인한다'는 것이 있다. 내용을 인정한다는 것은 '조서에 써 있는 내용이 진실에 부합한다고 인정'하는 것이다. 이것은 '진정성립'과는 다르다. 진정성립이란 '내가 한 말이 그대로 동일하게 적혀 있다'는 뜻으로서, 내용이 진실에 부합하는지 아닌지에 대한 문제가 아니다.

예를 들어보자. 당신 홍길동은 12월 25일 밤 10시경 심청의 자택에서 그녀를 살해한 혐의를 받고 있다. 하지만 당신은 진실로 심청을 살해하지 않았다. 경찰은 당신에게 물었다. "이봐요 홍길동 씨, 당신 12월 25일 밤 8시 즈음 심청의 집에 간 적 있지요?" 당신은 대답했다. "네, 간 적이 있습니다. 심청과 함께 크리스마스 파티를 했거든요. 그러나 저는 절대로 심청을 죽이지 않았어요." 이러한 대화가 피의자신문조서에 그대로 적혀 있다면, 해당 조서는 진정하게 성립한 것이다. 그런데 당신이 실제로 심청의 집에 간 날짜는 하루 전인 12월 24일이었고, 당신이 날짜를 착각하고 있어서, 또는 경찰이 고문하고 협박해서 위와 같이 "네, 간 적이 있습니다"라고 진술한 것이라면 이 진술은 진실에 부합하지 않는다. 이처럼 '진실에 부합하지 않은 내용이 경찰이 작성한 피의자신문조서에 적혀 있을 때' 내용을 부인하면, 해당 피의자신문조서는 증거능력이 없고, 증거로 제출되지 않는다. 이렇게 되면 검사는 필사적으로 당신이 12월 25일에 심청의 집에 간 사실을 입증해야 한다.

그런데 경찰이 아닌 검사가 작성한 피의자신문조서는 내용부인을 할 수 없다. 즉 검사가 작성한 피의자신문조서에 진실이 아닌 내용이 적혀 있어서 "판사님, 검사님이 쓴 피의자신문조서에는 제가 말한 내용이 그대로 적혀 있기는 하지만 진실이 아니에요"라고 말하더라도, 진정성립이 인정되는 이상 증거능력이 있다. 그러면 해당 검사 피의자신문조서는 증거로 제출된다. 이렇게 되면 판사는 검사 피의자신문조서를 신뢰하여 당신이 12월 25일 밤에 심청의 집에 간 사실을 인정하고, 당신이 살인범이라는 의심을 강하게 가질 수 있다. 이렇게 되면 당신은 필사적으로 12월 25일에 심청의 집에 가지 않은 사실(알리바이)을 입증하려고 노력해야 한다.

법문을 보면 아래와 같이 되어 있는데, 이해하기 쉽지 않다.

「**형사소송법」 제312조(검사 또는 사법경찰관의 조서 등)**

① 검사가 피고인이 된 피의자의 진술을 기재한 조서*는 적법한 절차와 방식에 따라 작성된 것으로서 피고인이 진술한 내용과 동일하게 기재되어 있음이 공판준비 또는 공판기일에서의 피고인의 진술에 의하여 인정되고, 그 조서에 기재된 진술이 특히 신빙할 수 있는 상태 하에서 행하여졌음이 증명된 때에 한하여 증거로 할 수 있다.

② 제1항에도 불구하고 피고인이 그 조서의 성립의 진정을 부인하는 경우에는 그 조서에 기재된 진술이 피고인이 신술한 내용과 동일하게 기재되어 있음이 영상녹화물이나 그 밖의 객관적인 방법에 의하여 증명되고, 그 조서에 기재된 진술이 특히 신빙할 수 있는 상태 하에서 행하여졌음이 증

---

* 검사 피의자신문조서

명된 때에 한하여 증거로 할 수 있다.

③검사 이외의 수사기관이 작성한 피의자신문조서[**]는 적법한 절차와 방식에 따라 작성된 것으로서 공판준비 또는 공판기일에 그 피의자였던 피고인 또는 변호인이 그 내용을 인정할 때에 한하여 증거로 할 수 있다.

실무상 경찰 피의자신문조서를 내용부인하게 되면, 판사는 피고인에 대해 안 좋은 인상을 가지게 된다. 피고인이 경찰에서 조사를 받을 때 제대로 진술하지 않았다고 생각하기 때문이다. 만약 검사가 다른 증거를 가지고 당신이 12월 25일 밤 심청의 집에 간 사실을 입증하는 데 성공한다면, 그는 당신이 수사기관에서 거짓말을 하고 반성도 하지 않는다는 이유로 높은 형량을 구형할 것이다. 판사도 높은 형량을 선고할 위험이 있다. 따라서 내용부인을 할 때는 신중해야 한다.

그런데 실무상 경찰 피의자신문조서에 적힌 내용 중 중요한 것들은 검사 피의자신문조서에도 적혀 있다. 살인죄와 같은 중범죄의 경우 최소한 한 번 이상은 검사가 직접 신문을 한다. 12월 25일 밤 심청의 집에 간 사실은 살인죄의 공소사실에서 아주 핵심적인 사실이기에, 검사 피의자신문조서에도 똑같은 문답이 적혀 있을 가능성이 거의 100%다. 하지만 검사 피의

[**] 대부분 경찰 피의자신문조서

자신문조서는 내용부인을 할 수 없다.

　여기서 다시 증거를 전체적으로 살펴봐야 한다. 만약 검사가 제출한 증거목록 중 "저는 12월 25일 밤 심청의 집에 간 적이 있습니다"라는 검사 피의자신문조서에서의 진술 이외에 다른 증거가 없다면, 이때 「형사소송법」 제310조를 꺼내 들어야 한다. 헌법 제12조 제7항과 「형사소송법」 제310조는 공통적으로 "피고인의 자백이 그 피고인에게 불이익한 유일한 증거인 때에는 이를 유죄의 증거로 하지 못한다"는 자백보강법칙을 명문으로 규정하고 있다.

　하지만 실무상 자백보강법칙이 적용되는 예는 거의 없다. 자백만 가지고 기소를 할 만큼 어리석은 검사는 없기 때문이다. 대법원은 "자백에 대한 보강증거는 범죄사실의 전부 또는 중요 부분을 인정할 수 있는 정도가 되지 않더라도, 피고인의 자백이 가공적인 것이 아닌 진실한 것임을 인정할 수 있는 정도만 되면 충분하다(대법원 2018. 3. 15. 선고 2017도20247 판결)"면서, 웬만한 증거들을 대부분 자백을 보강하는 증거로 인정하고 있다.

4.
증거신청과 증거조사

"증거 있어?"—증거신청과 증거조사

1) 증거재판주의

⚖️ **쫄지 마 법전 「형사소송법」 제307조(증거재판주의)**

① 사실의 인정은 증거에 의하여야 한다.

② 범죄사실의 인정은 합리적인 의심이 없는 정도의 증명에 이르러야 한다.

형사재판에서 법원 판사는 오직 증거에 의해서만 사실인정을 할 수 있다. 이러한 원칙을 '증거재판주의'라고 한다. 이는 범죄를 범했다는 의심만으로는 당신을 범죄자라고 판결할 수 없다는 원칙이다. 사실 여부를 가리기 위해서 법원은 검사와 피고인 양쪽으로부터 자신이 신청한 증거를 조사해달라는 '증거신청'을 받는다. 증거조사란 이렇게 신청된 증거나 직권으로 조사하는 증거를 통해 범죄사실이 입증되는지를 조사하는 절차다.

2) 어느 정도로 죄가 증명되어야 하나

「형사소송법」 제307조 제2항은 "범죄사실의 인정은 합리적인 의심이 없는 정도의 증명에 이르러야 한다"고 정하고 있다. 어느 정도가 '합리적 의심'인지는 법률에 명확한 정의가 없다. 다만, 대법원이 제시한 기준에 따르면 검사가 증명하려는 범죄의 요건이 되는 사실과 양립할 수 없는 사실(무죄가 되는 사실)이 있었을 개연성이 있고, 그런 의문이 단순한 억측이나 추상적인 가능성에 기초한 의심이 아닌 '논리적이고 경험 법칙에 부합하는 합리적인 의심'이라면 피고인에게 무죄를 선고해야 한다.

3) 검사와 피고인의 재판 전략

따라서 검사의 형사재판 전략은 증거신청과 증거조사로 당신이 죄를 범했음을 '합리적 의심'이 없을 정도로 법원이 인정할 수 있도록 증명하는 것이다. 반대로 무죄를 주장하는 피고인인 당신의 형사재판 전략은 당신이 범죄를 저지르지 않았다는 증명까지는 못하더라도 범죄를 저지르지 않았을 가능성이 있다는 '합리적 의심'을 법관이 가질 수 있도록 노력하는 것이다.

입증계획

1) 입증계획의 수립

증거신청에 앞서 검사와 피고인이 해야 할 일이 있다. 그것은 '입증계획'을 세우는 것이다. 이는 검사나 피고인이 자신이 주장하려는 사항(특히 쟁점에 관한 사실관계)을 증명하기 위해 재판에 제출할 증거가 무엇인지를 나열한 계획서라고 말할 수 있다. 입증계획에는 검사나 피고인이 각자 자신이 제출하려는 증거들을 중요도 및 논리적 순서를 고려하여 증거의 제목과 증거의 간단한 내용, 입증하려는 사항 등을 순서대로 기재한다.

2) 피고인이 공소사실을 다툴 경우 검사의 입증계획은 무엇일까?

피고인인 당신이 공소사실을 다투면서 무죄를 주장한다면 검사나 당신 모두 재판에서 공소사실의 진실 여부를 증거로 입증하는 방식으로 공방을 펼칠 것이다. 검사가 제출한 증거 중에 당신에게 불리하고 사실이 아닌 증거에 대해서 당신은 증거사용 부동의를 하게 될 것이다.

검사는 당신이나 당신의 변호인이 증거로 하는데 동의하지 않았던 진술증거들의 원진술자들을 모두 증인으로 불러낼 계획을 세운다. 부동의된 증거는 그 증거에 담긴 말을 한 사람이 법정에 나와서 내가 그 말을 했고 사실임을 진술하면 피고인이 부동의해도 증거로 쓸 수 있기 때문이다.

⚖️ **쫄지 마 법전**

「형사소송법」 제312조(검사 또는 사법경찰관의 조서 등) 제4항

검사 또는 사법경찰관이 피고인이 아닌 자의 진술을 기재한 조서는 적법한 절차와 방식에 따라 작성된 것으로서 그 조서가 검사 또는 사법경찰관 앞에서 진술한 내용과 동일하게 기재되어 있음이 원진술자의 공판준비 또는 공판기일에서의 진술이나 영상녹화물 또는 그 밖의 객관적인 방법에 의하여 증명되고, 피고인 또는 변호인이 공판준비 또는 공판기일에 그 기재 내용에 관하여 원진술자를 신문할 수 있었던 때에는 증거로 할 수 있다. 다만, 그 조서에 기재된 진술이 특히 신빙할 수 있는 상태 하에서 행하여졌음이 증명된 때에 한한다.

예를 들어 당신이 부동의한 참고인진술조서와 공범의 피의자신문조서 등에서 그러한 진술을 한 사람들이 검사 측 증인이 되는 것이나. 검사는 그들을 법정에 증인으로 세워 ① 조서에 기재된 진술내용이 진실한 사실이며 ② 참고인과 공범 등 원진술자들이 수사 과정에서 조서에 기재된 내용대로 진술했다는 점을 입증하려고 할 것이다. 이를 위해 검사는 증인신청 계획을 수립힌다. 경우에 따라 수사 과정에서 진술을 받지 않은 증인도 내세울 수 있다. 또한 검사는 이런 증인들의 진술을 뒷받침하기 위해 서류 증거들도 제출할 계획을 수립하고(대부분은 이미 수사 과정에서 수집 및 조사가 되어 있다) 감정이나 검증, 공무소에 대한 조회 등을 신청하겠다는 입증계획을 추가할 수 있다.

3) 피고인으로서 공소사실을 다툴 경우 당신의 입증계획은?

검사의 입증계획에 맞서는 피고인은 어떻게 할 것인가? 피고인은 다음 다섯 가지 종류의 증거들을 최대한 끌어모아보고, 어떤 증거를 제출할 수 있는지를 평가해야 한다. 그중에서도 무엇을 우선순위에 놓을지 판단하여 증거신청의 순서를 정해야 한다.

① 범죄의 구성요건(형법이나 그 밖의 법률에서 정한 범죄를 구성하는 주요한 요건들)이 없다고 다툴 수 있는 증거
② 위법성조각사유(당신의 행위가 범죄의 요건에는 해당되지만 어떤 특별한 사유가 있어 위법하지 않게 하는 사유)를 증명하는 증거
③ 책임조각사유(당신의 행위가 범죄의 요건에 해당하고 위법하기도 하지만 당신에게 범죄의 책임을 물을 수 없게 하는 사유)를 증명하는 증거
④ 검사 측 주요 증거의 증거능력이나 증명력을 탄핵하는 증거(탄핵 증거)
⑤ 양형에 관한 증거

피고인은 검사가 무엇을 입증하려 하는지를 먼저 곰곰이

생각해봐야 한다. 검사의 주장을 부인하려면 자신이 주장하는 사항을 뒷받침하는 설득력 있는 증거들을 논리적 순서에 따라 제시해야 한다. 나아가 검사가 제출하는 증거를 다툴 수 있는 다른 증거가 있다면 중요도를 고려하여 쟁점의 논리적 순서대로 해당 쟁점이 다루어지는 중간 중간에 배치하는 방법으로 입증계획을 세워야 한다.

4) 피고인의 입증계획 예시(기소된 범죄: 사기)

입증계획

사　건　2019고단123 사기
피고인　홍길동

피고인은 위 사건에 관하여 다음과 같이 입증계획을 제출합니다.

다　음

1. 피고인이 피해자를 기망하지 않았다는 점을 증명하는 증거

(1) 증거서류: 피고인과 피해자 간에 20○○년 ○월 ○○일 체결한 ○○○ 계약서 및 20○○년 ○월 ○○자 보증서.
– 내용: 피해자가 피고인에게 돈을 줄 계약상 의무가 있었다는 내용 및 그 이행을 담보하는 보증서로 피해자가 피고인에게 제출한 것.
– 입증취지: 피고인이 기망을 한 것이 아니라 피해자와 계약에 따라 돈을

받음.

(2) 증인: 김○○

주민등록번호: ○○○○○○-○○○○○○○

주소: 서울 ○○○구 ○○○대로 345, 2층 ○○호

전화번호: ○○○-○○○○-○○○○

금번 사건과의 관련성: ○○○ 계약 체결 당시 피고인이 운영하던 ○○ 주식회사의 업무 담당자.

입증취지: ○○○ 계약서 체결 경위 및 피해자의 법적 의무의 발생. 피해자의 기망에 의한 착오 주장은 사실이 아님.

20○○. ○. ○○.

피고인 홍길동 (인)

○○지방법원 제○○ 형사단독 귀중

5) 피고인이 범행을 자백할 경우 양형에 관한 입증계획을 세워보자

피고인이 형사재판에서 범죄를 저질렀음을 자백한다면 재판장은 검사와 피고인 양측에 입증계획을 요구하지 않는다. 자백사건에서는 당신이 특별히 이의한 증거가 아닌 이상 검사가 제출하는 증거들을 증거로 함에 동의한 것으로 간주하기 때문이다. 따라서 피고인이 자백하는 사례에서는 따로 입증계획을 서류로 작성해 제출할 필요는 없다. 그러나 본인이 스스로 사용할 목적으로 양형에 영향을 미치는 사정들에 관한 입증계획을 세워보는 것이 좋다. 특히 범행의 경위나 동기, 범죄로 인한 피해자의 피해 정도, 피해자와의 합의 여부, 피해자에 대한 보상의 정도, 범죄에 있어 피고인의 역할 또는 범죄로 인한 수익, 재범이나 동종 전과 여부 등 범행을 둘러싼 사실관계 자체는 법관이 양형을 정하는 데 많은 영향을 미친다. 유리한 형을 선고해달라고 하기 위해서는 검사가 제출한 증거 외에도 사건의 경위를 설명하는 서류 증거도 더 제출할 필요가 있고, 양형에 영향을 줄 만한 사항을 알고 있는 증인(공동피고인 포함)을 신문할 필요가 있을 수도 있다. 변호인이 선임된 경우 필요하다면 피고인 본인에 대한 신문, 즉 피고인신문을 준비할 필요도 있다.

검사와 피고인이 하는 증거신청

1) 검사의 증거신청

검사가 신청하는 증거신청 방법은 다양하다. ① **서류나 물건** 등을 증거로 신청할 수 있다. 예를 들어 피고인의 진술이 담긴 피의자신문조서, 사건을 목격하거나 사실관계를 알아 증인이 될 수 있는 참고인의 진술이 담긴 서류인 참고인신문조서나 진술조서, 공범인 피고인들의 피의자신문조서 및 그 밖의 증거서류가 있다. 그 외에도 검사는 재판 중 증명에 필요한 경우 압수물 등의 증거물을 증거로 신청할 수도 있다. ② **증인, 검증, 감정** 등 외국어로 작성된 증거인 문서가 번역되어 있지 않을 경우 **번역, 공무소 등에 대한 조회** 등을 신청한다. ③ 필요한 경우

감정인, 통역인 또는 번역인의 신문을 신청할 수도 있다. 피고인도 이런 종류의 증거신청을 다 할 수 있다.

2) 피고인이 자백하는 경우의 증거신청

변론준비기일에 검사가 공소장의 요지를 진술하고 이에 대해 재판장이 피고인인 당신에게 의견을 물을 때 "공소사실을 인정합니다"라고 대답했다면 당신은 범행을 자백한 것이다. 이경우 재판장은 "피고인이 자백했으므로 이제부터 간이공판절차로 진행합니다"라고 말한다. 피고인이 범죄를 다툴 때 진행되는 정식공판절차보다 간단한 절차로 진행된다고 해서 '간이공판절차'라고 부르는 것이다. 이 절차로 진행되면 피고인이나 변호인이 증거로 하는 데 특별히 이의한 증거 이외에는 검사가 제출한 것을 유죄의 증거로 함에 피고인이 '동의'한 것으로 간주된다. 이렇게 피고인이 공소사실을 자백한 이후 피고인 쪽에서 제출하는 증거는 '양형'에 영향을 미칠 수 있는 증거들이다. 양형은 형의 종류와 선택된 형의 기간이나 벌금 액수, 집행유예의 기간 및 조건(사회봉사명령, 수강명령, 보호관찰 등)을 정하는 것이다.

3) 피고인이 전부나 일부 무죄를 주장하는 경우의 증거신청

피고인이 범죄사실의 일부나 전부를 부인하는 경우, 다

시 말해 무죄를 주장하는 경우에는 자백사건보다 복잡한 형사 재판절차를 진행하게 된다. 이런 재판의 공판준비기일에는 향후 재판의 효율적인 진행을 위해 쟁점 및 증거 정리 준비에 들어간다. 이러한 준비에는 검사와 피고인 측의 증거신청도 포함된다. 재판장은 증거조사에 앞서 검사와 변호인에게 공소사실 등의 증명과 관련된 주장, 입증계획 등을 진술하게 할 수 있다. 이 경우 피고인이나 변호인은 각종 증거서류, 증인, 검증, 감정, 공무소 등에 대한 조회 등을 신청한다. 변호인이 선임되지 않는 사건의 경우 법률전문가가 아닌 피고인 스스로 증거신청을 많이 하기는 어렵다. 따라서 입증계획 수립 단계에서 어떤 증거를 제출해야 효과적일지 깊이 생각해보고 신빙성이 높고 효율적인 증거를 우선하여 제출하는 것이 좋다.

증인신청

1) 증인신청서 작성

입증계획이 수립되었으면 검사 측 증인에 맞대응하여 피고인도 법정에 부를 증인에 대한 신청서를 작성해야 한다. 아래 증인신청서를 살펴보자.

증인신청서

사 건   2016고단1234 명예훼손
피고인   홍길동

귀원 위 피고인에 대한 위 사건과 관련하여 피고인의 주장사실을 입증하기 위하여 다음과 같이 증인을 신청합니다.

다 음

1. 신청인 ○○○(19○○. ○. ○○)

(1) 주소: 인천 ○○ ○○○○ ○○○

(2) 직업: 20○○. ○. 당시 ○○○○ 소속 ○○○ 공무원

(3) 사건과의 관련성: 공소사실과 관련된 ○○○○사건의 인명구조를 지휘한 ○○ 소방서 책임자입니다.

(4) 입증할 사항:
- ***************************** 등을 확인하여 피고인의 사실관계 오인 여부 및 오인상당성을 입증하고자 합니다.
- ***************************** 등을 확인하여 피고인의 인터넷 홈페이지의 주장에 대한 표현의 오인 여부 및 오인상당성을 입증하고자 합니다.
- 기타.

20○○. ○. ○○.
피고인 홍길동 (인)

○○ 지방법원 제○○ 형사 단독 귀중

이런 형식의 증인신청서는 인터넷에 많이 있다. 따라서 증인신청서 서식 자체를 구하는 것은 어렵지 않다.

2) 누구를 증인으로 부를까?

피고인이 범죄로 기소되면 직면하는 문제는 사건을 알 만한 사람들이 피고인을 위해 나서지 않으려고 한다는 점이다. 사람들은 범죄로 기소된 사람을 위해 증인으로 나서는 것을 대체로 꺼린다. 반면 검사가 증인으로 부르면 대체로 나온다. 그러므로 피고인이 증인으로 부를 만한 사람은 한정되어 있다. 이 때문에 재판 진행 양상이 피고인에게 불리하게 돌아가는 경우가 적지 않다. 이런 상태에서 공소사실을 다투는 피고인이 자신에게 유리한 증인 몇 명만 불러내서 재판을 무죄로 끌어내는 것은 어려운 일이다.

따라서 피고인이 무죄를 주장한다면 비상한 수단을 생각해내야 한다. 예를 들어 피고인에게 우호적이지 않더라도 객관성을 유지할 것으로 예상되는 증인을 불러낼 생각을 해야 한다. 그렇다고 불리하게 증언할 것으로 예상되는 증인을 무작정 불러내서는 승산이 없다. 증인을 불러내는 계획에 고심에 고심을 거듭해야 하는 이유다. 그 밖에도 검사 측 증인이라도 검사가 신문하지 않는 다른 중요사실을 물어봐야 할 필요성이 있다고 판단된다면 별도로 증인신청을 해볼 것인지를 신중하게 판단해봐야 한다. 단, 검사가 묻지 않은 중요한 관련 사실을 물어볼 계획이 있어야 한다.

공무소 등에 대한 조회 신청

형사재판에서 흔히 공공기관에 대해 신청하는 사실조회신청서 또는 문서송부촉탁신청서는 「형사소송법」 제272조에 의해 실시하는 '공무소 등에 대한 조회'를 신청하는 신청서들이다. 법원이 직권이나 검사, 피고인 등의 신청을 받아서 공무소나 공사단체에 필요한 사항을 조회하거나 보관서류의 송부를 요구하는 절차이다. 실제로 사용하고 있는 작성 예시는 아래와 같다.

사실조회 신청

사 건   2018노1234 명예훼손 등
피고인   홍길동

피고인은 피고인의 주장 사실을 입증하기 위하여 다음 사항의 사실조회를 신청하고자 합니다.

다 음

1. 사실조회할 곳: 국립해양조사원
(49111) 부산광역시 영도구 해양로 351(동삼동 1162)

2. 조회할 사항: 별지와 같음.

3. 입증할 사항: 증인 ○○○은 항소심에서 ***라고 증언했고, 자신의 저서에서 ***라고 기술했으나, 국방부 발간 **** 백서에서 *****라고 기술되어 있어 ********의 좌표 위치상 수심을 확인하고자 합니다.

20○○. ○. ○○.
피고인 홍길동 (인)

서울고등법원 제○형사부 귀중

별지

조회할 사항

1. 다음의 사항을 회신하여 주시기 바랍니다.

(1) 2010년 국립해양조사원 발간 해저지형도(2010년에 발간하지 않았을 경우 2010년 기준 가장 최근에 발간한 해저지형도)를 기준으로 한 *** 남방 **−**−**N, ***−**−**E 지점의 수심 깊이(m)

(2) 별첨 해도가 제1항의 *** 인근 해저지형도의 일부분인지 여부. 끝.

　　공무소에 보관 중인 서류를 형사재판하는 법원에 보내 달라고 요구하는 문서송부촉탁신청서 작성은 아래처럼 하면 된다.

문서송부촉탁신청

사 건 2015고합123 정보통신망이용촉진및정보보호등에관한법률위반
(명예훼손) 등
피고인 홍길동

피고인은 피고인의 주장 사실을 입증하기 위하여 다음과 같은 문서를 송부
촉탁하여 주실 것을 신청합니다.

다 음

1. 문서를 보관하고 있는 기관
감사원(담당부서: 국방감사단)
주소: 서울특별시 종로구 북촌로 112 (03050)

2. 송부촉탁하는 문서의 제목 내지 취지
별지와 같음.

3. 군사기밀을 제외한 문서 공개의 범위
감사원에서 *** 감사 결과의 비공개를 결정하면서 비공개의 이유로 밝힌
"****** 등 군사 기밀사항"에 대해서는 비공개로 처리하고 그 외 나머지 감
사 결과를 담은 보고서 부분을 문서로 송부 촉탁하여줄 것을 신청합니다.

4. 입증의 취지
***을 입증코자 함

20○○. ○. ○○.
피고인 홍길동 (인)

서울중앙지방법원 제○○형사부 귀중

송부촉탁하는 문서

1. 문서 제목: *** 감사 결과 보고서

2. 문서 취지: 감사위원회에서 *******사건 대응 과정에서 드러난 군 위기 대응 체계 및 구조활동과 관련한 제도개선 사항 등에 대해 총 ○○건의 감사 결과를 포함하고 있음.

3. 공개 범위: 감사원에서 ○○○○. ○. ○○ 감사위원회 의결로 *** 감사 결과의 비공개를 결정하면서 비공개의 이유로 밝힌 "****** 등 군사 기밀 사항"에 대해서는 비공개로 처리하고 그 외 나머지 감사 결과를 담은 보고서 부분을 문서로 송부하여주시기 바랍니다. 끝.

증거채부와 증거조사기일의 협의

1) 증거채부

재판장은 제출된 증거신청을 검토하여 증거가 신청된 재판 날 또는 그다음 재판 날에 증거채택여부(증거채부)를 결정한다. 채택된다고 해서 그 증거가 곧바로 검사나 피고인이 주장하는 사실을 입증하는 증거가 된다는 뜻은 아니다. 증거채택은 법원이 증거를 조사할 대상으로 당신이 신청한 증거를 받아준다는 뜻이므로 증거채택이 되면 이제 본격적으로 그 증거를 조사해야 하는 것이다.

2) 증거조사기일 협의

증거조사는 보통 공소사실에 대한 증명의 책임을 지는 검사 측 증거를 먼저 조사한다. 피고인이 제출하는 증거는 나중에 조사한다. 따라서 검사가 피고인 측이 증거로 하는 것에 동의하지 않은 증인부터 주요 신문하도록 증거조사 계획을 수립하는 것이 보통이다. 그리고 증인신문이 다 끝나면 서류 증거, 즉 '서증' 및 기타 증거물은 나중에 한꺼번에 증거조사하는 것이 통상적인 재판 진행 방법이다. 다만 감정 같은 것은 시간이 한두 달 이상씩 소요될 수 있어 검사도 재판 초기에 미리 감정신청 같은 것을 한다.

검사 측 증거의 신빙성을 다투는 증거를 피고인이 제출하려는 경우도 있다. 이때 피고인은 공판준비기일 또는 공판기일에 직접 또는 변호인을 통해 자신이 제출하려는 증거가 어떤 쟁점을 다투는 것인지를 설명하고 검사 측 증거에 대한 증거조사가 있는 기일 또는 그 직후에 피고인 측 증거에 대해 증거조사를 해줄 것을 요구할 수 있다.

5.
감정과 검증

감정신청과 감정인신문

1) 감정과 검증의 차이

감정은 법원이 전문가인 제삼자를 '감정인'으로 지정하고 그로 하여금 전문적인 식견으로 감정 목적물에 대한 의견을 법원에 제시하는 방식의 증거조사절차이다. 반면 검증은 법원이 직접 또는 전문가 등의 도움을 받아 물건을 살펴보거나 어떠한 장소를 방문해서 자세히 살펴보는 방식의 증거조사절차이다. 이 경우 법원은 검증의 과정과 결과를 검증조서로 작성한다.

2) 피고인이 신청하는 감정신청

검사는 수사 과정에서 중요한 증거에 대해서는 이미 공신력 있는 감정기관에서 결과를 얻어 재판에 감정서를 증거로 내

놓는 경우가 많다. 검사가 제출한 물적 증거의 신빙성에 대해 피고인이 문제제기를 할 경우, 유죄의 입증책임이 있는 검사가 감정신청을 하고 법원이 이를 받아들여 감정을 실시한다. 피고인이 먼저 적극적으로 감정을 신청하기도 한다. 감정을 하기 위해서는 감정 목적물이 명확해야 하며 필요에 따라 이를 공무소 조회 등을 통해 확보해야 할 수도 있다. 아울러 감정기관은 법원이 정한다. 다만 감정할 수 있는 기관이 어디인지를 신청하는 쪽에서 미리 조사해둘 필요가 있는 경우도 적지 않다. 법원이 감정인 리스트를 가지고 있는 경우도 있지만, 특수한 분야의 경우 감정을 할 수 있는 감정인 후보들의 리스트를 법원에 제출해야 할 수 있다. 감정인은 감정 내용에 필요한 학식과 경험이 있다고 인정되는 사람 중에서 법원이 적절히 지정한다. 형사재판의 감정은 민사재판과 달리 감정을 신청하는 피고인이 비용을 납부하지 않고 법원이 부담한다. 다만 법원의 예산상 제약으로 인해 지나치게 비싼 감정은 실시하지 못하는 경우도 없지 않다.

3) 감정신청의 사례(1)

다음은 실제 감정신청의 사례이다. 죄명은 존속살해로 무시무시하지만, 신청서 내용을 잘 살펴보면 도움이 될 것이다. 사건마다 작성하는 감정신청의 내용이야 다르겠지만 신청서 작성 방법은 다음과 같다.

감정신청서

사 건   존속살해
피고인   홍길동

위 사건에 관하여 피고인은 다음과 같이 감정신청을 합니다.

다 음

1. 감정 기관
아래의 두 곳의 감정기관중 법원이 정하는 기관.

○○대학교 의과대학 법의학교실
주 소:
연락처:

○○대학교 의과대학 법의학교실
주 소:
연락처:

2. 감정할 사항
별지와 같음.
좀 더 구체적인 감정사항은 국립과학수사연구원으로부터 부검기초자료가
법원에 제출되면 추가로 제출하도록 하겠습니다.

3. 입증취지
이 사건 부검감정서상의 상해 및 가해의 정도로부터 살인의 고의를 추단할
수 있는지 여부를 증명하고자 합니다.

20○○. ○. ○○.
피고인 홍길동 (인)

지방법원 형사 제○○부 귀중

감정할 사항

○○○○년 ○○월 ○○일경 시간불상경 사망하여, 국립과학수사연구원에서 부검이 이루어진 변사자 ○○○(여자, ○○세, ○○○○○○-○○○○○○○)에 대한 부검감정 기초자료에 근거하여 다음의 사항을 감정하여 주시기 바랍니다.

1. 변사자의 상해 부위와 상해 정도.

1. 변사자에 대한 구체적인 공격의 방법(흉기 사용 여부, 맨손으로 공격한 것인지 여부, 가격의 방향), 정도(가격의 세기) 및 공격의 횟수 등을 확인할 수 있는지 여부, 확인할 수 있다면 그 방법과 정도, 횟수 등.

1. 부검 자료로부터 변사자의 사망 시간을 추정할 수 있는지 여부.

1. 망인의 사망 원인에 대하여 부검감정인은 다발성 손상에 의한 사망으로 판단하고 있는데, 이와 관련 부검 자료로부터 다음 사항을 확인하여 주십시오.
(i) 다발성 손상 중 사망에 결정적인 원인이 된 손상 부위와 가해 행위가 무엇인지 특정할 수 있는지 여부. 특정할 수 있다면 그 부위와 가해 및 손상의 정도, 사망에 미친 영향.
(ii) 경부 압박의 방법과 정도 및 그로 인한 망인의 질식 시간과 정도를 추정할 수 있는지 여부.
(iii) 위와 같은 경부 압박으로 인한 질식이 변사자를 사망에 이르게 한 직접적인 원인이 되었는지 여부.
(iv) 경부 압박에 의한 질식과 여타 부위의 다발성 손상 중 어떤 것이 사망의 직접 원인이 되었는가.

1. 흉부의 늑골 골절의 정도 및 피하출혈, 내부 장기 상태를 고려할 때 흉부 골절의 발생 원인(가격 행위로 인한 것으로 단정할 수 있는지, 가격 행위로 인한 것으로 추정될 경우 가격의 정도)과 상해의 정도, 사망과의 관련성. 끝.

사건의 쟁점과 검사 측 증거를 얼마나 잘 이해하고 있는지가 피고인 측 감정신청의 질을 좌우한다. 전문가인 감정인이 답을 잘할 수 있도록 질문을 잘해야 좋은 답도 얻을 가능성이 높아진다. 위 사건은 실제 있었던 형사사건의 감정신청서를 약간만 손질해서 보여준 것이다. 위 감정신청서를 작성하기 위해 먼저 검사가 수사 과정에서 감정을 의뢰했던 국립과학수사연구원에 문서송부촉탁을 신청했다. 신청한 내용은 검사가 제출한 부검감정서의 기초가 된 '부검감정 기초자료(부검사진 등)'를 법원에 제출해달라는 것이었다. 이렇게 해서 법원이 미리 감정 목적물인 컬러사진으로 된 부검사진 등이 첨부된 부검감정 기초자료를 국립과학수사연구원으로부터 받았다. 법의학자들은 그 자료를 살펴보는 것으로도 감정 의견을 낼 수 있다고 한다. 또한 감정신청서 별지의 '감정할 사항'을 작성하기 위해서는 상당한 전문지식과 소견이 필요한 경우가 적지 않다. 위 사례에서는 해당 분야의 전문지식이 있는 어느 대학교 의과대학 해부학 교실의 모 교수를 미리 섭외해서 직접 만났다. 그분에게 부검감정서와 자료를 보여주고 일차적인 구두 소견을 메모해서 위와 같은 감정신청서를 작성한 것이다. 그 정도로 노력을 기울여야 좋은 감정신청서가 나온다. 이 정도를 하면 법원에서 지정된 감정인도 '식견이 있는 전문가가 살펴보고 질문했구나'라고 느끼고 질문하는 쟁점에 관한 사항을 잘 살펴보게 된다.

4) 감정신청 사례(2)

또 다른 감정신청 사례를 살펴보자. 요사이 많이 문제가 되는 휴대폰 문자메시지의 진위를 묻는 감정신청 사례이다.

감정신청서

사　건　　2016고단1234 위증
피고인　　홍길동

위 사건에 관하여 피고인은 다음과 같이 감정신청을 합니다.

다 음

1. 감정 목적물
피고인 홍길동이 사용하던 휴대전화기 1대(자세한 사항은 별지와 같음).

2. 감정할 사항
별지와 같음.

3. 감정의 목적과 입증취지
검사는 피고인이 제출한 휴대전화에 대한 휴대전화증거감정서를 믿을 수 없다고 하므로 피고인과 고소인, ○○○ 등이 주고받은 문자메시지를 피고인이 사용하던 휴대폰에서 복원하여 그 진위 여부를 증명하고자 합니다.

4. 첨부서류: 휴대전화감정서(감정기관: 주식회사 ○○)

20○○. ○. ○○.
피고인　홍길동 (인)

○○지방법원 형사 제○○부 귀중

감정할 사항

1. 감정의 목적물
피고인 홍길동이 사용하던 휴대전화기 1대
– 제조사: APPLE
– 모델명: IPHONE4-32G
– 통신사: SKT
– 일련번호: ○○○○○○○○○○○○○○○
– 전화번호: 010-○○○○-○○○○
– 휴대폰 명의자: ○○○

2. 감정 사항
(1) 위 감정 목적물의 경우 저장된 문자메시지 전체를 휴대전화 이용자의 모든 대화 상대방(휴대전화번호 기준으로 함. 휴대전화 이용자가 명명한 대화 상대자의 성명/ 명칭과 전화번호를 명시) 별로 휴대전화 사용자와 그 상대방 간의 상호 대화 내용을 시간 순서대로 복구 및 추출하여 문서화해주시기 바랍니다.

(2) 위 감정 목적물의 경우 저장된 문자메시지 중 조작한 부분이 있는지 여부(만약 조작된 부분이 있다면 해당 문자별로 표시해주시기 바랍니다). 있다면 구체적으로 어떤 방법으로 어떤 부분을 조작한 것인지 여부(참고: ㈜○○에서 사설 감정한 바에 의하면 탈옥(Jailbreak)한 흔적을 확인할 수 없고, 따라서 문자메시지를 조작하지 않은 것으로 판단한 취지인데 그 판단의 과정 및 결과가 적정한 것인지 여부도 함께 검토 요망). 끝.

감정인신문

법원이 감정인을 지정하면 먼저 감정인의 신문을 위해서 당사자를 출석시켜 신문해야 한다. 이때 증인신문에 관한 규정이 준용된다. 법원은 감정인을 소환하여 선서를 시킨 후 감정

사항이 무엇인지를 알려주고 감정 목적물을 감정하여 결과를 보고할 것을 명한다. 이때의 감정인신문에서는 재판장이 직권으로 감정인의 학력, 경력, 감정 경험의 유무 등 감정에 적합한 능력이 있는 사람인지를 확인하는 신문을 먼저 진행한다. 그 후에 참여한 검사와 피고인, 변호인 등에게 신문의 기회를 부여한 후 재판장이 감정인에게 감정 사항을 고지하고 감정할 것을 명한다.

감정인이 감정서를 제출하고 난 뒤에도 그를 다시 출석시켜 감정서에 대해 설명하게 하는 감정인신문을 하기도 한다. 이러한 후자의 감정인신문은 법원이 필요에 따라 결정하는 임의적인 절차이다. 이때 검사와 피고인, 변호인은 증인신문과 같은 방법으로 감정인에게 질문을 던지고 답변을 받을 수 있다.

감정과 다른 증거신청의 병행

감정이 매우 중요한 증거 방법이기는 하지만, 그것 한 가지로 재판이 결판나는 것은 아니다. 따라서 위 사례와 같이 소송 전략에 따라 많은 다른 증거 방법을 신청하여 재판을 진행해야 한다. 아울러 이렇게 얻어진 감정 결과에 대해서는 다툼이 있을 수 있다. 따라서 감정이 종료된 후에는 그 결과가 재판에 어떤 영향을 미치는지를 염두에 두고 감정에 관한 의견서를 제출하는 것이 좋다.

6.

검증신청과 증거조사

검증의 방법

검증의 경우 감정과 달리 제삼자가 아닌 법원 재판부가 검증 목적물의 상태를 확인하고 조서에 검증한 내용을 기재한다. 어떤 검증의 경우에는 감정보다도 훨씬 어렵고 준비가 많이 필요하다.

검증신청과 관련한 유의사항

재판을 진행하면서 규명하려는 사항이 검증을 통해 조사 가능한 것인지를 검토해서 검증신청 여부를 결정해야 한다. 특히 현장 검증을 신청하기 위해서는 사전 답사를 해보는 것이 좋다. 피고인이 사건을 몸소 경험했다는 점에서 사건 장소를 이미 잘 알고 있는 경우가 많겠지만 재판을 진행하는 측면에서 현장을 살펴보는 것은 차원이 다른 문제이다. 특히 변호인에게는 사전 답사가 도움이 많이 된다. 사전 답사는 문제의 사건에서 현장 검증을 신청할 것인지를 결정하는 데 도움을 준다.

검증신청서의 준비

현장 검증을 신청하기로 결정했다면 신청서를 준비해야 한다. 실제 사례의 일부를 요약한 검증신청서 사례를 다음에서 확인할 수 있다.

검증신청서

사 건 2016노1234 정보통신망이용촉진 및 정보보호 등에 관한 법률 위반(명예훼손) 등
피고인 홍길동

귀원 위 피고인에 대한 위 사건과 관련하여 피고인은 다음과 같이 검증을 신청합니다.

다 음

1. 검증의 목적물
– 천안함 민군합동조사단이 천안함을 침몰 원인의 증거라고 발표한 어뢰추진체

2. 보관장소: 대한민국 해군 2함대 사령부

3. 검증할 사항 및 입증할 사항
(1) 검증할 내용: 어뢰에 발생한 백색물질이 어뢰추진체의 어느 곳에 분포하

고 있는지 검증함(현재 어뢰추진체 중 철 부분에는 백색물질이 부착되어 있지 않고 알루미늄 부분에 집중적으로 붙어 있음).

(2) 검증 방법: 육안 검증

(3) 입증할 사항:

– 백색물질이 어뢰추진체의 특정 금속(알루미늄 성분)에 집중적으로 붙어 있음을 확인함으로써 알루미늄 수산화물(합조단은 알루미늄 산화물로 주장)로 확인된 백색물질과 어뢰추진체의 알루미늄 부분과의 상관관계를 입증하고자 합니다.

– 백색물질이 어뢰추진체의 철 부분에는 거의 붙어 있지 않음을 확인하고자 합니다.

– 이를 통해 천안함 민군합동조사단이 천안함은 북한제 어뢰에 의해 침몰했다는 발표에 대해 의문을 제기한 피고인의 주장이 합리적인 의문에 기초한 것이었음을 입증하고자 합니다.

20○○. ○. ○○.
피고인   홍길동 (인)

○○고등법원 제○ 형사부 귀중

위 사례는 법정이 아닌 다른 곳에서 실시하는 검증신청서 사례이지만 방법은 법정에서 검증 목적물을 대상으로 실시하는 검증과 다를 바가 없다.

녹음·녹화 매체의 검증

요즘은 녹음·녹화 테이프, 컴퓨터용 디스크, 그 밖에 이와 비슷한 방법으로 음성·음향·영상을 녹음 또는 녹화하여 재생할 수 있는 매체에 수록된 음성·음향·영상 정보에 대한 증거조사가 문제 되는 경우가 많다. 이때에도 녹음·녹화 매체를 법정에서 제시하고 이를 청취하거나 시청하면서 검증하는 방법으로 증거조사를 한다. 따라서 동영상 등을 매체에 담아 제출하는 경우 검증신청서를 작성하여 신청한다는 것을 기억하자.

통상 저장 매체에 저장된 동영상에 대한 검증은 관련 부분의 시간만 특정해서 상영함으로써 특별한 어려움 없이 검증을 실시할 수 있다. 검증 목적물인 동영상이 범행 장면을 포함하고 있다면 문제의 범행이 어떻게 벌어졌는지 알 수 있으므로 해당 부분을 정지, 반복하여 상영하고 필요한 경우 증거신청자가 캡처사진을 증거로 다시 제출함으로써 해당 사실을 명확하게 설명할 수 있다. 문제 되는 동영상의 내용을 알아야 증인신문이 효과적으로 진행되는 경우가 있다. 이런 경우 증인신문 직전에 동영상을 검증하고 증인신문을 실시하는 방법이 효율적이다.

검증기일의 조사와 조서 작성

법원이 검증 참여자를 확인하고 검증의 개시를 선언하면 검증 대상의 현황을 파악하기 위해 오관에 의한 감지(사진 촬영 포함)뿐만 아니라 참여인 기타 현장에 있는 자의 적절한 지시와 설명을 듣는 것이 필요하다. 법원은 검증을 통해 이러한 사항을 검증조서에 기재함으로써 증거조사를 한다. 검증조서는 그 자체로 증거능력이 있기 때문에 조서의 기재사항은 매우 중요하다.

1) 준비를 잘해가야 한다

현장 검증인 경우에는 검증기일에 임하여 예정된 동선을 따라가면서 필요한 곳에 멈춰 검증을 진행한다. 이때 검사와 피고인 측이 각자 주장을 제기하므로 실제로 현장 검증 장소에서 날선 공방이 벌어진다. 전문성이 필요한 검증의 경우, 검사는 흔히 관련 전문가를 대동하여 검증 목적물에 대해 설명하기 때문에 피고인과 변호인도 그에 대한 반박 준비를 미리 해놓아 필요하다면 조서에 반박 주장을 남겨야 한다.

2) 피해자 측과 피고인이 접촉하여 불상사가 벌어질 우려가 있는 경우

장소 공개가 제한된 특별한 곳이 아닌 이상 피해자나 그 관계자들이 검증기일에 같이 가는 경우가 많다. 법정이 아닌 개방된 공간에서 이동하며 검증을 실시할 때 피고인과 피해자 측 간에 언쟁이나 신체 접촉이 벌어지는 등 불상사가 발생하는 경우가 없지 않다. 이런 위험이 있다면 미리 현장에 적절한 통제 인력이 배치되도록 요구할 필요가 있다.

7.
증인신문과 피고인신문

증인신문을 효과적으로 하려면

피고인은 증인신문기일에 앞서 증인신문사항(증인에게 질문할 사항을 번호를 붙여 정리한 문서)을 미리 작성해야 한다. 통상 피고인이나 검사가 자신이 신청한 증인에 대해서 작성해올 때 증인신문사항이라는 제목을 붙인다. 상대방이 신청한 증인에 대해서는 '반대신문사항'이라고 제목을 붙인다. 여러 사건을 다루는 재판부나 검사가 착오하지 않도록 제목 좌측 상단에 사건번호를 붙이는 것이 좋다. 만약 증인 홍길동이 검사 측 증인이고 다음과 같은 신문사항을 반대신문하려면 '증인 홍길동 반대신문사항'이라고 제목을 달아 위와 동일한 나머지 내용으로 준비해오면 된다.

증인 홍길동 신문사항

1. 증인은 이 사건의 피고인 홍길동, 피해자 김경숙과 어떤 관계가 있습니까

2. 증인이 피해자 김경숙을 알게 된 경위는 어떻게 되고 이 사건과 관련해 만난 시기는 언제입니까

3. 증인은 피해자 김경숙과 피고인이 힐튼호텔 커피숍에서 만난 2018년 12월 31일 그 자리에 동석했습니까

4. 피고인이 이 사건과 관련해 피해자 김경숙에게 그날 무슨 이야기를 했습니까

5. 피해자 김경숙이 그날 미리 돈을 준비해왔습니까? 얼마나 준비해왔습니까

6. (순번 1번 영수증을 제시하며) 이 영수증이 이날 피고인이 김경숙에게 작성해준 영수증입니까

7. 피해자 김경숙은 피고인에게 허위의 사업 내용을 설명받아 속은 것이라고 주장하는데 사실입니까

8. 피해자 김경숙이 그런 주장을 하는 이유는 무엇인지 증인이 알고 있습니까

9. 기타 사항

증인신문사항은 언제, 몇 부를 재판부에 제출하는 것일까?

민사재판과 달리 형사재판은 신문하기 직전에 증인신문사항을 재판부에 제출한다. 주신문도, 반대신문도 마찬가지다(신

청인 쪽에서 증인을 상대로 하는 증인신문을 주신문, 그 상대방 측이 증인을 상대로 하는 증인신문을 반대신문이라고 한다). 따라서 반대신문사항 역시 주신문이 끝나고 반대신문을 할 때에 재판부에 제출한다. 증인신문사항은 주신문사항이든 반대신문사항이든 법원용으로 법원 재판부 판사의 수(단독판사의 재판에서는 1부, 3인이 하는 합의부 재판에서는 3부)+속기사용 1부+검사의 수+피고인 본인 및 변호인 수를 모두 합산한 만큼 만들어온다. 따라서 3인 합의부 재판사건으로 검사 1인, 피고인과 변호인 각 1인이 출석하는 사건에서는 법원용 4부(판사 3인+속기사용 1부), 검사 1부, 피고인 측 2부, 도합 7부의 증인신문사항이 필요하다. 판사 1인이 재판하는 단독 사건으로 검사 1인, 피고인 1인, 변호인이 1인일 경우 법원용 2부, 검사 1부, 피고인 측 2부, 총 5부가 필요하다.

증인신문사항의 효과적인 작성 방법

1. 주신문이든 반대신문이든 신문사항은 가능한 간단하게 작성하여 증인과 재판장, 검사 등 소송 관계인이 쉽게 알아들을 수 있게 해야 한다.

각 신문사항의 개별항의 증인신문사항은 세 줄 이상을 넘지 않도록 한다. 그 이상 긴 질문을 할 경우 증인은 맨 끝부분에 대해서만 답변하는 경향이 있으므로 긴 질문은 중간에 한 번

씩 끊어 질문한다.

2. 사건의 실체를 알만한 증인이 사실관계를 모른다는 태도를 보일 경우

첫째, 증인이 모른다고 부인하기 어려운 사건이나 증인도 "예"라고 말할 만한 사안부터 증인신문을 시작한다. 둘째, 증인이 빠져나가지 못하게 그물을 치는 신문사항을 곳곳에 전략적으로 배치한다.

증인이 노련하고 자신의 이해관계도 얽혀 있는 사건의 경우 자신의 변호사와 미리 협의하고 증언하는 경우가 적지 않다. 또 예민한 질문에서 아예 모르쇠로 일관할 수 있다. 핵심 쟁점을 둘러싼 사실관계에 대해 기억나지 않는다고 잡아떼는 증인에게 계속 그것만 물어보면 나중에 돌이켜볼 때 증인신문을 망쳤다는 생각이 들기 쉽다. 이럴 때도 요령이 있다. 증인이 모른다고 부인하기 어려운 사건이나 증인도 "예"라고 말할만한 사건 몇 가지를 파악하여 그런 부분부터 "예"라는 답변을 받아 내 신문사항 초입부터 부딪히지는 않는 것이 좋다. 증인이 기억하고 진술하는 내용, 그물을 쳐놓은 신문사항부터 핵심 부분으로 차근차근 접근해 증인의 진술 태도를 확인하는 것이 중요하다. 왜곡된 증언을 할 염려가 있는 증인은 몇 가지 신문사항을 서두에 전략적으로 배치하여 증인이 의심하지 못하게 자연스럽게 신문하여 필요한 답변을 얻어내는 것도 중요한 기술이다. 나

중에 가면 그 질문의 답변과 배치되는 증언을 하지 못하게 되기 때문이다. 다만 재판장이 보기에 왜 이런 질문을 하는지 이해하지 못하게 되면 신문이 주변부를 맴돈다고 생각하여 신문을 끊거나 재촉하는 경우가 발생하므로 가급적 간결하게 질문할 수 있게 신문사항을 작성한다.

3. 증인신문사항의 질문 수를 증인의 중요도에 맞춰 조절해서 효율적으로 준비해야 한다.

증인신문사항은 재판의 향방을 좌우할 중요 증인이 아닌 이상 주신문이나 반대신문을 20~30개 정도로 줄여 효율적으로 진행하려고 노력할 필요가 있다. 다만 핵심 증인일 경우 증인신문할 사항이 50개가 넘어갈 수도 있다. 이런 증인이라면 해당 증인신문기일 이전의 공판기일에 증인신문에 주신문만 한 시간이 넘게 소요될 것임을 미리 알려 재판부가 다음 증인신문기일에 충분한 시간을 배정할 수 있도록 해야 한다. 보통 재판부는 증인신문기일도 30분~한 시간 정도씩만을 잡기 때문이다. 이렇게 주신문, 반대신문, 재주신문, 재반대신문에 총 두 시간 이상 소요될 재판이라면 미리 알려 시간을 넉넉하게 잡지 않으면 증인신문을 하다 말고 다음 재판기일을 잡아 재판을 해야 하는 불상사가 발생할 수 있다.

증인의 선서와 위증죄

증인신문기일에 재판장은 증인을 호명하고 증언대에 불러 세워 인적사항 확인 및 피고인과의 관계를 묻는다. 이어 증인에게 선서서의 내용에 따라 "양심에 따라 숨김과 보탬이 없이 사실 그대로 말하고 만일 거짓말이 있으면 위증의 벌을 받기로 맹세합니다"라는 선서를 하게 한다. 선서한 이후 기억에 반하는 허위진술을 하면 증인은 위증죄의 책임을 진다. 위증죄에서 말하는 허위진술은 객관적 사실이 허위라는 것이 아니라 스스로 체험한 사실을 기억에 반하여 진술하는 것을 말한다.

증언거부권

누구나 자신이 근친자(친족, 또는 친족관계에 있었던 자, 법정 대리인, 후견감독인) 관계에 있는 사람이 형사소추 또는 공소제기를 당하거나 유죄판결을 받을 사실이 탄로 날 염려가 있는 증언을 거부할 수 있다. 또한 변호사, 변리사, 공증인, 공인회계사, 세무사, 대서업자, 의사, 한의사, 치과의사, 약사, 약종상, 조산사, 간호사, 종교의 식에 있는 자 또는 이러한 직에 있던 자 등은 업무상 위탁을 받은 관계로 알게 된 사실로서 타인의 비밀에 대해서는 본인의 승낙이나 중대한 공익상의 필요가 있는 경우가 아닌 한 증언거부권이 있다.

검사 측 증인에 대한 효과적인 반대신문 기술

1. 검사 측 주신문사항 중 핵심 신문사항 몇 가지를 체크해서 반대신문 때 바로 물어본다. 증인의 증언을 흔들 수 있는지를 탐색하며 증언의 취지를 바로잡을 수 있는지를 본다.

검사 측 증인에 대해 검사가 주신문을 다 마치고 피고인 쪽에서 준비한 반대신문도 다 진행한 후에 검사 측 주신문사항 몇 가지를 따져보려고 하면 주신문에 대한 증인의 증언 내용이 무엇이었는지 가물가물해져서 명확하게 물어보지 못하게 될 수 있다. 따라서 핵심 증언 내용에 대해서는 주신문이 끝난 후 생각나는 몇 가지를 바로 질문해보는 것이 효과적이다. 이를 통해 검사 측 증인의 증언을 흔들 수 있는지, 증언의 취지를 바로잡을 수 있는지를 탐색해볼 수 있다. 쟁점을 확 부각시키는 장점도 있다.

2. 반대신문사항을 순서대로 신문하되 증언 내용에 비춰 필요 없는 신문사항은 빨리 버리거나 수정 또는 추가 신문하면서 증인의 증언의 초점에 맞추어 반대신문한다.

증인의 증언 취지가 확고한데 그것이 아니라는 취지의 신문을 반복하다 보면 증언을 듣는 재판장에게 적대적 증인의 증언만 기억에 남게 하는 문제점이 생긴다. 따라서 증언이 확고해 움직일 수 없겠다는 판단이 들면 준비한 증인신문사항을 계속 진행하는 것이 무의미하다는 판단이 들 수 있다. 그때는 신문사항을 일부 수정해서 정말로 필요한 내용으로 신문을 진행해야 한다.

3. 검사 측 핵심 증인이나 피고인에게 적대적인 증인이 거짓말을 계속하고 있다고 판단될 경우, 피고인이 다른 증거로 탄핵할 자신이 있으면 증인으로 하여금 상황 묘사를 세밀하게 하도록 유도하는 방법을 검토한다.

이는 반대신문을 통해 증인이 사건에 관한 정황을 세밀하게 묘사하게 함으로써 다른 증거를 통해 해당 증인이 거짓말을 매우 잘하는 자임을 드러나게 하는 방법이다. 증인은 신나서 자기주장을 하지만 장황한 거짓말을 하게 되면 객관적 사실과 다른 내용이 나오게 된다. 그래서 증인은 자기가 원하는 대로 증언했다고 생각하나 결과적으로는 피고인이 다른 객관적 증거로 증인의 증언을 탄핵하기가 수월해질 수 있다.

4. 증언이 핵심적인 부분에 이르렀을 때는 준비한 신문사항에 얽매이지 말고 증언에 집중해야 한다.

주신문이든 반대신문이든 피고인에게 우호적 증인이 아닌 이상 피고인이나 변호인이 묻는 방향대로 답하리라고 기대할 수 없다. 주신문이든 반대신문이든 적대적 증인에 대한 증인신문이 핵심 부분에 이르렀을 때는 증언 내용에 비춰 다음 질문을 진행할 수밖에 없다. 그러므로 증인이 피고인 측이 작성한 신문사항과 다른 증언을 하고 있을 때는 준비한 증인신문사항에 얽매이지 말고 증언 자체에 집중해야 한다. 증인이 예상되지 않은 답변을 하면 추가 질문을 통해 증언의 취지를 명확히 하도록 노력한다.

5. 피고인을 위해 변호인이 증인을 신문하고 있을 때 피고인은 증언의 흐름과 증언과 관련한 쟁점에 따른 사고의 흐름, 증언에 대한 법관의 반응을 주의 깊게 살피면서 변호인에게 간단한 메모를 전달한다. 그렇게 하기 어려운 사항이라면 피고인은 변호인의 신문 순서가 마무리될 즈음에 증인에게 몇 가지만 더 물어보겠다고 재판장에게 이야기한다. 재판장이 허락하면 피고인은 중요 사항들을 몇 가지 더 직접 증인신문할 수 있다.

장기나 바둑을 둘 때 훈수 두는 사람에게 수가 더 잘 보인다는 말이 있다. 변호인의 증인신문에 증인이 어떻게 반응하는지는 지켜보는 사람이 더 잘 볼 수도 있다. 증인신문과정에 변호인과 피고인의 팀플레이가 있다면 훨씬 효과적인 신문이 가능하다.

6. 증인이 잘 알면서 모른다고 잡아떼는 경우, 법원에 증언 태도에 대해 이의를 제기하여 증인에게 주의를 주게 하거나 증인이 사실관계를 잘 알고 있음을 설득력 있게 지적한다.

증인이 잘 아는 사람인데 모른다고 잡아떼면 어떻게 할 것인가? "당신, 왜 알면서 모른다고 거짓말해?" 이런 식으로 하면 재판이 소란스러워지고 증인은 더욱 완고한 태도로 기존 입장을 고집할 가능성이 있다. 그러니 요령 있게 풀어가야 한다. 증인이 알만한 사항을 모른다고 대답하는 일이 반복되면, 신문을 잠시 멈추고 재판부에 구체적인 이유를 들어 증인에게 주의를 줄 것을 요청할 수 있다. 증인은 재판부가 자신의 증언을 의심하는 눈치가 보이고 법원이 주의를 주면 태도를 교정하는 경우가 있다. 이런 어필은 과하면 금물이지만 재판부에게 '증인이 질문하는 내용을 알 것 같은데 왜 저러지?'라는 생각을 품게 할 수 있다면 그것만으로도 반쯤은 성공이다. 또한 앞서 증인이 그 문제에 대해 이미 검사 측 질문에 증언을 했거나, 그 사실을 안다는 전제하에 어떤 증언을 한 것이 있거나, 혹은 다른 증거를 통해 증인이 사실관계를 잘 알고 있는 사람임을 지적할 수 있다면 이를 거론하면서 피고인이 지금 이 질문에 대해 모른다고 답변하는 것은 앞뒤가 맞지 않는다는 것을 지적한다. 이 경우 보통 재판장이 그 지적이 옳다고 생각하면 증인신문에 개입해서 증인에게 진술할 것을 요구한다.

증인에 대한 주신문에서 유도신문의 자제

주신문에서는 다음의 경우가 아닌 이상 유도신문을 자제
한다(참고로 반대신문에서는 유도신문이 허용된다).

⚖️ **쫄지 마 법전 「형사소송규칙」 제75조(주신문) 제2항**

1. 증인과 피고인과의 관계, 증인의 경력, 교우관계 등 실질적인 신문에 앞
서 미리 밝혀둘 필요가 있는 준비적인 사항에 관한 신문의 경우
2. 검사, 피고인 및 변호인 사이에 다툼이 없는 명백한 사항에 관한 신문의
경우
3. 증인이 주신문을 하는 자에 대하여 적의 또는 반감을 보일 경우
4. 증인이 종전의 진술과 상반되는 진술을 하는 때에 그 종전진술에 관한
신문의 경우
5. 기타 유도신문을 필요로 하는 특별한 사정이 있는 경우

피고인이 신청한 증인에 대해 주신문으로 할 증인신문사
항을 만들 때 신문사항 대부분을 유도신문, 즉 증인이 "예"로
답할 수 있는 질문으로 만들어오는 경우가 있는데, 이런 일은
가급적 피해야 한다. 예를 들어 사기사건에서 증인신문을 할 때

주신문을 유도신문으로 하는 사례는 다음과 같다.

증인에 대한 유도신문의 예

1. 증인은 2018년 12월 31일 서울 강남구 강남대로 ○○빌딩 ○○○호 오피스텔에서 피해자 ○○○를 만나 피고인을 대리해 ○○○ 계약을 ○○○와 체결하고 ○○○에게서 돈 500만 원을 받으면서 영수증에 '계약금 500만 원 영수함'이라고 써줬지요?

이런 식의 질문이 반복되면 증인이 피고인과 답변 내용을 미리 상의하고 와서 형식적으로 답변하는 것 같이 되어 모처럼 불러온 증인의 증언 가치를 떨어뜨린다. 이렇게 하지 말고 증인이 스스로 생각하고 자기 말로 답변하게끔 질문을 만드는 것이 좋다.

증인에 대한 올바른 증인신문(주신문)의 예

1. 증인은 2018년 12월 31일 서울 강남구 강남대로 ○○빌딩 ○○○호 오피스텔에서 피해자 ○○○를 만났나요?

2. 그날 증인이 피고인을 대리해 ○○○와 어떤 계약을 체결했나요?

3. ○○○가 증인에게 얼마를 지급했고 무슨 명목인가요?

4. (증 제○○호증을 제시하며) 이 영수증이 그때 증인이 ○○○에게 써준 영수증인가요?

앞서 주신문에서 유도신문이 허용되는 몇 가지 사례와 함께 반대신문에서도 유도신문이 허용된다는 것을 기억할 필요가 있다. 주신문에서의 유도신문금지는 검사도 지켜야 한다. 여하간 검사도 가끔 주신문을 할 때 유도신문금지 원칙을 제대로 지키지 않는 경우들이 적지 않다. 유도신문을 하게 되면 증인과 각본대로 증인신문을 한다는 인상을 준다. 따라서 검사가 이런 신문 방식을 반복하면 피고인은 법원에 타이밍을 잘 잡아 "재판장님, 유도신문이 계속되는 것 같습니다"라고 한마디만 해도 재판장은 검사에게 신문 방식을 바꾸라고 요구할 것이다.

피고인신문

1) 피고인신문은 언제 하나?

피고인신문은 원칙적으로 증거조사 종료 후에 검사 또는 변호인이 순차로 피고인에게 공소사실 및 정상관계에 대해 필요한 사항을 신문하는 절차이다. 검사와 변호인뿐만 아니라 재판장도 신문할 수 있다. 검사가 피고인신문을 할지는 검사의 소송 전략에 달려 있다. 검사가 피고인신문을 하겠다고 결정했을 때, 피고인에게 변호인이 선임되어 있지 않은 사건에서는 피고인이 검사의 질문에 답변할 것을 스스로 준비해야 한다.

2) 피고인신문을 하지 않는 경우

피고인이 범행을 자백하는 경우 검사는 피고인신문을 별도로 실시하지 않는 것이 보통이다. 또한 공소사실을 부인하는 피고인의 입장이 매우 명확하며, 다른 증거로 유죄 입증을 할수 있겠다고 판단할 경우 검사는 증인신문 등 다른 증거신청으로 유죄 입증을 하고 피고인신문은 별도로 하지 않기도 한다. 이때 피고인이 변호인을 선임하지 않은 사건인 경우 피고인이 자신에게 자문자답할 수는 없는 노릇이므로 피고인신문을 실시할 수가 없다. 이처럼 피고인신문을 하지 않는 경우에는 피고인이 최후진술에서 자신이 재판부에 하고 싶은 말을 일목요연하게 정리하여 진술하는 것이 바람직하다. 최후진술에서는 미리 종이 같은 데 써서 차분하게 읽으면서 사건에 대한 사실관계와 의견을 진술할 수 있기 때문에 준비를 얼마나 잘하느냐가 중요하다.

3) 피고인신문의 방식

피고인신문을 할 때 피고인은 재판부가 있는 법대 정면에 위치한 증인석에 앉아 신문을 받게 되나 증인이 되는 것은 아니므로 선서는 하지 않는다. 변호인은 변호인석에 앉아 있을 수도 있지만 피고인신문 중에는 피고인 옆에 앉을 수도 있다. 피고인은 검사와 재판장이 신문을 할 때 변호인의 조언을 받을 수 있다. 피고인신문은 검사, 변호인, 재판장 순으로 진행되나 재판장은 필요할 때 언제나 신문을 할 수 있고, 신문 순서도 변경할 수 있다.

4) 검사의 피고인신문에 대응하는 방법

피고인이 공소사실을 부인하면서 무죄를 주장한다면, 검사는 피고인신문에서 공소사실에 대해 일일이 다시 질문하기보다는 증거조사가 된 사항과 피고인의 진술 간의 불일치 부분이라거나 당신의 태도 변화에 대해 집중적으로 신문할 가능성이 높다. 이때 검사가 위협적이거나 모욕적인 언사로 신문할 경우 감정적으로 대응하지 말고 재판진행자인 재판장에게 검사가 피고인을 모욕하거나 답변을 강요하고 있다고 짧게 이의를 제기하면 좋다. 검사는 그동안 재판에서 나온 모든 증거를 가지고 질문하는 위치에 있기 때문에 피고인이 혼자 검사의 질문에 맞서 답변을 준비하는 것은 결코 쉽지 않은 일이다. 따라서 변호인을 선임했다면 그의 도움을 받아 예상되는 피고인신문사항을 뽑아보고 자신의 답변을 점검하여 미리 조언을 구하는 것이 필요하다. 그러나 피고인에게 선임한 변호인이 없는 불구속재판에서는 검사의 예상 신문사항을 피고인 스스로 정리해보고 필요한 증거들, 특히 피고인의 주장을 뒷받침하는 증거들을 참조하여 답변할 내용을 정리해보는 것이 필요하다. 또한 피고인신문에서는 종이와 펜을 이용할 수 있다. 질문을 들으며 메모한다면 쟁점을 놓치지 않을 수 있고, 더 좋은 답변을 할 수 있다.

5) 피고인이 변호인과 함께 피고인신문을 준비하는 방법

증거조사 후의 피고인신문이라면 이미 피고인의 의견이 의견서로 제출되어 있을 시점이므로 피고인신문이 재판의 양상에 큰 변화를 가져올 수는 없을 것이다. 그러나 피고인신문에는 피고인이 자신의 말로 사건의 실상을 설명함으로써 검사의 공소사실과 다른 그림의 사실관계를 법관에게 생생한 언어로 제시할 수 있다는 장점이 있다. 따라서 "예, 예"가 반복되는 유도신문 방식으로는 아무리 자세하게 피고인신문을 해도 법관에게 좋은 인상을 남길 수 없다. 따라서 피고인신문도 유도신문의 방식을 삼가고 피고인이 스스로 답변할 수 있게끔 질문을 구성해야 한다. 피고인도 변호인에게 자신이 답변하기 좋게 질문을 구성해달라고 요구하는 것이 좋다. 미리 피고인신문사항을 받아봤다면 혹시 빠진 부분이 있는지 스스로 점검해보는 것이 좋다.

8.
형사합의와 공탁

형사합의

1) 형사합의의 중요성

국가적 법익이나 사회적 법익을 보호하기 위한 범죄가 아닌 개인의 생명·신체, 자유, 명예·신용, 사생활의 평온 또는 재산을 보호하기 위한 범죄, 즉 개인적 법익에 관한 죄에서는 형의 종류와 형량 등을 정하는 양형에 있어 형사합의가 매우 중요한 고려 요소가 된다. 형사합의 여부가 실형이냐 집행유예냐, 혹은 벌금형이냐를 가르는 결정적인 양형 요소인 것이다. 특히 재산 범죄는 재산적 손해가 피해배상으로 회복이 되면 피해자의 고통은 어느 정도 해소가 되는 것이기 때문에 이처럼 원만한 회복이 있을 경우 죄질이 아주 불량한 사건이 아닌 이상은 집행유예를 선고하는 경우가 많다. 반면 범죄가 국가적 법익을 보호하는 범죄, 예를 들어 공무원의 직무에 관한 범죄, 위증과 증거인멸의 죄 같은 것은 국가가 형사합의를 해줄 리가 없기 때문에 합의를 시도할 수 없는 범죄이다. 다만 예외적으로 공무집행방해죄와 같이 공무원이 개인적으로도 폭행 등의 피해를 보게 된 경우에는 형사합의 여부를 양형에서 고려한다. 사회적 법익에 관한 죄(공공의 안전과 평온에 대한 죄, 공공의 신용에 대한 죄, 공중의 건강에 대한 죄, 사회의 도덕에 대한 죄 등)의 경우도 피해자가 특정 개인이 아닌 범죄들이어서 대다수가 형사합의를 생각하기 어려운 범죄들이다. 다만 방화와 실화죄 같은 경우 부차적으로 개인의 재산권을 보호하는 것이고 특정한 피해자도 있으므로 그 피해자와의 형사합의는 당연히 가능하고 또 중요하다.

2) 친고죄, 반의사불벌죄와 형사합의

형법상 피해자의 고소가 있어야 공소를 제기할 수 있는 범죄를 '친고죄'라 한다. 친고죄에는 사자(死者)의 명예훼손, 모욕죄, 비밀침해의 죄 및 업무상 비밀누설죄, 그 밖에 직계혈족이나 배우자·동거친족·동거가족 또는 그 배우자 이외의 친족 간의 권리행사방해죄가 성립한 경우 등이 포함된다.

한편, 피해자의 명시한 의사에 반하여 공소를 제기할 수 없는 범죄를 '반의사불벌죄'라고 한다. 폭행죄나 존속폭행죄, 과실치사상죄, 협박죄나 존속협박죄, 명예훼손 및 출판물 등에 의한 명예훼손죄 등이다. 반의사불벌죄는 고소가 없어도 수사를 할 수 있지만 피해자가 처벌을 원하지 않는다는 의사를 분명히 하면 공소를 제기할 수 없다. 따라서 친고죄나 반의사불벌죄의 경우 수사 도중 형사합의가 이루어지고 피해자가 가해자에 대한 처벌을 원하지 않는다는 의사를 수사기관에 표시하면 수사기관은 불기소처분을 할 수밖에 없다. 재판 단계에서 그와 같이 형사합의가 이루어져 가해자의 처벌을 원하지 않는다는 피해자의 의사가 법원에 제출되면 공소기각판결을 할 수밖에 없다. 친고죄나 반의사불벌죄 이외의 범죄에 대한 형사합의도 형사처벌 여부와는 무관하지만 양형에 영향을 미칠 수 있으므로 중요하다.

3) 형사합의의 전제

형사합의에서 가장 중요한 전제는 피고인의 진지한 반성과 피해자에 대한 진정한 사과이다. 형사상 범죄 피해를 본 피해자의 입장을 헤아리지 못한 피고인 또는 피고인 측 관계자의 언동과 태도는 피해자와 그 가족의 분노를 부채질한다. 그래서 섣불리 형사합의를 하려다 도리어 피해자 측의 분노 감정을 고조시켜 협의가 깨지고 피해자 측이 법원에 강력하게 처벌해달라고 탄원하는 경우가 적지 않다. 대표적으로 피고인이나 그 대리인의 진지한 사과가 선행되지 않은 채 액수로 형사합의금을 협상하려고 하는 경우 피해자 측에서 이를 거부하는 경우가 적지 않다.

4) 어떻게 진지한 반성과 사과의 뜻을 전달할 것인가?

먼저 피해자의 주소나 연락처를 알고 있는 경우, 또는 피해자의 부모나 친인척을 알고 있는 경우 우선 피해자를 만나거나 그에게 직접 전화를 걸려고 하지 않는 것이 좋다. 피고인의 대리인이 피해자를 잘 알고 있는 사람을 통해 사과의 뜻을 전달하는 것이 좋다. 피해자나 피해자 측이 가해자 측을 만나기를 거부하는 경우가 있고, 사건에 따라서는 직접적인 전화 연락을 피해자 측에서 매우 두려워하고 경계하는 경우도 있다. 심지어 전화번호와 주소를 바꾸는 경우도 있기 때문에 우선은 피고인이 진심을 다해 자필로 작성한 편지를 전달하는 것이 좋다. 진지한 사과와 용서로 끝날 만한 사안이면 그 단계에서 정리가 될 것이다. 과거 모 유명 인사들의 명예훼손사건이나 협박사건 같은 경우 피고인의 진지한 반성이 담긴 사과 편지를 받은 피해자가 처벌불원서를 법원에 제출한 사례들이 심심치 않게 있었다. 형사재판 이전 단계에서는 경우에 따라 피해자가 가해자에게 특정한 방식의 사과와 일정한 책임을 지는 모습을 적극적으로 요구하는 경우가 있다. 경우에 따라서는 학교나 직장, 기타소속 집단의 문제해결절차에 따라 특정한 방식과 내용의 공개

사과가 요구되기도 한다. 이 경우 사과의 형식과 내용은 피해자가 원하는 바를 존중하는 것이 바람직하다. 그런 사과와 책임에 대한 요구를 피고인이 받아들이지 않으면 형사합의는 어렵다고 볼 수밖에 없다.

5) 형사합의를 하지 못할 사건, 형사합의가 가능한 사건

한편 피고인 입장에서는 형사합의를 시도할 것이냐 말 것이냐를 고민하게 되는데, 그전에 먼저 사건의 성격을 고려해야 한다. 사건에 따라 형사합의가 실질적으로 어려운 경우도 없지 않다. 예를 들어 강간죄나 강제추행죄 같은 성범죄의 경우 피해자 측에서 가해자 측을 만나려는 것 자체를 극단적으로 경계한다. 가해자를 피해자로부터 격리해 실형을 선고할 것을 피해자 측에서 요구하는 경우가 많다. 따라서 이런 사례에서는 설사 피고인이 피해자의 인적사항을 알고 있더라도 섣불리 형사합의를 시도하는 것은 사태 해결에 도움이 되지 않는다. 피해자 입장에서는 가해자 측에서 피해자를 찾아오려는 행위나 합의를 요구하는 행위 자체를 2차 가해로 생각하기 때문이다. 더군다나 「성폭력범죄 처벌 등에 관한 특례법」은 성범죄피해자 등의 인적사항 기재 금지 및 신원 누설 금지 등을 규정하고 있어 가해자인 피고인이 피해자의 인적사항을 알지 못하는 경우가 많다. 이때는 합의 자체가 원천적으로 불가능할 것이다. 그런데도 피해자 인적사항을 어떻게든 알아내어 공탁을 해보겠다고 하는 것은 피해자 측에게 2차 가해를 하는 행위일뿐더러, 심한 반발만 불러일으킨다. 연인관계에서 발생한 폭력사건도 이와 유사하다. 이런 사건에서 피해자는 가해자의 격리를 원하기 때문에 피해자의 주소를 알고 있다고 해도 섣불리 만나려고 하거나 그의 가족이나 직장에 접근하려고 하면 피해자의 분노와 불안을 야기할 수 있다. 형사합의가 비교적 용이한 종류의 범죄는 재산범죄, 폭행죄, 교통사고와 관련한 범죄 같은 것들이다. 형사합의는 피해자가 용서를 할 수 있다는 마음이 생겨야 가능한 것이다. 그러므로 피해자가 용서할 마음이 없는데 피고인 측에서 형사재판의 진행으로 촉박해지는 시간 때문에 급한 마음에 형사합의금을 먼저 제시하는 방법으로 합의를 시도하는 것은 실을 바늘허리에 묶어 꿰려는 것과 같은 행동이다.

6) 신중해야 할 대리인 선정

피고인 측에서 형사합의를 위해 내보내는 대리인이 사회 경험이 적은 사람인 경우, 가해자의 부모가 직접 대리인으로 나서는 경우 형사합의금의 수준을 잘 몰라 상식 밖의 금액을 제안하는 때가 없지 않다. 이럴 때 피해자 측에서는 우롱당했다는 생각에 감정이 틀어져 합의가 깨지는 경우가 적지 않다. 그 밖에도 피고인 측 대리인이 지나치게 방어적인 태도를 보이거나 소위 안쪽으로만 굽는 팔과 같은 성향인 경우가 있다. 이런 성향의 사람이 대리인으로 나가면 피해자 측의 기분을 상하게 하는 말을 할 수 있다. 가해자의 부모가 나설 경우에 마음속으로 피해자를 비난하는 생각이 있다면 피해자 측과 이야기를 나누다 그런 생각이 저절로 드러날 가능성도 있다. 이렇게 될 경우 피해자 측을 정신적으로 고통스럽게만 만들고 형사합의는 그 자리에서 끝나고 만다. 따라서 객관적이지 못한 성향의 친인척이나 피고인 부모가 직접 나서기보다는 가능한 다른 대리인을 내보내는 것이 좋다.

7) 형사합의의 단계

피해자 측에서 사과의 뜻만 전달하는 것으로 충분하지 않은 사안에서는 피고인 측에서 일정한 피해배상을 하고 싶다는 뜻을 전하는 것이 바람직하다. 형사합의금을 전화로 협의하는 것은 좋지 않다. 그런 협의는 피해자 측과 직접 만나서 협의하는 것이 바람직하다. 따라서 피해자 측에서 피고인 측과 만나기를 원하는 경우 양측 대리인들끼리 만나 형사합의금에 대해 협의를 보는 것이 일반적이다. 이를 논의하는 자리에 가해자가 직접 나가는 것은 현명한 방법이 아니다. 가해자의 부모가 나서는 것 또한 특별한 경우가 아닌 한 좋지 않다. 모든 형사합의가 된 상태에서 형사합의금을 지급하고 처벌불원서를 받기 위해 나가는 자리라면, 그때 피고인의 부모나 피고인이 동석하는 것에 대해 피해자 측의 의사를 물을 수 있다. 동의한다면 그렇게 추진해볼 수도 있을 것이다.

8) 형사합의금 협의

피고인 측에서는 피해자 측의 의사를 듣는 것이 중요하기 때문에 그쪽에서 요구하는 금액이 얼마인지 듣고 오는 것이 우선이다. 그것으로 피고인 측 내부 협의를 진행해 피해자 측 대리인에게 신중하게 검토된 금액을 제시하는 것이 좋다. 이 단계에서는 사안을 설명하고 법률전문가의 조언을 들어보는 것도 좋은 방법이다. 피해금액과 위자료를 산정하는 것에 익숙하지 않은 일반인이 손해배상액을 산정하는 것은 어려운 일이기 때문이다. 특히 사망이나 상해 등 중대한 사고가 발생한 경우 피해자 측에서도 법률전문가를 통해 손해배상액을 엄밀하게 산정하고 그와 별도로 위자료 명목의 형사합의금을 요구하는 경우가 적지 않기 때문에, 피고인 측이 섣불리 금액을 제시하는 것은 좋은 방법이라고 볼 수 없다. 그런 식으로 접근하면 피해자 측은 피고인이 피해자 측을 우습게 여겨 그런 행동을 한다고 생각할 수 있기 때문이다. 한편, 대리인들끼리 만난 자리에서 피고인 측이 진지하게 검토하지 않고 피해자 측의 제시 금액과 큰 차이가 나는 금액을 바로 제안하는 것도 피하는 것이 좋다. 피해자 측에서는 피고인 측에서 제시한 금액과 원하는 금액 간에 차이가 많을 경우 피고인 측이 제대로 협의할 의사가 없는 것으로 간주해 형사합의가 바로 틀어지는 경우가 없지 않다. 따라서 형사합의금은 먼저 피해자 측에서 요구하는 금액을 전달받고 피고인 측에서 충분히 검토한 후 실정에 맞는 금액을 제시하는 방향으로 하는 것이 좋다.

9) 자동차손해보험에 가입한 피고인의 형사합의금 지급과 보험금 청구

대법원은 '불법행위의 가해자에 대한 수사나 형사재판 과정에서 피해자가 가해자로부터 합의금 명목의 금원을 지급받고 가해자에 대한 처벌을 원치 않는다는 내용의 합의를 한 경우 합의 당시 지급받은 금원을 특히 위자료 명목으로 지급받는 것임을 명시했다는 등의 사정이 없는 한 그 금원은 손해배상금(재산상 손해금)의 일부로 지급되었다고 봄이 상당하다'고 판단한 바 있다(대법원 1996. 9. 20. 선고 95다53942 판결). 따라서 자동차 사고를 일으킨 피고인이 자동차손해보험에 가입했으나 피해자에게 별도로 형사합의금을 지급한 경우에 그것이 위자료임을 명시했다는 특별한 사정이 없는 이상, 피고인은 가입한 보험회사에 피고인이 피해자에게 지급한 형사합의금 상당을 청구할 수 있는 것이다. 반면 피해자 측은 피고인과 형사합의를 할 때 단순히 위자료라고 명시하지 않고 형사합의금이라고 합의를 한 경우 손해배상금의 일부를 받는 것이기 때문에 보험사로부터 보험금 직접청구권을 행사할 때 그 형사합의금만큼 보험금을 덜 받게 된다. 따라서 피해자를 대리하는 변호사들은 형사합의금이 손해배상금으로 해석되지 않도록 형사합의서에 형사합의금이 위자료의 성격을 갖고 있음을 명확히 하는 문구를 사용하여 피고인 측의 형사합의금 수령과 별개로 피해자가 보험금이나 국가배상을 청구할 수 있도록 하고 있음을 유의하여야 한다.

공탁

1) 형사공탁은 언제, 왜 하는가?

형사재판단계에서 공탁은 형사합의가 되지 않고 피해자가 형사합의금이나 손해배상금 등을 수령하는 것을 거부할 경우 고려할 수 있는 조치이다. 형사합의나 민사배상을 할 필요가 있는 사건인데, 피해자 측에서는 금액에 불만을 가지고 합의를 해주지 않는 일이 적지 않다. 이런 경우 피고인이 형사합의도 못하고 배상도 하지 않으면 형사재판에서 법원이 피해 회복 여부를 검토할 때 유리하지 않기 때문에 피고인 측에서 공탁을 하는 것이다. 형사합의를 시도했으나 피해자 쪽에서 상식적인 합의금을 훨씬 초과하는 과도한 금액을 피고인에게 요구하고 피고인 측의 경제적 능력으로는 그 금액을 맞춰줄 수 없는 경우 공탁을 하는 도리밖에 없을 것이다.

2) 피해자가 형사공탁을 원하지 않는 경우

제대로 형사합의를 시도하지 않고 공탁을 할 경우 피해자 측에서 도리어 화가 나서 강력한 형사처벌을 구하는 탄원서를 내는 일이 있음을 유의해야 한다. 사안의 성격에 따라 피해자가 형사합의나 공탁을 원하지 않고 가해자의 처벌을 구할 경우, 법원이 감형을 시켜주기 어려운 경우들이 있을 것이다. 성범죄나 데이트폭력 같은 경우가 그렇다. 그 밖의 사건에서는 재판장이 형사합의가 이루어지지 않고 형사공탁을 하게 된 구체적인 사정을 따져 볼 필요가 있다. 피고인이 피해 회복에 적절한 금액을 제시했는데도 피해자 쪽에서 지나친 금액을 제시하며 적절한 피해금액의 수령을 거부했다면 합의가 이루어지지 않은 사정이 무엇인지를 신중하게 판단하여 피고인의 양형에 어떻게 반영할지를 결정해야 할 것이다.

3) 공탁금은 얼마가 적당한가?

형사합의가 되지 않아 피고인이 공탁을 고려할 경우 공탁금은 기본적으로 피해 회복을 위한 손해배상금의 성격을 갖는다. 따라서 객관적 기준에 의해 산정된 손해배상금에 상응하는 금액을 지불하는 것은 당연하다. 거기에 형사합의가 되었다면 지급했을 수준의 추가적인 위자료 금액을 더해 공탁할 것을 고려해보는 것이 바람직하다. 피해자가 응보의 감정이 남아 있어 형사합의를 하지 않고 있더라도 피해의 종류에 따라 적절한 금액을 공탁한다면 법원이 보기에 피해자의 피해 회복 측면에서는 적절하다고 판단할 수 있는 경우들이 있을 것이기 때문이다.

4) 공탁은 어디에서 하나?

공탁은 법원 종합민원실에 가서 신청한다. 그곳에서 '공탁'이라고 표시된 창구로 가서 신청하면 된다.

5) 공탁을 위한 제출서류

형사손해배상금(합의금)을 공탁하려는 사람은 공탁서 2통에 공탁금 회수 제한 신고서, 주소 소명서면, 공탁통지서를 첨부하여 제출해야 한다.

① 형사손해배상금 공탁서는 '공탁사무 문서양식에 관한 예규(대법원 행정예규 제1153호, 2018. 7. 27. 발령 2018. 8. 27. 시행)' 1-9호 양식을 찾아 필요한 사항을 기재한다. 공탁서 기재는 일반인이 혼자서 하기 어렵기 때문에 변호사나 법무사의 조력을 받아 작성하는 것이 안전하다. 양식은 대법원 사이트 '대국민 서비스'→'종합법률정보 메뉴'를 이용해 공탁사무 문서양식에 관한 예규를 찾아 1-1호 양식인 금전공탁서(변제 등)를 내려받으면

된다.

② 공탁금회수제한신고서란 '피공탁자의 동의가 없으면 해당 형사사건에 대해 불기소결정(다만, 기소유예는 제외)을 받거나 무죄판결이 확정될 때까지 회수청구권을 행사하지 않겠다'는 취지를 적은 서면을 말한다. 왜 이런 서류가 필요할까? 형사공탁 후 공탁금을 돌려받을 수 있다면 피고인 등이 공탁서 사본을 법원에 제출하여 유리한 형을 선고받고 피해자가 찾기도 전에 공탁한 돈을 다시 찾아갈 수 있어 제도를 악용할 우려가 있다. 따라서 법원에서는 형사사건의 가해자가 변제공탁을 악용하는 것을 방지하기 위해 형사재판에서 공탁금회수제한신고서가 첨부된 경우에만 공탁 사실을 양형에 참작하도록 하고 있다. 현재 공탁서 양식에는 회수제한 신고를 함께할 수 있도록 하고 있다. 물론 이런 신고를 안 하고 공탁하면 피해자가 찾기 전에 공탁자가 변심하여 공탁금을 회수할 수 있지만, 그런 공탁서 사본은 피고인의 형량에 유리한 자료가 될 수 없으니 유의한다.

③ 주소 소명서면은 피공탁자의 주민등록초본 같은 것을 말한다. 관계 법령에 따른 소송·비송사건·경매목적 수행상 필요한 경우, 또는 채권·채무관계 등 정당한 이해관계가 있는 경우에는 본인이나 세대원이 아닌 자도 주민등록표 열람이나 주민등록표 등본·초본 발급신청을 할 수 있다. 공탁신청서를 제출하면서 주소 소명서면을 낼 수 없으면 보정권고서를 받아 주

민센터에 방문, 피해자의 주민등록표 초본 발급을 받을 수 있다. 그러나 요사이 법원은 통상 재판부를 통해 피해자의 의사를 확인하여 보정권고 여부를 결정하므로 실제로는 보정권고서를 통해 주민등록표 초본을 발급받기 어려운 경우도 있다. 아울러 성범죄 같은 경우는 보정권고를 하지 않는다고 한다. 이처럼 피해자의 인적사항을 알지 못하여 공탁을 하지 못하는 경우 초조한 마음에 무리하게 불법적인 방법으로 개인정보를 취득하여 또 다른 문제를 일으키고 형사처벌을 받는 경우들이 일부 발생하고 있는데, 공탁을 하겠다고 또 다른 형사범죄를 저지르는 일은 없어야 할 것이다.

④ 공탁통지서는 형사손해배상금 공탁통지서로 앞서 이야기한 공탁사무 문서양식에 관한 예규 제2-4호 양식을 찾아 이용한다. 공탁통지서는 피공탁자의 수만큼 제출해야 하며, 배달증명을 할 수 있는 우편료를 납입해야 한다.

[제1-9호 양식]

금전 공탁서(형사사건용)

공 탁 번 호		년 금 제 호		년 월 일 신청	법령조항	민법487조
공탁자	성 명 (상호, 명칭)		피공탁자	성 명 (상호, 명칭)		
	주민등록번호 (법인등록번호)			주민등록번호 (법인등록번호)		
	주 소 (본점, 주사무소)			주 소 (본점, 주사무소)		
	전화번호			전화번호		

공 탁 금 액	한글		보 관 은 행	은행 지점
	숫자			

형사사건	사건번호	경찰서 년제 호 지방검찰청 지청 년 형제 호 지방법원 지원 년 고단(합) 제 호
	사건명	

공탁원인사실	

비고(첨부서류등)	☐ 계좌납입신청 ☐ 공탁통지 우편료 원

반대급부 내용 등	

위와 같이 신청합니다.   대리인 주소
                   전화번호

공탁자 성명   인(서명)   성명   인(서명)

회수제한 신고	**공탁자는 피공탁자의 동의가 없으면 위 형사사건에 대하여 불기소결정(단, 기소유예는 제외)이 있거나 무죄판결이 확정될 때까지 공탁금에 대한 회수청구권을 행사하지 않겠습니다.**
	공탁자 성명 인(서명) 대리인 성명 인(서명)

※ 회수신고란에 서명하지 않을 경우 "금전 공탁서(변제 등)" 양식을 사용하시기 바랍니다.

위 공탁을 수리합니다.
공탁금을   년   월   일까지 위 보관은행의 공탁관 계좌에 납입하시기 바랍니다.
위 납입기일까지 공탁금을 납입하지 않을 때는 이 공탁 수리결정의 효력이 상실됩니다.
               년   월   일
               법원   지원 공탁관   (인)

(영수증) 위 공탁금이 납입되었음을 증명합니다.
               년   월   일
               공탁금 보관은행(공탁관)   (인)

※ 1. 서명 또는 날인을 하되, 대리인이 공탁할 때에는 대리인의 성명, 주소(자격자대리인은 사무소)를 기재하고 대리인이 서명 또는 날인하여야 합니다. 전자공탁시스템을 이용하여 공탁하는 경우에는 날인 또는 서명은 공인인증서에 의한 전자서명 방식으로 합니다.
    2. 공탁금 납입 후 은행으로부터 받은(전자공탁시스템을 이용하여 공탁하는 경우에는 전산시스템으로 출력한) 공탁서 원본을 형사사건이 최종 계류 중인 경찰서나 검찰청 또는 법원에 제출하시기 바랍니다.
    3. 공탁통지서를 발송하여야 하는 경우, 공탁금을 납입할 때 우편료(피공탁자 수 × 1회 발송)도 납부하여야 합니다 (공탁신청이 수리된 후 해당 공탁사건번호로 납부하여야 하며, 미리 예납할 수 없습니다).
    4. 공탁금 회수청구권은 소멸시효 완성으로 국고에 귀속될 수 있습니다.
    5. 공탁서는 재발급 되지 않으므로 잘 보관하시기 바랍니다.

9.
형사재판에서의 구속과 보석

1) 형사재판단계에서 구속하는 경우

범죄와 관련해 구속한다면 형사재판 전 수사 단계에서 이루어지는 경우가 대부분이다. 재판 도중에 구속하는 경우는 그다지 많지 않다. 그러나 불구속재판이 일반화되면서 가끔 피고인이 소환에 불응하여 출석하지 않거나 도망갔을 때는 구속영장을 발부하기도 한다. 1심판결을 선고하면서 실형을 선고할 때 도망할 염려로 인해 직권으로 피고인을 구속하기도 한다. 피고인을 소환하려면 소환장, 피고인을 구인 또는 구금하려면 법원이 구속영장을 발부해야 한다.

2) 형사피고인의 구속사유

형사피고인을 구속하는 사유는 피고인의 죄를 범했다고 의심할 만한 상당한 사유가 있고 다음 중 어떤 것에 해당하는 경우이다.

1. 피고인이 일정한 주거가 없는 때

2. 피고인이 증거를 인멸할 염려가 있는 때

3. 피고인이 도망하거나 도망할 염려가 있는 때

3) 구속의 통지와 고지, 접견과 수진

피고인을 구속할 때에는 변호인이 있는 경우 변호인에게, 변호인이 없으면 피고인의 법정대리인, 배우자, 직계친족과 형제자매에게 피고 사건명, 구속일시, 장소, 범죄사실의 요지, 구속의 이유와 변호인을 선임할 수 있음을 알려주어야 한다. 물론 피고인에게도 구속 즉시 공소사실의 요지 및 변호인을 선임할 수 있음을 알려주어야 한다. 구속된 이후에도 피고인은 법률이 정하는 범위 내에서 타인과 접견하고 서류 또는 물건을 수수할 수 있으며, 의사의 진료를 받을 수 있다.

4) 구속의 집행

구속영장은 검사의 지휘에 의해 사법경찰관리가 집행하는 것이 보통이나 급속을 요할 때에는 재판장, 수명법관 또는 수탁 판사가 집행을 지휘할 수 있다. 급속을 요하여 재판장 등이 집행을 지휘하는 경우 법원사무관 등에게 집행을 명하며 이때에는 사법경찰관리, 교도관, 법원경위 등에게 보조를 요구할 수 있다. 관할구역 이외에도 집행할 수 있다. 가끔 교도소나 구치소에 있는 피고인에게도 구속영장이 발부되는 경우가 있는데, 이는 다른 범죄의 형기가 만료되는 관계로 석방을 앞둔 경우나 다른 범죄로 구속된 피고인이 구속 기간 만료로 석방을 앞둔 경우다. 새로이 기소된 범죄와 이에 관련된 재판이 있으니, 법원은 피고인의 신병 확보 목적으로 구속 영장을 발부한다.

5) 구속 기간

재판 중 구속 기간은 2개월이다. 특히 구속을 계속할 필요가 있을 경우 심급마다 2개월 단위로 2차에 한하여 결정으로 갱신할 수 있다. 항소심(2심)과 상고심(대법원)에서는 3차에 한해 구속 기간 갱신이 가능하다. 따라서 1심에서는 6개월, 2심과 3심에서는 각각 4개월에서 6개월까지 피고인을 구속할 수 있다. 법원의 위 구속 기간에는 공소제기 전의 체포, 구인, 구금 기간은 포함되지 않는다. 구속 기간의 첫날은 구속 기간 1일로 쳐준다(초일 산입). 2018년에 소위 '블랙리스트' 사건과 관련해 구속재판을 받고 있던 김기춘 전 비서실장이 대법원 심리 도중 구속 만기로 재판 도중 석방되었다. 상고심에서의 구속 기간 제한(최장 6개월) 때문이다. 따라서 법원은 가능한 한 구속사건은 최장 구속 기간 이내에 재판을 선고할 수 있도록 재판기일을 붙여서 효율적으로 운영하려고 노력한다. 미결구금 기간을 제한하는 이유는 미결구금의 부당한 장기화로 인한 인권의 침해, 구체적으로는 신체 자유의 침해를 억제하려는 것이다. 다만 사건이 복잡할 경우 구속 기간의 촉박함으로 인해 법원이 충실하게 심리를 마치는 데 어려움을 겪는 경우들이 없지 않다. 변호인들이 이를 이용해 실체 진실 발견에 필요하다는 이유로 법원에 수십 명의 증인 리스트를 제시하는 일도 왕왕 보도되곤 한다. 이는 형사재판에서 구속 제도를 어떻게 운용하여야 하는가 하는 고민거리를 안겨주는 대목이다. 증인이 많으면 매일 또는 일주일에 여러 차례 재판을 해야 한다. 변호인이 선임된 사건이라면 이렇게 매일 재판을 진행할 경우 법원, 검사, 변호인 모두 재판을 준비할 시간이 부족해질 수 있다. 구속 기간 제한의 취지를 고려할 때 형사재판과 관련해 법원은 가급적 구속을 남발하지 않는 재판 운영이 필요하다.

6) 구속집행정지

구속집행정지란 구속의 집행력을 정지시켜 피고인을 석방하는 재판 및 그 집행을 말한다. 법원은 상당한 이유가 있는 경우에는 결정으로 검사의 의견을 묻고 구속된 피고인을 친족, 보호단체, 기타 적당한 자에게 부탁하거나 주거를 제한하여 구속의 집행을 정지할 수 있다. 구속집행정지는 구속 취소와 달리 구속의 효력이 소멸되지 않는다. 피고인의 질병, 임신, 가족의 장례 참석, 기타 중대한 사유 등 개인적인 긴급한 사정에 한정하여 운영되는 제도이다. 또한 피고인에게는 신청권이 없고 직권으로 한다는 점에서 보석과는 다른 제도이다. 후술하는 보석 취소와 동일한 사유로 구속집행정지도 취소될 수 있다. 구속집행정지와 관련하여 신속에 대한 부탁 또는 수거 체한 등의 조지 등에도 불구하고 피고인이 도망할 염려가 있는지 법원은 신중하게 판단하고 구속집행정지를 한다. 그 외에도 다른 적당한 조건을 추가할 수 있다. 보통 결정에서 구속정지 기간을 정할 수도 있고 정하지 않을 수도 있으나 구속정지 기간을 정하는 경우 '20○○. 1. 10. 16:00까지 피고인의 구속집행을 정지한다'라는 결정을 내린다. 특히 피고인의 질병으로 인한 구속집행정지는 교도소장이나 구치소장으로부터 법원에 '중증 통보'가 올 때 이루어지는 경우가 많다. 한편 헌법 제44조에 의해 구속된 국회의원의 석방 요구가 있으면 회기 중 구속영장의 집행은 정지된다. 이때는 구속집행정지를 결정할 필요가 없으며 석방요구 통고를 받은 검찰총장이 석방을 지휘하고 법원에 그 사유를 통지한다.

7) 구속 취소

구속사유가 없거나 없어질 때는 직권 또는 검사, 피고인,

변호인과 고인의 법정대리인, 배우자, 직계친족과 형제자매가 청구할 경우 법원이 구속을 취소하여야 한다. 구속 취소 결정에 대해서는 검사가 즉시항고를 할 수 있다. 즉시항고의 제기 기간은 3일이다. 3일의 기산점은 구속 취소 결정이 검사에게 도달한 날이다.

8) 1심 선고 시 실형 선고를 하며 함께하는 법정구속 관행

그동안 사법절차 개선을 통해 불구속재판 관행이 확립되면서 불구속 수사와 불구속 1심 재판의 원칙이 어느 정도 확립되어 온 것이 사실이나, 1심 실형 선고 후 법정구속하는 사례들이 대폭 증가하고 있다. 실형 선고와 함께하는 법정 구속은 무죄를 다투던 피고인에게는 상당한 충격을 주는 일인데, 이에 대하여 변호사들의 비판론이 상당하다. 실형 선고와 함께하는 법정 구속은 선고로 인해 도망할 염려 때문에 구속한다는 취지인데, 언론에 기사화되는 사건 중 피고인의 도주 우려가 없고 피고인의 방어권 행사를 고려해 법정 구속을 하지 않는 사례도 있다. 이러한 점에서 법정 구속에 관한 기준 적용의 일관성이 부족해 보이는 것이 사실이다. 이런 방식이 「형사소송법」의 구속 사유에 부합하는 것인지 생각해볼 일이다.

보석

1) 보석의 의미

보석은 형사재판 단계에서 법원이 적당한 조건을 붙여 구속된 피고인의 구금을 풀어주는 제도이다. 형사재판은 원칙적으로 피고인이 재판에 출석해야 진행될 수 있는데(물론 예외적으로 피고인이 불출석해도 진행할 수 있는 경우가 있다) 어떤 조건을 붙여 석방했을 때 피고인이 도망가지 않고 형사재판을 받을 수 있을 것이라고 예상될 경우, 법원은 불필요한 구속을 억제하고 구속으로 인한 폐해를 줄이고자 보석이라는 제도를 통해 피고인을 석방한다.

2) 수사 단계의 구속영장실질심사, 구속적부심과의 비교

형사재판을 받기 전인 피의자가 수사 도중에 수사기관에 체포되고 법원에 구속영장이 신청된 경우, 또는 체포되지 않은 상태에서 법원에 구속영장이 신청된 경우 피의자는 구속영장실질심사를 신청해 구속사유가 없음을 다툴 수 있다. 만약 구속영장실질심사를 거쳐 구속영장이 발부된 경우로서 수사 도중 이미 증거수집이 끝나 사실관계가 다 밝혀지고 피의자가 도망할 염려나 증거인멸의 우려 등 구속사유가 없게 된 경우에는 구속적부심사를 신청하여 피고인이 석방되는 경우가 있다. 양 제도

모두 피고인에게 변호인이 없으면 법원이 직권으로 국선변호인을 선정해준다. 구속영장실질심사와 구속적부심 모두 검사의 공소제기로 형사재판이 시작되기 전 단계에서 피의자의 구금 여부를 다투는 제도이다. 반면 보석은 형사재판이 시작되고 나서 피고인을 구금 상태에서 풀어달라는 신청이다.

3) 보석허가청구서

다음은 보석허가청구서 작성의 예이다.

보 석 허 가 청 구 서

사 건 20○○가합○○○ 특정경제범죄가중처벌에관한법률위반(사기)
피고인 홍길동

청 구 취 지

피고인에 대한 보석을 허가한다.
라는 결정을 구합니다.

청 구 원 인

1. 피고인은 수사 과정에서 사기혐의를 부인하고 피해금액이 5억 원이 넘어 피해자의 피해 정도가 크고 피해 회복이 되지 않았다는 이유로 구속기소되어 형사재판을 받고 있습니다.
2. 피고인은 구속 이후 이 사건 형사재판에 들어와 죄를 모두 자백하고 깊이 반성하고 있습니다. 또한 피고인의 재산을 처분하고 피고인의 가족들도

보태어 피해자에게 피해금액을 전부 변제했고 피해자로부터 처벌불원의 뜻이 포함된 형사합의를 했습니다.

3. 피고인이 동종 전과 없고, 피고인이 약정 당시 피해자에게 사실과 다른 설명을 하여 기망한 사실이 있지만 당초 예상보다 피고인의 사업이 어려워지면서 피해가 커진 측면이 있는 점, 이미 죄를 자백하여 증거인멸의 염려가 없어진 점, 피해자의 피해가 전부 회복되었고 피해자가 처벌불원의 뜻을 밝힌 점에서 도주할 염려가 없어진 점 등을 고려하여 피고인에게 불구속 상태에서 재판을 받도록 하여주시기 바랍니다.

첨부서류: 1. 가족관계증명서
　　　　　2. 피해자와의 형사합의서
　　　　　3. 송금증명서(피해금액 변제)

2000. ○. ○○.

청구인의 성　명　홍○○ (인)
피고인과의 관계　피고인의 형
주　　　　소　○○도 ○○시 ○○로 ○○
전　　　　화　○○○-○○○○-○○○○

○○○○법원 ○○지원 형사 제○○단독 귀중

4) 보석청구권자

　보석을 청구할 수 있는 사람은 피고인, 피고인의 변호인, 법정대리인, 배우자, 직계친족, 형제자매, 가족, 동거인, 고용주 등이다. 또 청구가 없더라도 법원이 상당한 이유가 있는 경우 직권으로 보석을 허가할 수도 있다.

5) 보석불허사유

다음과 같은 예외 사유가 없다면 법원은 보석을 허가해야 한다(필요적 보석).

1. 피고인이 사형·무기 또는 장기 10년이 넘는 징역이나 금고에 해당하는 죄를 범한 때

2. 피고인이 누범에 해당하거나 상습범인 죄를 범한 때

3. 피고인이 죄증을 인멸하거나 인멸할 염려가 있다고 믿을 만한 충분한 이유가 있는 때

4. 피고인이 도망하거나 도망할 염려가 있다고 믿을 만한 충분한 이유가 있는 때

5. 피고인의 주거가 분명하지 아니한 때

6. 피고인이 피해자, 당해 사건의 재판에 필요한 사실을 알고 있다고 인정되는 자 또는 그 친족의 생명·신체나 재산에 해를 가하거나 가할 염려가 있다고 믿을 만한 충분한 이유가 있을 때

다만, 이러한 예외 사유가 있더라도 상당한 이유가 있으면 법원이 직권 또는 청구에 의해 보석을 허가할 수도 있다(임의적 보석).

6) 보석에 관한 심리와 재판

보석이 청구되면 법원은 검사의 의견을 물어 보석 허가 여부를 결정하는데, 법원은 결정에 앞서 피고인을 심문할 수도 있지만 심문할 필요가 굳이 없는 경우 하지 않을 수도 있다.

7) 영장실질심사를 거쳐 구속영장이 발부되었는데도 재판 중 보석청구가 받아들여질까?

보석을 희망하는 구속 피고인들이 내심 가장 걱정하는 질문이 바로 이것이다. 그런데 영장실질심사에서 법원이 검토하는 구속의 기준은 피의자가 죄를 범했다고 의심할 만한 상당한 이유가 있고 ① 피고인이 일정한 주거가 없는 때이거나 ② 피고인이 증거를 인멸할 염려가 있는 때 또는 ③ 피고인이 도망하거나 도망할 염려가 있는 때 중 하나 이상의 사유가 있어야 한다.

이를 좀 전에 살펴본 보석불허사유의 3번, 4번, 5번과 비교해보면 실질적으로 두 기준이 거의 일치함을 알 수가 있다. 따라서 피고인이 걱정하는 바와 같이 구속사유로 삼은 사정에 변동이 없다면 보석도 허가되지 않을 가능성이 높은 것이다. 다만 구속 당시부터 주거는 분명한 사례로서 구속 이후 피고인이 자백하고 수사에 적극적으로 협력한 경우에는 이야기가 다를 수 있다. 피고인의 범죄가 중범죄에 해당하지 않는 사안이고 제반 양형 관련 요소들을 볼 때, 피고인이 실형까지 선고될 것으로 보이지 않은 경우 보석불허사유는 없을 것이므로 법원이 보석을 허가하는 결정을 할 수 있게 될 것이다. 그 외 원래 주거는 일정했고 범죄에서 피고인의 역할 등을 고려할 때 실형 선고 가능성도 크게 없는 사안이었지만 증거인멸 가능성 때문에 구속한 경우, 수사 도중 증거수집이 완료되어 증거인멸 염려가 없어지는 등 구속사유가 더 이상 없게 된 경우에는 보석청구가 가능해진다.

8) 피고인이 범죄에 대해 다투는데도 보석이 가능할까?

피고인이 범죄에 대해 다투는 경우 대체로 증거인멸 가능성이 있다고 평가될 수 있겠지만 그런 경우라도 검사에 의해 증거수집이 완료되어 증거인멸의 염려가 없어졌다고 볼 수 있는 경우가 있다. 예를 들어 피고인의 구속이 공범의 진술에 많이 좌우되었는데, 공범은 구속되어 있고 진술을 일관되게 유지하고 있어 피고인이 풀려난다고 해도 공범이 진술을 바꾸지 않을 가능성이 높은 경우가 대표적이다. 그 밖에도 검사가 다른 물증을 많이 확보하고 있어 더 이상의 증거수집은 어려운 상태인 경우, 다투는 쟁점이 분명하고 다른 돌발변수도 별로 없어 증거인멸의 가능성이 없어 보이는 경우가 있을 수 있다. 이처럼 증거인멸 가능성이 거의 없는 사례나 재판이 그런 단계에 진입한 경우(특히 증거조사가 많이 마쳐진 항소심 단계에서 이런 것들이 많이 문제 될 것이다) 주거가 일정한 피고인에게는 실무상 피고인이 도망하거나 도망할 염려가 있는지가 보석 가능성 여부를 크게 좌우할 것이다. 피고인에게 실형 선고가 예상된다면 이는 그가 도망할 염려가 있는 경우라고 보고 법원이 보석을 불허하는 경우가 많다. 그렇지만 유죄가 선고될 경우 실형 선고가 예상되는 사건에서 피고인이 무죄를 주장하고 있더라도 피고인의 과거 행적이나 사회적 지위, 피고인이 다투는 쟁점에 관한 피고인 측 증거가 설득력 있음을 제시하면서 도망할 염려가 없음을 잘 주장한다면 보석이 꼭 불가능한 것만은 아니다.

9) 보석조건

법원은 보석을 허가할 경우 지정된 일시와 장소에 출석해 증거를 인멸하지 않겠다는 서약서 제출, 보증금 납입 약정서 제출, 주거 제한 등 도주 방지 조치 수인, 피해자 등 위해 및 접근 금지, 제삼자 출석보증서 제출, 법원 허가 없는 외국 출국 금지, 금원 공탁 또는 담보 제공, 보증금 납입 또는 담보 제공, 출석 보증 조건 이행 중에서 하나 이상의 조건을 정한다. 보석 허가 결정에서 명한 조건이 이행되지 않을 경우 석방이 되지 않거나 보석이 취소될 수 있다.

법원은 보석조건을 정할 때 범죄의 성질 및 죄상, 증거의 증명력, 피고인의 전과, 성격, 환경 및 자산, 피해자에 대한 배상 등 범행 후의 정황에 관한 사항 등을 고려해야 한다. 2019년 3월에 이명박 전 대통령의 재판 도중 구속 기간 만료를 앞두고 법원이 보석을 허가했는데, 법원이 보석에 다양한 조건을 붙인 이유는 이런 여러 가지 상황을 고려했기 때문이라고 보인다. 법원은 피고인의 자력이나 자산의 정도로는 이행할 수 없는 조건을 정할 수 없다. 보석 보증금 납부를 조건으로 보석 허가가 났다면 보석보증보험증권을 첨부한 보증서(보험보증서)로써 보증금 납입을 대신할 수 있다고 허가했을 경우 현금 대신 보험보증서를 제출해도 된다.

10) 1심 실형 선고를 받았는데 보석을 빨리 받고 싶다면?

1심에서 실형을 받은 경우 피고인은 처한 여러 사정 때문에 빠른 시간 내에 보석을 청구하여 보석을 받고 싶을 것이다. 어떻게 해야 할까? 절차상으로는 1심 소송기록이 항소심으로 송부되기 전에는 1심 법원에, 항소심으로 이미 소송기록이 송부되어 도달한 경우에는 항소심 법원에 보석을 청구한다. 다만, 법원이 피고인에게 실형을 선고하면서 구속한 경우 보석청구를 할 때는 보석이 나올 만한 상황이 있어야 한다.

첫째, 도망할 염려가 없다는 것을 제시해야 한다. 예를 들어 1심에서 피해자와 합의만 되었어도 실형이 선고되지는 않았을 가능성이 있는 사안이라면 피고인 측은 보석을 청구하기 위해 응당 형사합의를 신속하게 추진해야 할 것이다. 신속하게 형사합의가 되었다면 그 시점에 소송기록이 어디에 있는지를 보고 1심에 소송기록이 있다면 1심 법원에, 항소심에 가 있다면 항소심에 보석을 청구한다.

둘째, 범죄를 부인하고 있고 증거인멸의 우려 때문에 실형 선고 및 구속이 된 사안이라면 문제는 좀 복잡하다. 이때는 피고인이 1심에서 취한 소송 전략이 범죄를 부인하는 것이었으므로 법원의 입장에서는 보석청구가 있을 때 도망할 염려와 관련된 '범죄의 중대성'도 문제가 된다. 또 증거인멸 우려도 있다면 1심 법원이든 항소심 법원이든 보석을 허가하기가 쉽지 않을 가능성이 있다. 그럼에도 불구하고 사회적으로 유명한 정치인이 1심에서 실형 선고를 받고 구속되었으나 여전히 항소심에서도 범행을 부인하면서 항소심 재판준비기일 전에 보석청구를 하는 사례가 가끔 보도된다. 이런 경우가 1심 법원에서는 보석이 받아들여지기 어렵다고 보고 항소심에서 신속하게 보석을 받고자 시도하는 방법이다. 다만 이런 경우는 피고인 자신의 사회적 신분이 확실함을 근거로 '도망할 염려'가 없다고 주장하는 것인데, 법원은 그 뿐만 아니라 범죄의 중대성 등 여러 가지 사정을 고려해 도망할 염려를 판단할 것이다. 이런 사례에서는 '증거를 인멸할 우려' 역시 쟁점이 될 것이다. 만약 유죄 근거가 되는 증거조사가 일단 끝마쳐진 상태이고, 증인이 될 만한 사람들은 1심에서 대부분 증인신문을 마쳤고, 다른 증인 후보자가 거의 남아 있지 않은데다가 남아 있는 가능한 증인 후보자에 대한 피고인의 영향력이 거의 없는 상태라면 증거인멸의 우려는 적다고 말할 수도 있을 것이다. 그러나 1심뿐만 아니라 항소심에서도 치열한 공방전이 벌어지고 피고인도 여러 증인들을 추가로 동원할 상황이라면 법원은 증거인멸의 우려를 여전히 고려하게 될 것이다.

11) 보석의 취소

2018년 말 태광그룹의 전 회장이 보석조건 위반으로 보석이 취소되고 다시 구속되는 일이 언론에 떠들썩하게 보도된 일이 있다. 피고인이 법원의 소환을 받고도 정당한 이유 없이 출석하지 않거나 주거의 제한, 기타 법원이 정한 조건을 위반하면 검사의 청구 또는 직권으로 법원은 보석을 취소할 수 있다. 보석이 취소되면 피고인은 다시 구금된다. 법원은 피고인이 정당한 사유 없이 보석조건을 위반하면 결정으로 1천만 원 이하의 과태료를 부과하거나 20일 이내의 감치에 처할 수 있다. 출석보증서를 제출하고 석방된 피고인이 정당한 사유 없이 기일에 불출석하면 그 출석보증인에게도 500만 원 이하의 과태료가 부과될 수 있다.

12) 보석보증금의 몰수

보석이 취소되면 법원은 보석보증금의 전부 또는 일부를 몰수할 수 있다. 보석으로 석방된 사람이 형의 선고를 받고 판결이 확정된 후에 집행하기 위한 검사의 소환을 받고도 이유 없이 이에 불응하거나 도망하면 법원이 직권 또는 검사의 청구에 의하여 결정으로 보증금의 전부 또는 일부를 몰수한다.

13) 보석보증금의 환부

피고인에 대한 구속이 취소된 경우, 보석이 취소되었으나 보증금을 몰취하지 아니한 경우, 혹은 피고인이 재판을 받고 집행유예나 벌금 등의 판결을 받게 되어 구속영장의 효력이 소멸된 경우에는 보증금 등을 청구한 날로부터 7일 이내에 보증금을 환부한다. 이때 보증금 환부는 법원 사무가 아니라 검찰청 사무여서, 이곳으로 서류를 제출하면 된다. 제출 서류는 청구서, 보석보증금 납입영수증, 납입인 명의 통장 사본 등이다. 법무부 형사사법포털 사이트(http://www.kics.go.kr)에서도 회원 로그인을 하면 청구할 수 있다. 회원가입 시 공인인증서가 필요하다. 검색어는 '보석보증금 환부 청구'이다.

대리인이 보석보증금 환부를 청구할 경우 구비서류는 다음과 같다.

- **법정대리인**: 가족관계등록부 1부(사건관계인이 미성년자인 경우 행정정보 공동이용 확인 가능 시 제출 생략), 대리인 명의 통장 사본(대리인 직접 수령 시).

- **일반대리인**: 대리권을 증명할 수 있는 서류 1부(위임장 또는 변호인선임서), 위임인 신분증 사본 또는 인감증명서 1부, 대리인 신분증 및 대리인 명의 통장 사본 1부(대리인 직접 수령 시).

Q&A

Q. 입증계획이 왜 필요할까?

A. 입증계획은 법원이 검사와 피고인이 재판에 무슨 증거를 제출하려는지 파악하고 그중 필요할 것으로 생각되는 증거를 뽑아서 증거조사 계획을 세우기 위해 필요하다. 입증계획은 재판을 받는 피고인을 위해서도 필요하다. 재판에서 피고인인 당신의 주장을 증명하기 위한 계획을 당신 스스로 또는 변호인과 함께 정리해봐야 하기 때문이다.

Q. 양형기준이 있는 사건이라면?

A. 만약 대법원이 정한 양형기준이 있는 범죄라면 그 기준을 피고인이 먼저 읽어보는 것이 좋다. 양형기준을 읽어보면 소송과 관련해 유리한 형을 선고해달라고 하기 위해 어떤 사항을 강조해야 할지 드는 생각이 있을 것이다. 가끔 1심에서 피고인이 변호인으로부터 양형기준을 제공받지 못한 경우를 접하게

되는데, 변호인이 있으면서 양형기준을 제공받지 못했다면 참으로 문제다. 양형기준에 형량 및 집행유예 기준이 제시되어 있는데, 자백사건에서 피고인에게 형량과 집행유예의 기준보다 더 중요한 사항이 어디에 있겠는가? 자백사건이 아니더라도 유죄가 선고될 수 있는 형사사건에서 대법원 양형위원회가 제정한 양형기준이 있다면 반드시 이를 검토하고 입증계획을 수립하는 것이 마땅하다.

TIP 양형기준은 어디에서 찾을 수 있을까?

네이버나 다음, 구글 등에서 '양형위원회'를 검색한다. 웹사이트는 'sc.scourt.go.kr'이다. 웹사이트 상단의 '양형기준'→'시행 중인 양형기준'에 들어가 보면 여러 건의 양형기준이 나와 있다. 여기서 자신과 관련된 범죄의 기준을 다운로드받아 살펴본다. 당신이 기소된 범죄가 여기에 없으면 양형기준이 아직 제정되지 않은 것이다.

Q. 새판 도중에 증서를 신청할 생각이라면?

A. 피고인 측 증거를 미리 법원에 제시할 경우 입증 전략의 노출로 검사 측 증인들이 영향을 받거나 검사가 사전에 대비할 가능성이 있다. 경우에 따라 피고인 측 증인이 마음의 준비가 제대로 되지 않았거나 증인 섭외가 완료되지 않을 수도 있다.

따라서 재판 초기 입증계획 제출 시점에서는 어떤 증거들을 포함시키기 어려운 경우들이 가끔 생긴다. 이때에는 피고인이 원하는 증인신문 직전 한두 기일 전에 증인을 신청하거나 필요한 시점에 가서 서류 증거를 제출하는 전략, 감정 또는 검증을 신청하는 전략 등이 필요하다. 다만 「형사소송법」 제294조 제2항은 "법원은 검사, 피고인 또는 변호인이 고의로 증거를 뒤늦게 신청함으로써 공판의 완결을 지연하는 것으로 인정할 때에는 직권 또는 상대방의 신청에 따라 결정으로 이를 각하할 수 있다"고 정하고 있으니 주의해야 한다. 따라서 재판 도중 증거신청을 하려면 타이밍을 잘 잡아 소송 지연이 되지 않도록 유의해야 한다. 특히 재판부가 여러 기일에 걸친 재판일정을 미리 수립할 즈음에는 문제의 피고인 측 증거신청서(특히 증인, 감정, 검증, 공무소조회)를 제출해야 재판 일정에 적절하게 반영시킬 수 있고 증거신청을 각하 당하는 일도 피할 수 있다.

Q. 인적사항을 알지 못하는 증인을 어떻게 증인신청할 수 있을까?

A. 피고인인 당신이 인적사항을 알지 못하는 증인이라도 증인신청을 할 수 있는 경우가 많다. 증인은 사건에 관계된 사람이기 때문에 누군가를 통해서든 그의 인적사항을 파악할 수 있는 경우가 많다. 증인신청서를 작성할 때 주소나 연락처를 알지

못한다고 해도 추후 파악해 보완하겠다고 하면 법원이 보정을 명하기도 한다. 따라서 증인의 이름과 사건과의 관련성, 증명할 사항을 표시하여 누구인지 알 수 있도록 하면 증인신청을 할 수 있다. 특히 구속 피고인이라면 자신이 잘 모르는 증인의 주소 등을 알아내는 일에 변호인이나 법원, 심지어는 검사의 도움을 받을 필요가 있다. 물론 이들이 불법적인 방법으로 증인이 될 후보자의 주소를 얻진 않는다. 몇 가지 합법적인 방법이 있다.

첫째, 증인이 공무원이나 퇴직공무원, 공공기관 직원일 경우 그의 직장인 정부나 지자체, 공공기관에 대하여 법원을 통해 공무소 조회를 신청한다. 왜 필요한지를 밝히면 인적사항과 퇴직 당시 주소 등을 파악할 수 있다. 현재 주소는 법원의 보정명령을 받아 읍면동 주민센터를 이용해 확인할 수 있다.

둘째, 피고인이 증인과 전화 연락을 해봤던 사람이면 그의 휴대폰 번호만 알고 있어도 여러 통신사에 대한 사실조회를 통해 인적사항과 주소를 특정할 수 있다.

셋째, 증인이 사업체를 운영하는 사람이면 상호를 알 경우 인터넷 검색을 통해 사업체 주소를 파악할 수 있다. 또 잘 알려진 기업에 다니고 있는 사람이라면 그 본사를 통해 실제 근무처의 전화번호와 직장 주소를 파악해 증인신청을 할 수 있다.

Q. 현장 검증에 피고인이 꼭 출석해야 하나?

A. 현장 검증도 재판기일이므로 피고인이 꼭 출석해야 한다고 여기는 경우가 많지만 검사, 피고인, 변호인은 현장 검증에 반드시 참여해야 할 의무가 있는 것은 아니다. 몇 해 전 세상을 떠들썩하게 했던 상주 농약사이다사건에 대한 2016년 대구고등법원의 항소심 재판 도중에 진행된 현장 검증에서 피고인 출석 없이 법원, 검사, 변호인만 참여한 사례가 있다. 물론 검증기일에는 검사, 피고인 또는 변호인이 참여할 수 있고 법원은 검증을 진행하면서 일시와 장소를 미리 통지해야 한다. 다만 검사, 피고인 또는 변호인이 참여하지 아니한다는 의사를 명시한 때나 급속을 요할 때는 이 통지를 생략할 수 있다. 특히 구속사건이라면 피고인의 인권침해 문제를 고려해 변호인과 현장 검증 참석 여부를 상의해보는 것이 좋다. 만약 피고인의 참석이 필요하다고 판단될 경우 얼굴 노출, 복장(사복), 구속 피고인의 경우 수갑 노출 문제가 심각한 인권침해 문제로 대두되기 때문에 법원을 통해 미리 적절한 조치를 할 수 있도록 한다. 피고인이 보기에 자신이 반드시 참석하지 않아도 변호인에게 현장 검증을 맡길 수 있다면 출석하지 않는 방안도 신중하게 검토해보는 것이 좋다.

Q. 피고인신문은 반드시 하는 것인가?

A. 그렇지 않다. 피고인이 자백하는 경우 검사는 피고인신문을 하지 않는 것이 보통이다. 피고인이 자백하지 않더라도 「형사소송법」상 피고인신문을 증거조사 이후에 하기 때문에 검사가 다른 증거로 유죄를 충분히 입증했다고 생각하면 신문하지 않는 경우가 많다. 오히려 피고인신문은 변호인 쪽에서 적극적으로 활용할 필요성이 있다. 물론 피고인이 말 주변이 좋을 경우 스스로 최후 진술을 잘할 수 있도록 하는 방안도 있겠지만, 반대의 경우에는 질의응답 방식으로 자신의 이야기를 잘할 수 있게 하는 것이 중요하다. 국선이든 사선이든 변호인이 선임된 사건에서는 피고인의 무죄 주장 또는 양형 사정에 관한 주장을 보충하기 위해 피고인신문을 적극적으로 활용하는 방안을 고려해볼 필요가 있다.

Q. 장애인 등 특별한 보호가 필요한 피고인의 피고인신문은 어떻게 이루어지나?

A. 재판장은 피고인이 신체적 또는 정신적 장애로 사물을 변별하거나 의사를 결정하고 전달할 능력이 미약한 경우, 혹은 피고인의 연령·성별·국적 등의 사정을 고려하고 심리적 안정의 도모와 원활한 의사소통을 위하여 필요한 경우에는 직권 또는 피고인, 법정대리인, 검사의 신청에 따라 피고인과 신뢰관

계에 있는 자를 동석하게 할 수 있다(「형사소송법」 제276조의2 제1항). '신뢰관계에 있는 자'라 함은 피고인의 배우자, 직계친족, 형제자매, 가족, 동거인, 고용주 기타 피고인의 심리적 안정과 원활한 의사소통에 도움을 줄 수 있는 사람을 말한다.

Q. 피해자의 인적사항을 몰라 공탁할 수 없는 경우에는 어떻게 하나?

A. 민사사건과 달리 형사사건에서는 피고인이 피해자의 이름, 주민등록번호, 주소 등의 인적사항을 알 수 없게 운영된다. 그래서 공탁서에 피공탁자가 될 피해자의 인적사항을 적지 못해 공탁하지 못하는 경우가 있다. 앞서와 같이 보정권고를 받을 수 있다면 공탁이 가능하지만 피해자의 거부로 보정권고를 받지 못하는 경우에는 현재로서는 피해자의 인적사항을 알지 못하는 피고인이 피해자를 피공탁자로 하여 공탁할 방법이 없다. 이 점을 고려하여 국회에서는 피공탁자의 인적사항을 몰라도 수사기관이나 형사재판을 하는 법원 및 사건번호 등을 기재하여 공탁할 수 있게 하자는 법률개정안이 발의되어 있는 상태이다. 이런 법률의 내용이 피해자 측이 원하는 방법일지는 신중한 검토가 필요하나 현재와 같이 피고인이 피해자의 인적사항을 알고 주민등록초본을 발급받아 공탁서를 작성하게 하는 방식은 피해자를 극도로 두렵게 하는 방식이기 때문에 개선이 필

요한 것은 틀림없다. 다만 형사합의 자체를 거부하는 범죄 유형들이 있는데, 공탁했다고 피고인에게 유리한 형량을 정하여 선고하는 것이 적당하지 않은 사례들이 있다. 따라서 어떤 경우이든 공탁이 되더라도 피해자의 의사를 재판부가 직접 확인하는 절차가 필요할 것이다.

10.
최후진술과 변론요지서 제출

"피고인, 마지막으로 하고 싶은 말 있으면 하세요."

증거조사절차까지 다 마치면 마지막으로 진행되는 절차가 바로 '최후진술'이다. 재판장은 판결 선고 전(변론 종결 시) 피고인석에 있는 당신에게 구두로 마지막 의견을 진술할 기회를 주어야 한다(「형사소송법」 제303조). 보통 일어나서 (법정녹음 때문에) 마이크에 대고 말하라고 한다. 당신이 한 최후진술은 공판조서에 구체적으로 기재된다. 이처럼 최후진술은 피고인이 재판을 마치기 전에 자신이 하고 싶은 말을 어떠한 제재 없이 법정에서 직접 말할 수 있는 마지막 기회라는 점에서 중요하다.

TIP 모두진술절차와 피고인신문의 차이점

재판 초기의 모두진술절차나 피고인신문 과정에서도 당신이 말할 기회
는 있다. 그런데 모두진술과 피고인신문은 모두 임의적이므로 하지 않
을 수도 있다(「형사소송법」 제286조 제2항, 제296조의2 제1항). 이에 반해 최후진
술은 필수적이다. 만약 재판장이 피고인인 당신에게 마지막 의견 진술
기회를 부여하지 않으면 그 자체로 위법이다.

모두진술은 본격적인 재판 진행을 앞두고 이루어지는 검사의 모두진술
(공소사실, 죄명 및 적용법조 낭독)에 당신의 기본적인 입장을 밝히는 데 주안
점이 있다. 피고인신문은 변호인, 검사, 판사의 질문에 당신이 답변한다
는 점에서 수동적인 측면이 강하다. 최후진술은 판결 선고를 앞둔 당신
이 재판부에게 마지막으로 자유롭게 말할 수 있는 절차이다.

피고인에게 최후진술이 가지는 의미

피고인에게 최후진술 기회 부여는 재판장이 해야 할 법률
상의 의무이다. 이를 하지 않을 경우 절차상의 법률위반사유가
있는 재판이 된다. 이는 "판결에 영향을 미친 헌법·법률·명령
또는 규칙의 위반이 있는 때(「형사소송법」 제383조 제1호)"에 해당하기
때문에 항소이유는 물론 상고이유로도 삼을 수 있다.

피고인의 최후진술은 모든 증거조사가 완료된 이후 판결
선고를 앞두고 재판부에 직접 진술할 수 있는 마지막 기회이
다. 따라서 당신이 하고 싶은 말을 최대한 압축적으로 요약하여

진술하는 것이 필요하다. 변호인이 있는 경우 법리적인 부분은 변호인의 최후변론에서 별도로 주장한다. 그러니 당신은 법적인 내용을 제외한 부분, 즉 사건 과정에서 당사자로서 느낀 억울한 부분, 재판부에 정서적으로 가장 호소하고 싶은 부분, 재판 진행 과정에서 느꼈던 소회 등을 중심으로 이야기하는 것이 효과적이다. 꼭 말하고 싶은 중요한 내용이 있다면 미리 종이에 적어가서 읽을 수도 있다. 무죄를 주장한 사건이라면 검사의 공소내용 중 가장 억울한 사항을 꼭 집어서 직접 말로 표현하는 것이 좋다. 형을 낮게 받기를 희망하는 사건이라면 선처가 필요한 사정(피해자와의 합의, 어린 자녀들 양육, 노부모 부양, 질병, 경제적 어려움, 진지한 반성 등)을 '구체적'으로 말할 필요가 있다. 재판부를 구성하는 판사들도 사람이기 때문에, 사람이 사람에게 직접 말로 전달하는 뉘앙스는 문서와 기록으로 보는 것과는 질적으로 다르게 인식된다. 재판부의 관점에서 사건 당사자인 당신이 어떤 말을 하는 것이 가장 설득력이 있을지를 고민해서 진술 내용을 준비해야 한다. 법률에 따라 재판장이 재판을 마치기 전 "피고인, 마지막으로 하고 싶은 말 있으면 하세요"라고 기회를 부여하는 실질적인 의미는 '피고인이 하고 싶은 말을 누구의 간섭도 받지 않고 재판부에게 직접 말로 전달하는 것'이다.

변론요지서는 형사재판을 모두 마무리하는 단계에서 검사의 공소사실과 제출된 증거에 대한 피고인의 사실관계 주장과 법리적 의견을 정리하여 재판부에 제출하는 문서이다(일반적으로는 변론종결일에 제출하는 경우가 많다). 이는 재판부가 사건을 검토할 때 당신의 주장이 무엇인지 파악하는 데 가장 중요하게 참고하는 문서가 된다.

최후진술이 말로 직접 전달할 수 있는 호소와 정서적 부분을 담당한다면, 변론요지서는 완결된 문서의 형태로 제출하여 당신 주장의 법리적·논리적 부분을 담당한다고 할 수 있다. 변론요지서는 보통 다음과 같이 구성하는 것이 일반적이다. 무엇을 적는 게 좋은지 살펴보자.

변론요지서 목차

1. 공소사실의 요지

2. 증거능력에 대한 의견(증거에 대한 다툼)

3. 사건의 경위

4. 무죄로 다투는 부분 및 그 이유

5. 정상관계

6. 결론

1) 공소사실의 요지

검사의 공소사실을 요약하는 부분이다. '검사의 공소장 내용을 원용합니다'라고 쓰고 생략하는 경우도 많다. 그런데 당신이 공소사실 중 중점적으로 다투는 내용 즉, 알리바이를 주장하거나 공소사실 중 당신이 하지 않은 행동 또는 당신의 기억과 다른 부분이 있다면 생략하지 않고 여기서 다시 기재하는 것도 좋다. 변론요지서의 내용이 이 부분에 대한 반박으로 초점이 맞춰지기 때문이다.

2) 증거능력에 대한 의견(증거에 대한 다툼)

당신이 재판 과정에서 검사가 제출한 증거에 대해 위법수집증거라거나 증거능력을 갖추지 못했다는 주장을 한 경우 이와 관련한 내용을 일목요연하게 기술한다. 유의할 점은 ① 다툼의 대상이 되는 증거가 무엇인지를 '증거목록상의 순번'으로 명확하게 특정해야 하며 ② 이렇게 특정한 개별증거마다 무엇이 문제인지를 기술해야 한다는 것이다.

증거능력에 관한 내용들은 매우 까다로운 데다가 어려운 법적 쟁점들을 포함하기 때문에 일반인이 이를 정리하는 것이 쉽지 않다. 또 실제로 변호인의 조력을 받지 않고 진행되는 사건에서 증거능력 다툼이 생기는 경우가 흔하지는 않다(이와 같은 법적 쟁점이 생기면 재판부에서 국선변호인 선정 결정을 하기 때문에 국선변호인의 조력을 받는 것이 좋다).

3) 사건의 경위

사건에 이르게 된 경위나 사실관계(행위의 동기, 구체적인 행위의 모습, 피해자와의 관계 등)에 대하여 당신의 시각에서 재구성하여 기술한다. 검사는 자신의 공소사실을 뒷받침하기 위해 당신에게 유리한 부분은 축소하거나 언급하지 않을 수도 있고, 그와 반대로 당신에게 불리한 부분은 과장하거나 왜곡하여 확대시킬 수도 있다. 당신에게 유리한 사실들을 잘 정리하여 재판부가 사건을 최대한 객관적으로 바라볼 수 있게 한다.

4) 피고인이 무죄로 다투는 부분 및 이유

당신이 재판 과정에서 공소사실 전부 또는 일부에 대하여 무죄를 다투었다면, 무죄로 선고되어야 할 부분이 어떤 내용이고, 무죄 판단의 법적 근거가 무엇인지를 기술하는 항목이다. 검사의 공소사실이 실체적 진실과 다르다면 잘못된 부분이 잘 드러나게 정리해야 한다. 당신이 기소된 사건에 참고할 만한 대법원 판례가 있다면 이를 적절하게 인용하는 것도 필요하다. 인터넷에서 대법원 판례들을 검색하여 당신의 주장을 뒷받침하는 판시 내용과 판례번호를 기재한다.

5) 정상관계

다른 법률용어도 마찬가지겠지만 '정상관계'라는 단어가 낯선 것은 사실이다. 한자로는 '情狀'으로, 구체적 범죄에서 피고인에 대한 책임의 경중에 영향을 미치는 일체의 사정이다. 현행 형법에는 이 단어가 세 번 나오는데, 구체적인 조항은 아래와 같다.

⚖️ **쫄지 마 법전 형법 제53조(작량감경)**

범죄의 **정상**에 참작할 만한 사유가 있는 때에는 작량하여 그 형을 감경할 수 있다.

⚖️ **쫄지 마 법전 제59조(선고유예의 요건) 제1항**

1년 이하의 징역이나 금고, 자격정지 또는 벌금의 형을 선고할 경우에 제 51조의 사항을 참작하여 개전의 **정상**이 현저한 때에는 그 선고를 유예할 수 있다. 단, 자격정지 이상의 형을 받은 전과가 있는 자에 대하여는 예외로 한다.

⚖️ **쫄지 마 법전 제62조(집행유예의 요건) 제1항**

3년 이하의 징역이나 금고 또는 500만 원 이하의 벌금의 형을 선고할 경우에 제51조의 사항을 참작하여 그 **정상**에 참작할 만한 사유가 있는 때에는 1년 이상 5년 이하의 기간 형의 집행을 유예할 수 있다. 다만, 금고 이상의 형을 선고한 판결이 확정된 때부터 그 집행을 종료하거나 면제된 후 3년까지의 기간에 범한 죄에 대하여 형을 선고하는 경우에는 그러하지 아니하다.

선고유예나 집행유예를 하는 경우 "제51조의 사항을 참작하여"라고 규정되어 있는데, 형법 제51조는 '양형의 조건'이라는 제목으로 "1. 범인의 연령, 성행, 지능과 환경 2. 피해자에 대한 관계 3. 범행의 동기, 수단과 결과 4. 범행 후의 정황"을 열거하고 있다. 정상관계 항목에서 주로 해야 할 내용들이 바로 이 사유에 관한 것이다.

당신이 검사의 공소사실에 대하여 전부 무죄를 강력하게

주장한 경우에도 정상관계 항목을 써야 하는지 의문이 생길 수 있다. 정상참작사유라는 것이 범죄사실을 인정하는 전제에서 최대한 가벼운 형벌을 내려달라고 사정하는 내용인데, 검사의 공소가 너무 부당하다며 재판에서 적극적으로 무죄를 주장한 당신이 하는 것은 모순적인 게 아닐까 하는 생각 때문이다. 실무에서 변론활동을 하는 변호사들도 종종 고민하는 주제이기도 하다.

구체적인 사건마다 다를 수 있지만, 당신이 무죄를 확신하고 있고 재판 과정도 유리하게 진행되었다고 느꼈다고 하더라도, '설령'이라는 가정적 표현을 전제로 정상관계 항목도 기재하는 것이 나을 수 있다. 판사가 무죄의 심증을 형성한 경우 정상관계에 기재된 내용이 이를 더 강하게 할 수도 있다. 만에 하나 판사가 유죄로 생각한다면 정상관계 항목은 당신에 대한 선고형을 정하는데 매우 중요한 자료가 된다.

변론요지서의 구체적 작성

만약 검사가 당신을 폭행사건으로 공소제기하여 재판에서 무죄를 주장한 사건의 변론요지서를 아주 간략하게 작성해본다면 아래와 같을 것이다.

변론요지서

사 건   2019고단1009 폭행
피고인   홍길동

위 사건에 관하여 피고인은 다음과 같이 변론의 요지를 개진합니다.

다 음

1. 공소사실의 요지

피고인에 대한 이 사건 공소사실은 피고인이 2018년 5월 3일 16:00경 기숙사에서 피해자의 얼굴을 어깨로 강하게 밀쳐서 폭행했다는 것입니다. 그러나 피고인은 피해자를 폭행한 사실이 없습니다.

2. 사건의 경위

가. 피해자는 피고인이 피해자에 대한 오해를 한 채 피해자의 방에 들어와서 갑자기 피고인의 오른쪽 어깨로 피해자의 얼굴을 강하게 밀쳐서 폭행했다고 주장합니다.

나. 피해자가 피고인에 대한 험담을 하고 다닌다고 피고인이 오해한 것은 맞습니다. 피고인과 피해자를 모두 아는 사람이 피고인에게 그렇게 말한 적이 있기 때문입니다. 나중에 알고 보니 그 말을 했던 사람은 피해자가 아닌 다른 사람이었습니다. 피고인이 착각했던 것이었습니다. 그렇지만 피고인이 이런 이유로 피해자에 대해 어떠한 폭력을 행사하겠다고 생각했던 적은 한 번도 없습니다.

다. 피고인이 피해자가 폭행당했다고 하는 시간에 기숙사에 있었던 것도 사실이기는 합니다. 그런데 피고인은 그 당시 피고인의 기숙사 방에서 빨래할 옷들을 가지고 공동세탁실로 가는 도중에 피해자 방 앞을 지나갔을 뿐입니다. 실제 피해자의 방에 들어가지 않았습니다. 다만 피고인이 세탁실에서 나와서 다시 방으로 돌아올 때 방에서 나오는 피해자를 보지 못하고 피고인의 어깨가 피해자의 얼굴 부위와 우연히 부딪히는 일이 있었던 것일 뿐입니다.

라. 피해자의 방 앞부분까지 녹화하는 CCTV는 없기 때문에, 복도를 촬영한 CCTV 영상을 보면 피고인이 실제로 빨래를 가지고 세탁실로 갔다가 다시 돌아오는 장면이 확인됩니다. 피해자가 뒤따라오는 등 피고인이 폭행행위를 했다고 하는 징후는 전혀 발견되지 않습니다(이것은 피고인의 주장이 사실이라는 것을 강력하게 뒷받침하는 자료입니다).

3. 무죄로 다투는 내용 및 그 이유

가. 폭행죄는 형법 제260조 1항에 따라 '사람의 신체에 대하여 폭행을 가한 경우' 성립하는 범죄입니다. 모든 범죄성립에 필요한 폭행행위에 대한 '고의'가 요구되는 것은 당연합니다.

나. 피고인은 피해자의 주장과 같이 피해자의 방 안으로 들어간 사실 자체가 없습니다. 피해자가 자신의 주장을 확신시키기 위해 과장된 내용을 진술한 것입니다. 이 내용부터 피해자의 진술은 믿을 수 없습니다. 나아가 피해자의 주장과 같이 피고인이 앞뒤 맥락도 없이 갑자기 피해자 기숙사 방 안으로 들어가 어깨로 얼굴을 밀쳤다는 것은 어딘가 자연스럽지가 않습니다. 피고인이 기숙사 공동세탁실에 다녀오다가 방 안에서 갑자기 복도로 나오던 피해자와 우연히 부딪힌 것이 객관적 사실이고 이것이 자연스러운 과정입니다.

다. 따라서 피고인의 어깨가 피해자의 얼굴 부위에 부딪히는 신체적 접촉이 있었던 것은 사실이지만, 이 신체적 접촉은 피고인이 폭행의 고의를 가지고 행한 행위에 의한 것이 아니기에, 피고인은 무죄입니다.

4. 정상관계

피고인은 피해자를 폭행한 사실이 없는 것이 명백하기 때문에 무죄로 판단하는 것이 마땅하다고 생각합니다. 그런데 이와 달리 만에 하나라도 피고인에게 유죄가 인정된다면, ①피고인은 지금까지 어떠한 전과도 없고 ②피고인의 행위로 인하여 피해자가 입은 손해도 거의 없으며 ③피고인은 현재 등록금과 생활비를 학자금 대출과 아르바이트비로 충당하고 있는 상황임을 감안하여주시기 바랍니다. 특히 피해자가 피고인에게 과도한 형사합의금을 요구해 온 사정은 피고인에 대한 유리한 정상참작사유로 반영될 필요가 있습니다.

5. 결론

그러므로 피고인에 대한 이 사건 공소사실을 무죄로 판단하여주시기 바랍니다. 설령 이와 견해를 달리하여 유죄로 판단된다고 하더라도 여러 가지 정상관계를 고려하여 피고인에게 최대한 관대한 선고를 내려주시길 부탁드립니다.

20○○. ○. ○○.

피고인   홍길동 (인)

서울중앙지방법원 형사1단독 귀중

11.
형의 선고

선고기일은 꼭 참석해야 할까?

재판장은 당신의 최후진술을 듣고 "이것으로 이 사건의 재판을 모두 마치겠습니다. 선고기일은 ○월 ○일에 할 것이니 피고인은 선고기일에 출석해주시기 바랍니다"라고 말하고 공판기일을 마친다.

1) 선고기일 출석 필요성과 예외

피고인인 당신은 재판부가 지정한 선고기일에 반드시 출석하여야 한다. 피고인이 공판기일에 출석하지 아니한 때에는 특별한 규정이 없으면 개정하지 못하기 때문이다(『형사소송법』 제276조). 실제로 피고인이 출석하지 않으면 재판을 연기한다.

다만 예외적으로 ① 다액 500만 원 이하의 벌금 또는 과료에 해당하는 사건 ② 공소기각 또는 면소의 재판을 할 것이 명백한 사건 ③ 법원이 허가한 사건 ④ 검사의 약식기소에 대하여 피고인만이 정식재판을 청구하여 판결을 선고하는 사건의 경우에는 피고인의 출석을 요하지 않고 대리인을 출석하게 할 수 있다(『형사소송법』 제277조).

실무상 검사가 한 약식기소에 대하여 피고인만이 불복해 정식재판을 청구한 사건의 선고기일에 피고인이 출석하지 않는 것을 종종 볼 수 있다. 이런 사건의 경우 재판장이 선고기일에는 출석하지 않아도 된다고 미리 설명해주는 경우가 많다.

2) 선고기일에서 일어나는 일들

당신이 선고기일에 출석하면 재판장은 사건번호와 피고인 출석을 확인한 후 판결 주문과 간략한 판결 이유의 요지를 말한다. 사실관계가 복잡하거나 사회적 이목이 쏠려 있는 사건인 경우 판결 이유를 조금 더 자세하게 설명한 뒤 마지막에 판결 주문, 즉 선고형을 말한다. 선고기일에는 당신이 법정에서 재판부에 어떤 말을 할 수 있는 권리가 없다. 일방적으로 재판부의 판단 내용과 결과를 듣기만 해야 한다.

불구속으로 재판을 받던 당신에 대한 재판부의 선고결과가 실형(징역형)이라고 한다면 바로 법정에서 구속영장이 집행되어 법정 옆에 교도관들과 구속 피고인들이 있는 대기실로 이동하게 된다. 1심 선고할 때 징역형을 선고하되 피고인의 방어권 보장이나 피해자와의 합의, 공적 업무 수행 등의 사유로 법정구속을 하지 않는 아주 예외적인 경우도 있기는 하다.

전혀 예상치 못한 상황에서 법정 구속이 되면 재판부에 격하게 항의하거나 충격을 받아서 그 자리에 주저앉는 경우가 있다. 선고 직후 법정에서 항의한다고 하여 결론이 달라지는 것은 아니므로, 냉정하게 항소심이나 상고심에서 법원의 판단을 어떻게 바꿀 수 있을 것인지 진지하게 고민해보는 것이 좋다.

3) 형사판결문의 송부

피고인에 대한 재판부의 판단이 집행유예나 무죄인 경우 당신은 출석할 때 들어갔던 법정 출입문으로 다시 나오면 된다. 이때 당신에게 바로 판결문을 발급해주거나 하지는 않는다. 형사 판결문은 원칙적으로 피고인이 신청해야 발급해준다. 법원에서 당사자들의 신청이 없어도 자동적으로 송부해주는 민사소송 판결문과는 다르다. 다만 '판결 선고 당시 구속되어 있는 피고인에 대하여 실형이 선고된 경우' '피고인이 당해 사건에서는 불구속이지만 별건으로 구속되어 수감 중인 경우' '실형 선고를 받음과 동시에 법정 구속되거나 보석 또는 구속집행정지 결정이 취소된 경우'에는 피고인의 신청과 관계없이 형사판결문을 송달한다(관심이 있다면 「형사재판서 등본 송부 및 확정통보 등에 관한 예규」 재형 2003-12를 찾아보라). 이렇듯 구속된 경우에는 법원에서 판결문을 보내주기 때문에, 불구속 상태의 피고인은 선고결과를 듣고 법원 민원실에 방문하여 '판결등본교부신청서'를 작성하여 제출하면 된다. 피고인이 직접 가면 이 신청서와 신분증만 제출하면 되고, 가족일 경우에는 피고인의 인감도장이 날인된 위임장이 필요하다.

판결문의 내용을 검토하여야 재판부 판단의 구체적인 이유와 근거가 무엇인지, 불리한 판단이었다면 상소를 제기할 것인지, 어떤 이유를 상소의 이유로 삼을 것인지를 제대로 검토할 수 있기 때문에 되도록 빨리 발급받는 것이 필요하다.

판사가 선고하는 형은 어떠한 과정을 거쳐서 정해질까?

1) 형(刑)의 개념: 법정형 · 처단형 · 권고형 · 선고형

형사법상 '형'의 개념에는 법정형, 처단형, 권고형, 선고형 등이 있다. 우선 형법 등 법률에 기재되어 있는 형이 법정형이다. 형법 제329조는 절도죄와 관련하여 "타인의 재물을 절취한 자는 6년 이하의 징역 또는 1천만 원 이하의 벌금에 처한다"고 규정하고 있는데, 여기서 '6년 이하의 징역 또는 1천만 원 이하의 벌금'이 법정형인 것이다. 그리고 재판부가 당신에 대하여 실제 내린 판결 주문의 최종적인 형이 선고형이다.

이러한 법정형과 선고형 사이에 처단형과 권고형의 개념

이 있다. 판사는 법정형에서 형의 종류(징역형인지 벌금형인지)를 정하고 여기에 가중사유(경합범, 누범, 상습범 등) 또는 감경사유(심신장애, 방조범, 자수 등)를 적용하여 형의 범위를 일차적으로 정하는데, 이것이 처단형이다. 이와 관련하여 형법 제56조는 가중감경의 순서도 정하고 있는데 ① 형법 각칙 본조에 의한 가중(예를 들어 상습상해죄는 2분의 1까지 가중) ② 형법 제34조 제2항의 가중(자기의 지휘, 감독을 받는 자를 교사 또는 방조한 때) ③ 누범가중 ④ 법률상 감경 ⑤ 경합범 가중 ⑥ 작량감경 순으로 가중 또는 감경한다.

2) 대법원 양형위원회 양형기준과 선고형의 산정

권고형은 정해진 처단형의 범위 내에서 선고형을 정하기 위해 대법원 양형기준을 반영한 형을 말한다. 대법원 양형위원회(http://sc.scourt.go.kr)에 들어가면 주요 범죄별로 양형기준을 찾아볼 수 있다. 양형기준은 원칙적으로 구속력이 없으나, 법관이 양형기준을 이탈하는 경우 판결문에 양형이유를 기재해야하므로 합리적 사유 없이 양형기준을 위반할 수는 없다. 대법원 양형위원회는 개별 범죄별로 범죄의 특성을 반영할 수 있는 별도의 양형기준을 만들고 있는데, 범죄의 발생 빈도가 높거나 사회적으로 중요한 범죄의 양형기준을 우선 설정하고 점진적으로 양형기준 설정 범위를 확대하고 있다.

이렇듯 법정형 → 처단형 → 권고형까지는 일정한 양형의 범위를 점점 좁혀나가는 과정이다. 이를 전제로 재판부가 피고인에게 현실의 법정에서 선고하는 하나의 형이 정해지는데, 그것이 선고형이다. 요즘은 재판부가 해당 사건에서 대법원 양형위원회의 양형기준에 따른 권고형의 범위가 어떻게 되고 여기서 어떠한 사유로 선고형을 정했는지의 내용을 판결문 '양형의 이유'란에 기재하는 경우도 있다.

선고형의 산정 방식 예를 들어보면 아래와 같다.

형의 산정 방식

피고인이 절도죄 1개로 기소되었는데, 주범은 아니고 망을 보는 역할을 한 경우라고 하자. 형법 제329조는 "타인의 재물을 절취한 자는 6년 이하의 징역 또는 1천만 원 이하의 벌금에 처한다"고 정하므로,

- 법정형: 1월 이상(징역형의 하한)~6년 이하 징역 또는 1천만 원 이하 벌금.
- 처단형: 징역형 선택하고 방조범으로써 법률상 2분의 1로 감경했다면 '1월~3년 징역형'.
- 권고형: '일반재산에 대한 절도'이고 '생계형 범죄'이며 '소극 가담'했다는 사정 등이 있어 대법원 양형기준상 '감경영역'에 해당한다고 보면, 권고형은 '징역 4~10월'.
- 선고형: 권고형 범위 내에서 최종 선고형을 정함. 만약 절도 피고인이 형사처벌 전력 없고, 진지한 반성이 있으며, 피해가 경미하다는 등의 사정이 있으면 집행유예를 선고할 수도 있다.

3) 선고와 피고인의 할 일

언뜻 보면 상당히 복잡한 과정을 거쳐서 선고형이 결정된다는 것인데, 피고인의 지위에 있는 당신이 무엇보다 유심히 살펴봐야 할 사항은 대법원 양형위원회 양형기준에 있는 '형종 및 형량의 기준' 항목의 '감경요소', '집행유예 기준' 항목의 '긍정적 요소' 부분의 각 사유들이다. 자신에게 해당되는 사유가 있는지를 꼼꼼하게 따져보고 만약 있다면 그에 관한 서류를 재판부에 제출해야 한다. 피해자와 합의를 했으면 합의서를, 공탁을 했으면 공탁서를, 농아자에 해당한다면 장애인증명서를, 진지한 반성을 주장한다면 반성문을, 가족들이나 지인들이 선처를 희망한다면 탄원서를, 특별한 가족관계에 관한 사항이 있으면 가족관계증명서나 주민등록등본 등의 서류를, 변론 종결 전, 늦어도 선고기일 일주일 전에는 재판부에 제출해야 양형심리에 참작될 수 있다.

형의 종류는 어떤 것이 있을까?

형법은 죄가 인정된 피고인에게 인정되는 형의 종류를 아래 아홉 가지로 나눈다. 각 종류별로 살펴보자.

1. 사형 2. 징역 3. 금고 4. 자격상실 5. 자격정지 6. 벌금 7. 구류

8. 과료 9. 몰수

1) 징역형과 금고형

징역이나 금고형은 사람의 자유를 박탈하는 형사처벌로서 벌금 등 재산형과 대비하여 '자유형'이라고 부른다. 통상 언론에서는 법에는 없지만 '실형(實刑)'이라는 용어를 흔히 접할 수 있다. 편의상 법원으로부터 인신이 구속되는 징역형 등의 형사처벌을 받는 것을 의미한다고 할 수 있다.

자유형은 대부분 징역형이지만 '금고형'이라는 게 있다. 이는 징역형과 마찬가지로 사람의 자유를 박탈하는 자유형의 일종이지만, 징역형과 달리 정역(이른바 교도소 내 작업)에 의무적으로 복무하지 않는 측면에서 구별된다. 다만 금고형을 받은 사람도 신청을 하면 교도소장이 작업을 부과할 수 있다. 금고형만이 규정되어 있는 대표적인 범죄는 과실치사죄(형법 제267조)이다. 이러한 실형에 비교되는 것으로 집행유예나 선고유예가 있다.

2) 집행유예

재판장이 당신에 대하여 "징역 1년에 처한다"라고 말한 다음 "다만 이 판결의 집행은 2년을 유예한다"라고 말하는 경우가

있다. 이것을 쉽게 '집행유예형'이라고 한다. 검사가 공소제기한 사실이 유죄는 맞는데 정상관계를 참작하여 징역형의 집행을 일정 기간 유예한다는 의미이다.

집행유예는 재판부가 "3년 이하의 징역이나 금고 또는 500만 원 이하의 벌금의 형을 선고할 경우에 그 정상에 참작할 만한 사유가 있는 때"에 "1년 이상 5년 이하의 기간 형의 집행을 유예"하는 것이다(형법 제62조 제1항). 그리고 여기서 말하는 '3년 이하의 징역이나 금고 또는 500만 원 이하의 벌금'은 위에 설명한 형의 개념 중 처단형을 의미한다. 예를 들어 존속살해죄는 법정형이 "사형, 무기 또는 7년 이상의 징역(형법 제250조 제2항)"이기 때문에, 형종을 징역형으로 선택하고 법률상 감경사유가 있다고 하더라도 처단형의 범위는 7년의 절반인 3년 6월 이상이 되기 때문에 집행유예 선고 자체가 불가능하다(감경사유가 하나 더 있으면 처단형의 범위는 1년 9월 이상이 되기 때문에 이론상 집행유예가 가능할 수는 있으나 실제 사건에서는 보기 드문 편이다). 한편 대법원 양형위원회의 양형기준은 범죄별로 집행유예 참작사유를 별도로 기재하고 있다.

만약 당신이 '금고 이상의 형을 선고한 판결이 확정된 때부터 그 집행을 종료하거나 면제된 후 3년까지의 기간' 내의 범죄행위를 한 것이라면 집행유예를 받을 수 없다(형법 제62 제1항 단서. 이를 실무상 '집행유예 결격사유'라고 한다). 형사처벌을 받고 얼마 되지도 않아서 다시 범죄를 저지른 사람에게는 엄격한 국가형벌권 행사가 필요하기 때문이다.

집행유예 기간에 형사처벌을 받으면 유예된 징역형이 집행된다. "집행유예의 선고를 받은 자가 유예 기간 중 고의로 범한 죄로 금고 이상의 실형을 선고받아 그 판결이 확정된 때에는 집행유예의 선고는 효력을 잃는다(형법 제63조)." 집행유예를 받은 후 위와 같은 사유가 발각된 경우에도 집행유예는 취소된다(형법 제64조 제1항). 예를 들어 절도죄로 징역 1년에 집행유예 2년형을 선고받은 사람이 집행유예기간 중에 다시 강도죄를 저질러서 징역 3년형을 선고받았다면, 강도죄 3년과 기존에 유예되었던 절도죄 1년을 합한 4년의 형기를 살아야 한다.

재판부는 집행유예를 선고하며 보호관찰이나 사회봉사명령 또는 수강명령을 선고할 수 있는데, 당신이 이러한 명령(이를 통칭하여 '부수명령'이라고 한다)을 선고받았음에도 재판부가 정한 준수사항이나 명령을 위반하고 위반의 정도가 무거운 때에는 집행유예의 선고가 취소될 수 있다(형법 제64조 제2항).

그렇지 않고 집행유예를 선고받은 당신이 이러한 '실효 또는 취소' 사유 없이 유예 기간을 경과하면 형의 선고는 효력을 잃는다(형법 제65조). 징역 1년에 집행유예 2년형을 받았는데 아무런 사고 없이 집행유예 기간 2년이 경과되면 형이 선고되었다는 법률적 효력이 없어진다는 것을 의미한다.

3) 선고유예

재판장이 선고기일에 출석한 당신에게 "피고인에 대한 형의 선고를 유예한다"고 말하는 경우도 있다. 범죄사실은 인정되지만 양형에 참작할 중대한 사유들이 있어서 형의 선고 자체를 유예시킨다는 의미이다. 유죄에 대한 가장 낮은 수위의 양형이라고 할 수 있기 때문에 집행유예보다 더 엄격한 요건이 필요하다. "1년 이하의 징역이나 금고, 자격정지 또는 벌금의 형을 선고할 경우"에 "개전의 정상이 현저한 때" 선고를 유예할 수 있다(형법 제59조 제1항). 형법이 집행유예의 요건을 '정상에 참작할 만한 사유가 있는 때'로 규정하고 있는 것과 비교된다. 다만 '자격정지 이상의 형을 받은 전과'가 있을 경우 선고유예가 불가능하다.

이렇게 선고유예를 하는 경우에도 '재범방지를 위하여 지도 및 원호가 필요한 때'에는 1년 기간의 보호관찰을 명할 수 있다. 이와 달리 집행유예의 경우 유예기간 범위로 보호관찰을 명할 수 있을 뿐만 아니라 사회봉사명령·수강명령도 발할 수 있다.

당신이 선고유예를 받고 2년을 경과하면 면소된 것으로 간주된다(『형사소송법』 제326조). 면소란, 실체판단을 할 수 있는 소송요건이 결여되어 검사의 공소제기 자체가 부적법한 경우에 내리는 재판이다. 참고로 법원이 면소판결을 하는 경우는 ①확정판결이 있은 때 ② 사면이 있은 때 ③ 공소의 시효가 완성되었을 때 ④ 범죄 후의 법령개폐로 형이 폐지되었을 때(형법 제61조)이다.

반대로 선고유예를 받고 유예 기간(2년) 중 '자격정지 이상의 형에 처한 판결이 확정되거나 자격정지 이상의 형에 처한 전과가 발견된 때'에는 유예한 형을 선고한다. 보호관찰을 명한 선고유예를 받은 자가 보호관찰 기간 중에 준수사항을 위반하고 그 정도가 무거울 때에는 유예한 형을 선고할 수 있다(형법 제61조). 선고를 유예하는 판결문에도 '선고를 유예할 형'이 특정되어 있다.

4) 자격상실과 자격정지

자격상실은 일정한 법적 자격을 상실시키는 형이다. 사형이나 무기징역 또는 무기금고의 판결을 받은 사람은 자동적으로 ① 공무원이 되는 자격 ② 공법상의 선거권과 피선거권 ③ 법률로 요건을 정한 공법상의 업무에 관한 자격 ④ 법인의 이사, 감사 또는 지배인 기타 법인의 업무에 관한 검사역이나 재산관리인이 되는 자격이 박탈된다(형법 제43조 제1항 1호~4호).

자격정지는 형의 집행 종료나 면제 시까지 자격을 정지시키는 것이다. 두 가지 유형이 있는데, (ⅰ) 유기징역 또는 유기금고의 판결을 받으면 ㄱ 형의 집행이 종료되거나 면제될 때까지 위 ①~③호에 기재된 자격이 정지되는 것이 있다(형법 제43조 제2항). 교도소에서 수형생활을 하고 있을 것이기 때문에 어떻게 보면 당연하다. (ⅱ) 유기징역 또는 유기금고에 자격정지를 '병과'하는 것이 있다(형법 제44조). 이 경우 자격정지 기간은 징역 또는 금고의 집행을 종료하거나 면제된 날로부터 기산된다는 점에서 다르다. 후자의 자격정지가 규정된 대표적인 범죄가 '국가보안법위반죄'이다. 「국가보안법」 제14조는 "이 법의 죄에 관하여 유기징역형을 선고할 때에는 그 형의 장기 이하의 자격정지를 병과할 수 있다"고 규정하고 있다.

5) 벌금, 구류, 과료, 몰수

벌금과 과료는, 징역·금고와 같은 자유형과 대비되는 재산형에 포함된다. 형사처벌을 피고인에 대한 경제적 불이익으로 가하는 것이다. 벌금과 과료는 액수가 다르다. 벌금은 5만 원 이상이 원칙임에 반하여, 과료는 2,000원 이상 5만 원 미만의 범위이다(형법 제45조, 제47조).

벌금이나 과료형이 선고될 때는 주문에 통상 '노역장 유치'가 따라온다. 만약 재판부가 선고한 벌금이나 과료를 납부하지 못하면 일종의 구금시설인 노역장에 구금된다는 것이다. 노역장 유치 기간은, 벌금의 경우 1일 이상 3년 이하, 과료의 경우 1일 이상 30일 미만이다. 다만 선고 벌금이 1~5억 원 미만은 300일 이상, 5~50억 원 미만은 500일 이상, 50억 원 이상은 1,000일 이상의 유치 기간을 정한다(형법 제69조, 제70조).

구류는 1일 이상 30일 미만으로 신체의 자유를 박탈하는 자유형 중에서 가장 경한 형벌이다(형법 제46조). 형법은 공연음란죄(제245조), 일반폭행죄(제260조 제1항), 과실치상죄(제266조 제1항), 협박죄(제283조 제1항), 자동차등 불법사용죄(제331조의2), 편의시설부정이용죄(제348조의2) 등과 같은 비교적 가벼운 범죄에서 구류를 법정형으로 두고 있다.

몰수는 ① 범죄행위에 제공했거나 제공하려고 한 물건(예: 상해 흉기, 살인을 하려고 준비해 두었던 칼 등) ② 범죄행위로 인하여 생했거나 이로 인하여 취득한 물건(예: 위조문서, 도박으로 벌은 금전 등) ③ 위의 ①과 ②의 대가로 취득한 물건(예: 장물 매각 대금, 위조한 통화를 매각하고 받은 금전 등)을 국고에 귀속시키는 처분이다(형법 제48조). 이는 원칙적으로 재판장의 재량사항이나(임의적 몰수), 개별조항에서 필요적으로 몰수해야 한다고 규정하고 있는 것들도 있다(예: 뇌물죄의 뇌물, 아편에 관한 죄의 아편·모르핀이나 그 화합물, 아편흡식기 등). 한편 법원이 몰수를 선고하지 않은 압수물은 수사 단계에서 소유권을 포기한 경우라도 국가에 대하여 민사소송으로 그 반환을 청구할 수 있다(대법원 2000. 12. 22. 선고 2000다27725 판결 등). "압수한 서류 또는 물품에 대하여 몰수의 선고가 없는 때에는 압수를 해제한 것으로 간주(「형사소송법」 제332조)"되기 때문이다.

Q. '자격정지 이상의 형을 받은 전과'가 있는 경우 선고유예가 안 된다고 하는데 집행유예를 받은 전력이 있는 경우도 선고유예가 안 되는지?

A. 선고유예 제한 사유인 '자격정지 이상의 형을 받은 전과'에 집행유예형을 받고 그 기간이 경과하여 형 선고의 효력이 사라진 경우도 포함되는 것인지 문제 된다. 대법원은 '집행유예 기간을 무사히 경과하여 형의 선고가 효력을 잃게 되었다고 하더라도 형의 선고의 법률적 효과가 없어진다는 것일 뿐, 형의 선고가 있었다는 기왕의 사실 자체까지 없어지는 것은 아니'기 때문에 선고유예 결격사유인 '자격정지 이상의 형을 받은 전과'에 해당한다고 했다(대법원 2003. 12. 26. 선고 2003도3768 판결 등). 즉 집행유예 받은 전력이 있으면 유예 기간이 모두 지났어도 선고유예는 불가능하다는 것이다.

12.
판결 이후의 절차

당신이 받은 판결에 동의하기 어렵다면 항소나 상고(이를 합하여 '상소'라고 한다)를 제기할 수 있다. 항소제기는 1심판결에 불복하여 항소심 재판절차를 받겠다는 것이고, 상고제기는 항소심 판결에 불복하여 상고심(대법원) 재판절차를 받아보겠다는 의미이다.

1) 항소와 상고의 제기 방법

당신이 선고받은 판결에 동의하지 못하여 상급심 판단을 받기를 원한다면 '상소'를 해야 한다. 1심에 대한 상소가 '항소'이고, 2심(항소심)에 대한 상소가 '상고'이다. 간단한 항소장이나 상고장을 재판을 한 원심법원에 제출한다. 이때 중요한 것은 상소 기간을 반드시 지켜야 한다는 것이다. 항소장은 1심판결 선고일부터 7일 이내에 제출해야 하고(「형사소송법」 제358조, 제359조), 상고장도 2심판결 선고일부터 7일 이내에 제출해야 한다(「형사소송법」 제374조, 제375조).

판결 선고 내용이 너무 억울하다고 생각하는 피고인은(법정구속이 아니라면) 바로 법원 민원실로 가서 항소장(상고장)을 작성하고 접수하기도 한다. 기간이 7일 이내이기 때문에 예를 들어 화요일에 법정에서 선고를 들었다면 그다음 주 화요일 자정(24시) 전까지 항소장(상고장)이 법원에 접수되어야 한다. 이 기간이 지나면 판결이 '확정'되기 때문에 불복할 수가 없다.

다만 예외적으로 7일 이내에 상소를 제기하지 못한 것이 상소할 수 있는 자 또는 대리인이 책임질 수 없는 사유로 인한 경우에는 상소권회복청구절차(「형사소송법」 제345조~제348조)를 통하여 구제받을 수 있다. 상소권회복청구가 받아들여지는 대표적인 경우는 피고인의 소환을 '공시송달'의 방법으로 하고 피고인의 진술 없이 공판절차가 진행되어 판결이 선고된 경우이다.

2) 항소의 이유: 사실오인과 양형부당

항소제기의 사유는 보통 사실오인(법리오해 포함)과 양형부당이다(「형사소송법」 제361조의5). 즉 1심판결이 사실관계를 잘못 파악했다거나 법리 적용을 제대로 하지 않았다거나 양형이 너무 무겁다거나 하는 이유를 가지고 항소심 재판을 받을 수 있다.

항소심 첫 공판기일에서 재판장이 피고인에게 사건과 관련하여 처음 질문하는 것이 "항소이유가 무엇입니까?"이다. 여기서 사실오인인지 양형부당인지를 밝히게 되는데, 그 사유에 따라 항소심 재판절차가 많이 달라진다.

사실오인의 경우는 증인신문 등의 추가적인 증거조사절차가 필요하기 때문에 재판부는 공판기일을 몇 번 더 진행해야 할 것이라고 예상한다. 이에 반해 양형부당만이 항소이유인 경우는 양형에 참작할만한 1심과 다른 추가적인 사정(피해자와의 합의, 피해자의 선처 탄원 등)이 있는지를 중심으로 살펴보면 되기 때문에 공판기일 한두 번으로 종결될 가능성이 높다.

3) 상고의 이유: 법리오해

상고제기는 항소심판결에 불복이 있는 경우 대법원에 하는 절차이다. 그런데 대법원 상고심은 법률심이기 때문에 상고이유로 삼을 수 있는 것은 법리오해이다.

⚖️ 쫄지 마 법전 「형사소송법」 제383조(상고이유)

다음 사유가 있을 경우에는 원심판결에 대한 상고이유로 할 수 있다.

1. 판결에 영향을 미친 헌법·법률·명령 또는 규칙의 위반이 있는 때

2. 판결 후 형의 폐지나 변경 또는 사면이 있는 때

3. 재심청구의 사유가 있는 때

4. 사형, 무기 또는 10년 이상의 징역이나 금고가 선고된 사건에 있어서 중대한 사실의 오인이 있어 판결에 영향을 미친 때 또는 형의 양정이 심히 부당하다고 인정할 현저한 사유가 있는 때

상고심은 사실여부에 대한 판단이 아니라 법리적인 쟁점만 판단대상으로 한다. 그래서 '법률심'이라 불린다. 따라서 상고이유서 작성 또한 법이 요구하는 상고이유에 맞게 기술해야 한다. 앞에서 변론요지서 예로 들었던 사례에서 항소심까지 유죄판결이 선고되었다고 한다면 상고이유는 '폭행죄 성립에 있어서의 고의에 관한 법리오해' 등의 방법으로 특정할 필요가 있는 것이다.

만약 항소심이 내린 사실관계 판단에 문제를 제기한다면 '채증법칙과 자유심증주의 위배'를 상고이유로 삼는 것이 일반적이다. 하지만 '증거의 취사와 이를 근거로 한 사실의 인정은 그것이 경험칙에 위배된다는 등의 특단의 사정이 없는 한 사실심법원의 전권에 속한다'는 것이 대법원 판례(대법원 1986. 9. 9. 선고 86도57 판결, 대법원 2008. 5. 15. 선고 2008도802 판결 등 다수)의 확고한 입장이기 때문에 이러한 사유가 인용되는 경우는 극히 드물다.

4) 항소이유서, 상고이유서 제출기한 준수

당신이 1심판결에 불복하여 7일 이내에 1심판결을 한 법원에 항소장을 제출하면, 1심 재판부는 1심 기록과 증거를 정리하여 통상 14일 이내에 항소심 법원으로 송부한다. 항소심 재판부는 1심 기록을 받으면 항소한 당신에게 소송기록접수통지서를 발송한다. 당신은 이 통지서를 송달받은 날부터 20일 이내에 항소이유서를 제출해야 한다. 항소심판결에 대해 상고하는 경우도 마찬가지이다(「형사소송법」 제361조의3 제1항, 379조 제1항).

항소이유서와 상고이유서를 20일 이내에 법원에 제출하는 것은 매우 중요하다. 이 기한을 지키지 못하면 항소심이나 상고심 법원은 특별한 직권조사사항이 없는 한, 사건에 대한 심리를 진행하지 않고 항소기각 결정이나 상고기각 결정을 한다(「형사소송법」 제361조의4 제1항, 제380조 제1항). 재판도 받아 보지 못하고 원심판결이 그대로 확정된다는 것이니 낭패가 아닐 수 없다.

이처럼 항소이유서와 상고이유서 제출기한을 지키지 못하면 피고인이 입게 되는 불이익이 치명적이기 때문에 '소송기록접수통지서를 송달받은 날'이 정확히 언제인지 문제 되는 경우가 많다. 피고인과 변호인이 별도로 송달받고, 변호인도 국선변호인과 사선변호인이 따로 송달받을 수 있기 때문이다. 여러 경우가 있을 수 있는데, 피고인이든 국선변호인이든 사선변호인이든 이 중 한 사람이라도 소송기록접수통지서를 처음 받을 때로부터 항소이유서 제출 기간이 시작된다고 보면 된다.

판결 '확정'의 의미와 부수명령, 보호관찰

1) 형사판결과 무죄추정의 원칙

우리 헌법은 "형사피고인은 유죄의 판결이 확정될 때까지는 무죄로 추정된다(제27조 제4항)"고 규정하고 있다. 1심에서 유죄판결이 선고되었다고 하더라도 당신이 항소심과 상고심에서 불복한다면 그 기간은 모두 '무죄'로 추정된다는 의미이다.

형사유죄판결의 확정은 이러한 헌법상의 '무죄추정의 원칙'이 더 이상 적용되지 않는다는 의미이다. 예를 들어 1심에서 징역 12년을 선고받고 불복하여 항소심에서 징역 9년으로 줄어들었다. 그다음 다시 상고를 제기했는데 대법원에서 상고기각 판결을 받았다면, 대법원 판결 선고일이 확정일이 되고 그때 확정된 형은 항소심이 선고했던 징역 9년형이 된다. 이렇게 확정된 형은 이른바 '판결의 확정력' 때문에 더 이상 다툴 수 없다.

아주 예외적으로 유죄확정판결에 중대한 사실인정의 오류가 있는 경우, 즉 통상적인 '판결의 확정력'을 통해서 유지되는 '법적 안정성'이 더 이상 존중될 수 없는 경우 피고인의 이익을 위해 이를 시정하는 비상구제절차로 '재심' 제도가 존재한다(『형사소송법』 제420조~제440조).

2) 부수명령과 보호관찰소

집행유예 설명 부분에서 보호관찰, 사회봉사명령, 수강명령 등을 통틀어서 이른바 '부수명령'으로 부른다고 설명했다. 당신이 1심판결에서 징역 1년 집행유예 2년과 함께 사회봉사명령 100시간을 선고받았다면 어떻게 해야 될까. 만약 항소를 제기한다면 항소심판결 선고 때까지, 상고심까지 간다면 대법원 판결 선고 때까지 결과를 지켜보면 된다. 상소를 제기하면 1심 판결은 확정된 형이 아니기 때문이다.

법원은 보호관찰을 명하거나 사회봉사 또는 수강을 명하는 판결이 확정된 때부터 3일 이내에 판결문 등본 및 준수사항을 적은 서면을 피고인의 주거지를 관할하는 보호관찰소의 장에게 보낸다. 그러니 당신은 주거지의 보호관찰소에 반드시 방문해서 보호관찰관으로부터 확인과 지도·안내 등의 절차를 밟아야 한다.

만약 종래의 주소지 및 거소지를 이탈하여 소재가 확인되지 않는 경우에는 보호관찰소의 의뢰로 지명수배자로 입력될 수 있고(「보호관찰대상자 등 지명수배 절차에 관한 규칙」 제4조 제1항), 보호관찰이나 사회봉사명령·수강명령을 이행하지 않고 위반의 정도가 중대한 경우에는 앞서 설명한 것과 같이 집행유예가 취소되어 인신이 구속될 수도 있기 때문에 주의해야 한다.

무죄판결의 공시

당신의 변론이 재판부를 설득하는데 성공하여 최종적으로 '무죄'로 확정되었다면 무죄판결이 공시되고 당신은 국가에 대하여 무죄재판서 게재 청구나 형사보상, 형사비용보상 청구 등을 할 수 있게 된다. 결과적으로 검사가 형사소추권을 잘못 행사한 것이 되기 때문에 그로 인해 시민이 입은 피해를 최소한이나마 국가에 책임을 지우겠다는 것이다.

1) 무죄판결 공시와 무죄재판서 게재 청구

무죄가 확정된 경우 법원은 재판서 등본, 확정증명서, 형사보상청구 안내문을 피고인에게 송부한다. 형사판결문은 당사자의 신청이 없는 경우 송부하지 않는 것이 원칙이지만, 이처럼 무죄로 확정된 경우에는 관련서류를 보내서 그에 따른 권리 행사를 안내하는 기능을 한다.

법원은 무죄의 판결을 선고하는 경우에는 무죄판결 공시의 취지를 선고하여야 한다. 다만, 무죄판결을 받은 피고인이 무죄판결 공시 취지의 선고에 동의하지 아니하거나 피고인의 동의를 받을 수 없는 경우에는 그러지 않을 수 있다(형법 제58조 제2항). 참고로, 형사 재심에서 무죄 선고를 한 때에는 판결을 관보와 그 법원 소재지의 신문지에 기재하여 공고하여야 한다(「형사소송법」 제440조).

법원 실무는 형법 제58조 제2항에 관한 내용을 재심 무죄판결에 준용하고 있고, 무죄판결 공시의 시기는 '제1심법원에서 확정된 때에는 판결 확정일부터 2주일 이내에, 상급심법원에서 확정된 때에는 상급심법원으로부터 송부서를 받은 날로부터 2주일 이내'이다. 공시의 방법은 '법원의 본원소재지에서 발간되는 일반 일간신문의 광고란에 가로 4㎝ 세로 6.8㎝(4㎝ × 2단)의 크기로 판결 요지를 1회 게재하고, 법원 홈페이지를 통하여 공고하는 방법에 의함을 원칙'으로 한다(http://www.scourt.go.kr/portal/notice/innocence/innocence.jsp에 접속하면 법원별로 무죄판결 공시를 볼 수 있다. 이 홈페이지에서의 공고 기간은 6개월이다).

이와 별개로, 무죄확정판결을 받은 피고인은 '무죄재판이 확정된 때부터 3년 이내에 확정된 무죄재판사건의 재판서를 법무부 인터넷 홈페이지에 게재하도록 해당 사건을 기소한 검사가 소속된 지방검찰청에 청구'할 수 있다. 검찰은 이 청구를 받은 날로부터 1개월 이내에 법무부 인터넷 홈페이지에 게재하여야 하며, 게재 기간은 1년이다(법무부 홈페이지 → 법무정책서비스 → 법무/ 검찰 → 무죄재판서게재·무죄재판서확인 메뉴에서 볼 수 있다). 법원 홈페이지에 공고되는 무죄판결 공시는 '위 피고인은 모욕죄로 기소되었으나 죄가 되지 아니함을 이유로 무죄의 판결이 선고, 확정되었음을 공시함'이라는 방식으로 매우 간략한 요지만 기재되지만, 무죄재판서 게재는 개인정보만을 가린 채 형사판결문의

PDF 파일 자체가 홈페이지에 게시된다는 점에서 내용상 차이가 있다.

형사비용보상과 형사보상

1) 형사비용보상–재판에 소요된 비용의 보상

국가는 무죄판결이 확정된 경우에는 해당 사건의 피고인이었던 자에 대하여 그 재판에 소요된 비용을 보상하여야 한다. 비용보상의 범위는 '피고인이었던 자 또는 그 변호인이었던 자가 공판준비 및 공판기일에 출석하는데 소요된 여비·일당·숙박료와 변호인이었던 자에 대한 보수'이며, '보상금액은 형사소송비용 등에 관한 법률을 준용하되, 피고인이었던 자에 대하여는 증인에 관한 규정을, 변호인이었던 자에 대하여는 국선변호인에 관한 규정을 준용'하도록 되어 있다. 무죄판결이 확정된 사실을 안 날부터 3년, 무죄판결이 확정된 때부터 5년 이내에 청구해야 한다(『형사소송법』 제194조의2~제192조의5).

2) 형사보상–억울한 구금에 대한 보상

또한 형사절차에서 무죄재판을 받아 확정된 사건의 피고인이 미결구금을 당한 경우에는 국가가 억울한 구금에 대하여 보상해야 한다. 보상액은 미결구금 일수에 비례하는데, 미결구금 1일당 보상청구 원인이 발생한 해의 최저임금법에 따른 일급 최저임금액의 5배 범위 이하에서 보상금을 지급하도록 한다 (「형사보상 및 명예회복에 관한 법률」제2조, 제5조, 같은 법 시행령 제2조). 만약 당신이 수사 재판 과정에서 구속되었다가 무죄판결이 확정된 경우라면 형사비용보상과 형사보상 모두를 청구할 수 있다.

보상액 산정 예시

서울에 거주하는 당신이 20일 정도 구속되었다가, 변호인을 선임하여 1심 (서울중앙지방법원, 형사단독) 재판 과정에서 보석으로 석방된 후 무죄판결을 선고받았다. 이에 대해 검사가 항소했지만 항소심도 검사항소기각판결을 선고하여 2018년 무죄가 확정되었으며, 재판절차에서 총 12회 법정에 출석했다고 하자. 당신이 국가로부터 형사보상 및 형사비용보상을 받을 수 있는 최대 금액은 아래와 같은 정도로 예상해볼 수 있다(물론 사건과 연도에 따라 구체적 산정은 달라질 수 있다).

① 형사보상액: 최대 6,024,000원
=미결구금일 20일×2018년 최저임금법상 일급 60,240원×최대 5배(사건 난이도 등 고려하여 5배 이내 책정)

② 피고인 여비 및 일당: 660,000원
이 항목은 「형사소송비용 등에 관한 법률」의 증인에 관한 규정을 준용한다. 「형사소송비용 등에 관한 법률」 제3조 제2항, 제4조 제2항은 '증인

에 대한 일당과 여비의 금액은 대법원 규칙이 정하는 범위 내'에서 법원이 정하도록 하고 있으며, 「형사소송비용 등에 관한 규칙」 제2조, 제3조는 '증인의 일당은 매년 예산의 범위에 안에서 대법관 회의에서 정하고, 증인의 여비는 「법원공무원 여비 규칙」 별표2 국내여비지급표에 정한 제2호 해당자 지급액'으로 하도록 되어 있다. 따라서 대법관 회의에서 정한 2015～2018년 형사사건 증인의 일당은 1일 50,000원이고 서울 거주자에 대한 서울중앙지방법원 여비가 5,000원이라고 한다면, 여비 및 일당 합계액은 660,000원[=(일당 50,000원+여비 5,000원)×12회 법정 출석] 정도로 예상된다.

③ 변호인 보수: 3,000,000원

형사재판에 소요된 변호인 보수의 일부로 법에 정한 금액이다. 「형사소송비용 등에 관한 법률」의 국선변호인에 관한 규정이 준용된다. 국선변호인의 보수는 매년 예산의 범위 안에서 대법관 회의에서 정한다. 재판장은 사안의 난이, 수행한 직무의 내용, 사건 처리에 소요된 시간, 기록의 복사나 피고인 또는 피의자 접견 등에 지출한 비용, 기타 사항을 참작하여 국선변호인의 보수를 증액할 필요가 있다고 인정되는 때에는 '5배의 범위 안'에서 증액할 수 있다. 대법관 회의에서 정한 국선변호인 기본보수액은 1심 합의 공판사건을 제외한 나머지 사건의 경우, 사건당 300,000원이다. 1심 및 항소심 변호인에 대한 보수는 최대 각각 1,500,000원(=기본보수액 300,000원×5배)이므로 합계액은 최대 3,000,000원까지 이를 수 있다.

위에 보듯이 유의할 것은 당신의 실제 수입이나 변호인에게 지급한 선임료 전체를 형사보상비용청구로 되돌려받을 수는 없다는 점이다. 비용은 법령 등이 정하고 있는 획일적인 기준에 의하여 결정된다.

제3부

특수한 재판

1.
국민참여재판

국민참여재판이란

1) 우리 지역 주민이 참여하는 재판

국회의원도, 그리고 대통령도 국민이 선거로 뽑는데 왜 우리 법원의 법관은 국민이 뽑지 못하는 것일까? 이제 우리도 법관을 선거로 선출까지는 않더라도 미국처럼 국민참여재판을 통해 우리 지역 주민이 참여하는 재판을 받을 수 있다. 국민참여재판은 법관이 아닌 일반 국민이 형사재판 과정에 참여해서 재판을 지켜본 뒤, '평결'이라는 의견을 법관에게 제시하는 재판이다. 국민참여재판은 법원이 알아서 실시해주지 않는다. 반드시 내가 스스로 법원에 신청해야 하고 신청기한도 제1회 공판기일 전까지만 가능하니 꼭 주의하자. 국민참여재판을 받겠다고 마음먹었다면 아예 공소장을 받자마자 법원에 국민참여재판

신청서를 내는 방법을 추천한다. 신청서는 법원 민원실에 비치되어 있으니 서명만 해서 바로 민원실에 접수하면 된다. 법원에 내는 거의 모든 양식 서류는 법원 1층 민원실에 구비되어 있다.

2) 변호인이 꼭 필요할까?

국민참여재판에서 승리하려면 어떻게 해야 할까? 유리한 배심원을 선정해서 그들을 설득해야 한다. 배심원을 선정하는 방법, 증거를 제시하는 방법 등등은 모두 법으로 엄격히 정해져 있어서 복잡하다. 혼자 하다가는 오히려 재판을 망칠 수도 있으니 국민참여재판 경험이 있는 변호사를 선임하는 편이 좋다. 국민참여재판을 받고자 마음먹었다면 처음부터 변호인을 선임해서 법원에 국민참여재판을 받겠다는 의견서를 내고 시작하자. 이때 사선변호인을 선임할 돈이 없더라도 문제없다. 국민참여재판은 국가 정책으로 반드시 변호인을 선임해야 하는 필요적 변론사건으로 분류되어 있기 때문에 신청서를 내면서 국선변호인 선정신청서도 한 장 서명해서 민원실에 내면 된다. 재판부에서 국선변호인을 선정해주며, 기다리다 보면 국선변호인으로부터 연락이 올 것이다.

3) 국민참여재판을 할 수 있는 경우는?

국민참여재판을 신청할 수 있는 사건은 어떤 재판일까. 민사재판은 아직 대상이 아니다. 오직 형사재판 중 1심에 한해서 신청이 가능하다. 2심부터는 국민참여재판을 할 수 없다. 1심에서 국민참여재판으로 재판을 받았더라도 항소하면 일반 법관에게 2심과 3심 재판을 일반적인 재판과 똑같이 받게 된다.

좀 더 구체적으로 국민참여재판은 형사재판 중 어떤 재판에 대해 신청할 수 있을까. 인터넷 '대법원 종합법률정보'에 들어가 「국민의 형사재판 참여에 관한 법률」과 대법원 규칙인 「국민의 형사재판 참여에 관한 규칙」을 찾아 읽어보자. 줄여서 국민참여재판법이라고 한다. 국민참여재판은 어떤 죄명으로 재판받는지와는 상관없다. 살인, 강간 같은 법정형이 높은 범죄부터 집시법 위반으로 벌금 100만 원의 약식명령을 받은 뒤에 정식재판을 청구하는 경우와 같이 법정형이 낮은 범죄에서도 신청이 가능하다. 법정형이 낮은 사건들은 절차가 좀 더 복잡할 뿐이다. '합의부사건'은 중대한 범죄라서 세 명의 판사가 재판하는 사건을 말하는데 사형, 무기 또는 단기 1년 이상의 징역 또는 금고에 해당하는 사건이다. 그 외의 사건은 한 명의 판사가 재판하고 '단독사건'이라고 부른다. 법원에서 온 공판기일통지서와 같은 재판 안내 서류를 보면 내 재판부가 합의부인지 단독인지 적혀 있다.

국민참여재판은 신중을 기하기 위해 무조건 세 명의 판사가 있는 보다 높은 서열의 합의부에서 하도록 되어 있기 때문에 법원 사무 분담상 당신이 단독사건에 대해 국민참여재판을 신청하면 합의부로 올려보내 진행하게 된다. 그렇기 때문에 당신의 사건이 합의부사건이라면 국민참여재판 신청이 가능하다는 안내문이 오고, 판사가 국민참여재판을 할 것이냐고 물어오기도 한다. 반면 단독사건인 경우에는 국민참여재판 안내문이 오지도 않고 당신의 의사를 묻지도 않는다. 알아서 신청해야 함에 주의하자.

여러 명이 기소된 사건에서 공범 중 한 명이 국민참여재판을 원한다면? 법원 판사가 다른 공범들의 의견을 물어서 만장일치로 국민참여재판을 찬성할 때만 가능하다. 당신이 음주운전과 공무집행방해라는 두 죄명으로 재판을 받게 되었는데 국민참여재판을 원하는 사건은 억울한 공무집행방해죄뿐이라면? 국민참여재판으로 가게 되면 음주운전까지 모든 절차를 이 재판으로 해야 한다.

국민참여재판은 대한민국의 영역 안에 있는 모든 사람에게 국적, 주거, 범죄지와 무관하게 적용되기 때문에 내가 외국인이라도 국적, 불법체류 여부와 무관하게 신청할 수 있다.

국민참여재판은 피고인에게만 신청권이 있다. 그래서 당신이 범죄피해자인 경우 가해자인 피고인이 국민참여재판을 원하지 않는다면 이를 받도록 강제할 방법은 아쉽게도 아직 없다. 검사도 국민참여재판 신청권이 없다

재 판 부				확 인

국민참여재판 의사확인서

재판장

사건번호			죄 명	
피 고 인	성 명		구속 여부	☐ 구속　　☐ 불구속
	주 거		연락처	

수령 (고지) 일시	☐ 위 사건의 공소장부본을 20 . . . 에 수령하였습니다. ☐ 위 사건의 공소장변경허가 결정을 20 . . . 에 고지받았습니다.
국민 참여 재판 의사	국민참여재판에 관한 안내를 틀림없이 받았음을 확인합니다. 국민참여재판 여부에 관한 의견은 다음과 같습니다(해당란에 ☑ 표시). ☐ 위 사건을 국민참여재판으로 진행하기를 원합니다. ☐ 위 사건을 국민참여재판으로 진행하기를 원하지 않습니다.
주의 사항	※ 피고인은 공소장 부본을 송달받은 날로부터 7일 이내 참여재판을 원하는지 여부가 기재된 이 서면을 제출하여야 합니다. 다만, 위 기간이 지난 후에도 국민참여재판을 희망할 경우 제1회 공판기일 전에는 이 서면을 제출할 수 있 습니다. ※ 피고인의 의사는 국민참여재판을 하지 않기로 하는 배제결정이 있거나, 지방 법원 지원 합의부가 국민참여재판 회부결정을 하는 경우, 공판준비기일이 종 결되거나 제1회 공판기일(공소장 변경으로 대상사건이 된 경우에는 피고인의 의사가 기재된 서면이 제출된 이후의 첫 공판기일)이 열린 이후에는 종전의 의사를 바꿀 수 없습니다.

20   .   .   .

피 고 인　　　　　　㊞

4) 법원이 당신의 신청을 받아주지 않을 수도 있다

국민참여재판은 신청하더라도 법원의 허가 결정을 받아야 한다. 당신이 재판을 받게 되어 법원에 국민참여재판을 신청했는데 법원이 배제결정하면 국민참여재판을 받을 수 없다. 법원이 배제결정하는 경우는 ① 배심원·예비배심원·배심원 후보자 또는 그 친족의 생명·신체·재산에 대한 침해 또는 침해의 우려가 있어서 출석의 어려움이 있거나 직무를 공정하게 수행하지 못할 염려가 있는 경우 ② 공범 피고인이 국민참여재판을 원하지 않는 경우 ③ 성범죄에서 피해자가 국민참여재판을 원하지 않은 경우 ④ 그 밖에 국민참여재판으로 진행하는 것이 적절하지 않은 경우이다. 국민참여재판은 배심원에게 사건의 내용이 모두 공개된다. 그렇기 때문에 피고인이나 피해자의 명예가 침해될 수 있거나 피해자가 어린아이인데 사건의 충격으로 법정에 나오는 것이 적절하지 않은 경우 법원이 배제결정한다. 피고인이 지역에서 유명한 조직폭력배여서 배심원들이 출석을 거부할 가능성이 있는 경우에도 배제결정할 것이다.

법원은 배제결정을 하기 전에 반드시 검사·피고인 또는 변호인의 의견을 들어야 한다. 국민참여재판은 다수의 배심원에게 의도치 않게 본인의 사건 내용이 노출되는 피해자의 인권 보호와 반드시 조화되어야 하므로 증인 가림막이나 영상증거를 활용하는 등 고민이 필요하다는 점도 잊지 말자.

법원이 국민참여재판 배제결정을 한다면 당신은 어떻게 다툴 수 있을까? 결정을 한 법원 민원실에 즉시항고장을 내어 고등법원에서, 그 후에는 다시 재항고장을 내어 대법원에서 국민참여재판을 할지 말지 판단 받을 수 있다. 각종 신청서는 대부분 민원실에 비치되어 있으니 사건번호를 쓰고 서명만 해서 내면 된다. 즉시항고장은 법원이 배제결정한 그날로부터 단 3일 안에만 신청이 가능하다는 기간 제한이 있다.

5) 국민참여재판이 유리한 경우와 불리한 경우

국민참여재판을 해서 법관재판보다 유리한 경우는 어떤 경우인지 알아보자.

먼저 무죄추정의 원칙과 증거재판주의를 보다 엄격하게 적용할 필요가 있는 재판에 유리할 수 있다. 예를 들어 당신이 망치로 사람을 때려 살인미수죄로 기소되었다고 가정하자. 현장의 CCTV가 멀리 떨어져 있고 흐릿하게 찍혀 검사는 당신이 망치로 피해자의 머리를 맞췄다고 주장한다. 그러나 사실 망치를 휘두르기는 했지만 위협만 했고, 피해자 두피에 난 상처는 망치를 버리고 같이 엉켜 몸싸움할 때 생긴 것이었다. 검사는 당신과 피해자의 사이가 나빠 악감정이 심했다는 주변 사실을 가지고 당신을 망치로 사람의 머리를 친 살인미수범으로 단정하고 있다. 그러나 CCTV를 면밀히 돌려 검토해보면 사실 이렇게도 보이고 저렇게도 보인다. 범죄사건을 많이 접하면서 의심이 많아진 판사도 많은 수의 재판업무에 시달리다 보면 쉽게 '에이, 그 사람이 했겠지'라고 생각할 위험이 있다. 이러한 경우 오히려 배심재판이 유리하다. 온종일 당신의 사건 증거만을 집중해서 살펴보고 여러 명이 토론해서 평결하기 때문에 오류를 줄일 수 있다.

두 번째로는 법 제도가 국민의 상식과 정서를 미처 따라오지 못한 경우다. 이때도 배심재판의 결과가 오히려 유리하다. 예를 들어 장발장사건과 비슷한 절도사건이 발생했다고 치자. 우리의 법 제도는 재벌 총수의 수십억 원 배임죄에는 회사 경영자라는 이유로 관대하면서 작은 도둑에게는 동기가 무엇이건 '왜 법을 위반해?'라며 냉정하다. 너무나 어려운 가정 형편에 병들어 누워 있는 아내의 수술비를 마련하려고 대형마트에서 절도를 한 남자가 있었다. 사실 훔친 물건들을 다 팔아도 아내의 수술비를 마련할 수는 없었지만 그는 너무 절박해서 제대로 된 판단을 하지 못하고 CCTV 바로 앞에서 물건을 훔쳐 달아나려고 했다. 불우하게 자란 그는 젊은 시절에 이미 절도 전과가 여러 번 있었기에 검사는 이 사건을 형량이 높은 상습절도로 기소했다. 대형마트조차도 딱한 사정을 듣고 피해 입은 것도 없으니 처벌을 원하지 않는다고 탄원서를 낸 상황이지만 상습절도죄는 형량 자체가 워낙 높아서 형을 낮출 방법이 없다. 실제로 비슷한 사안에서 배심재판을 통해 배심원들에게 습관적으로 한 상습절도죄가 아니라 가난 때문에 한 단순절도라고 주장한 것이 받아들여져서 죄명을 낮춘 사례가 있었다. 험난한 세상사를 이해해준 나이 지긋한 배심원들 덕분에 그 피고인은 형량을 절반 이상 깎을 수 있었다.

마지막으로 국민참여재판은 하루나 이틀 동안 당신의 재판만을 연달아 진행하기 때문에 집중적으로 심리를 받고 상대적으로 풍부한 방어 기회를 제공하는 장점이 있다. 일반 형사재판은 평균 한 달에 한 번꼴로 기일을 잡아서 여러 차례 재판을 진행하기 때문에 아무래도 재판의 흐름이 끊어지는 단점이 있다. 국민참여재판은 몰아서 재판을 하기 때문에 그러한 진행이 더 유리한 내용의 사건인 경우 추천한다. 피고인 입장에서 국민참여재판이 절차상 일반 형사재판과 가장 다른 점은 나의 재판만을 온종일 진행한다는 점이다. 국민참여재판은 여러 명의 배심원과 함께 집중심리를 하기 때문에 오전 10시에 시작해서 저녁 6시까지 내 사건만을 집중적으로 재판한다. 하루 안에 끝나지 않는다면 그다음 날 또 그다음 날까지 연이어 종일 재판한다. 배심원선정절차를 먼저 2~3시간 정도 진행한 뒤 서류 증거조사, 증인신문, 피고인신문과 선고까지 연이어서 진행하기 때문에 만약 하루 안에 이 모든 절차가 끝날 경우 재판 당일 저녁에 곧바로 선고를 들을 수도 있다는 점이 가장 큰 차이점이다. 온종일 이어지는 심리를 통해 세밀한 판단을 받을 수 있다는 것도 장점이다. 일반 재판은 2~4주에 1회씩 공판기일을 여러 번 나누어 진행한다.

국민참여재판을 한다고 해서 다 유리한 것은 아니다. 불리한 경우도 있다. 잔인한 강력범죄나 국민들이 혐오하는 마약 사건의 경우이다. 또 만약 당신이 자신의 범행을 다 인정하고 자백하면서도 별다른 이유 없이 내 형량만 좀 낮춰달라는 이유로 국민참여재판을 신청한다면 배심원들은 오히려 괘씸죄로 당신의 형을 판사가 정하는 형보다 더 올릴 것이다. 무죄가 나거나 낮은 형이 나올 수도 있지만 자칫하다가는 법관재판 때보다 형이 더 올라갈 수도 있다. 또한 당신의 사건이 복잡한 사기사건이라면 사건 내용을 정해진 시간 안에 배심원들에게 잘 전달하지 못해서 불리할 수도 있다. 막연히 '나의 억울함을 국민은 알아주겠지' 하는 식의 기대는 금물이다. 증거를 잘 살펴보고 전략적으로 접근할 필요가 있다.

또 한 가지 중요한 요령은 배심원은 내가 재판받을 법원이 관할하는 그 지역 주민들로 구성된다는 점을 늘 생각하는 것이다. 당신의 사건이 선거법 위반이거나 언론에 많이 나왔던 정치적인 사건이라면 그 사건에 대한 그 동네 분위기를 잘 살펴보는 것이 기본이다. 내 법원이 어느 지역을 관할하는지는 대법원 홈페이지의 각급법원 홈페이지에 들어가 보면 정확하게 알 수 있다. 예를 들면 서울중앙지방법원은 서울특별시 종로구, 중구, 강남구, 서초구, 관악구, 동작구를 관할한다. 그 구에 사는 주민 중 무작위로 추첨한 사람들이 나의 배심원이 되는 것이다.

6) 배심원들의 결정을 참고하나 결론은 판사가 정한다

국민참여재판 결과 배심원들은 유무죄를 결정하거나 얼마의 형량이 적절한지 의견을 결정해서 판사에게 제출하는데, 이 의견이 판사에게 강제력을 갖지는 않는다. 권고일 뿐이다. 따라서 배심원들의 결정과 판사의 선고가 다를 수도 있다.

결국 선고는 판사가 한다는 점을 생각하자. 배심재판을 하더라도 판사를 같이 설득해야 한다. 국민 정서에는 호소할 수 있는 사건이지만 냉정히 말해 법적으로는 승산이 없다면 배심재판을 해도 이길 가능성이 없다. 최종 결정권자는 판사이기 때문이다. 당신은 판사를 설득할 법적인 명분을 같이 제공해야 한다.

그렇지만 실제 재판에서 배심원들의 결정과 판사의 판결이 아주 다른 경우는 많지 않다. 특히 우리 대법원은 아예 판례를 만들어서 "1심 국민참여재판에서 배심원 만장일치로 무죄가 선고된 경우에는 2심에서 새로운 증거가 나오지 않는 이상 판사는 무죄를 뒤집을 수는 없다"라고 선언했다(대법원 2010. 3. 25. 선고 2009도14065 판결).

검찰이 당신의 사건을 기소했다. 그 뒤 법원에서는 당신이 수사받을 때 수사기관에 등록한 주소로 재판안내문과 공소장을 보낸다. 당신의 사건이 중한 합의부 관할 사건이라면 국민참여재판을 원하는지 여부에 관한 의사를 내라는 신청서를 필수적으로 같이 동봉해서 보내온다. 그 이하의 단독사건이라면 규정상 아래의 안내서는 오지 않지만, 안내서를 받지 않아도 신청할 수 있다.

국민참여재판 안내서

국민참여재판은 「국민의 형사재판 참여에 관한 법률」에 따라 배심원이 참여하는 형사재판절차를 말합니다. 국민참여재판도 일반 형사재판절차에 따라 진행되지만, 배심원이 공판에 참여하여 증거를 조사한 후 유무죄 평결을 하는 것이 특징입니다.

> 피고인이 국민참여재판을 희망하는 경우에는 **공소장 부본을 송달**(공소장변경 허가결정을 고지)받은 날로부터 **7일 이내에 별지로 첨부된 국민참여재판 의사확인서에 희망 의사를 기재하여 법원에 제출**해야 합니다. 다만, 7일이 지난 이후에도 국민참여재판을 희망할 경우에는 **제1회 공판기일 전까지** 의사확인서를 제출할 수 있습니다.

1. 지방법원 지원에 공소가 제기된 피고인이 국민참여재판을 원하는 경우에는 지원 합의부가 배제결정하지 않는 한 사건이 지방법원 본원 합의부로 이송되어 재판이 진행됩니다.

---

2. 지방법원 관할구역 내에 거주하는 만 20세 이상 국민 중에서 배심원 후보자를 무작위로 추출하여 선정기일을 통지합니다. 판사, 검사, 변호인은 선정기일에 출석한 배심원에게 질문한 후 선정합니다. 피고인은 재판장의 허가를 받아 선정기일에 출석할 수 있습니다.

3. 배심원은 변론종결 후 유무죄에 관한 평의를 진행한 후 평결합니다. 유무죄 평결은 만장일치를 원칙으로 하되, 만장일치가 이루어지지 않은 경우에는 판사의 의견을 들은 후 다수결로 평결합니다. 평결이 유죄인 경우 배심원은 판사와 함께 양형을 토의하고 의견을 개진합니다.

4. 법원은 배심원의 유무죄 평결 및 양형의견을 참고하여 판결을 선고합니다. 만약 법원이 평결과 다른 판결을 선고할 때에는 법정에서 피고인에게 이유를 설명하고 판결서에 이유를 기재합니다.

○○ 지방법원

여기서 굉장히 주의할 점은 1심 재판의 제1회 첫 재판 기일 전에만 신청할 수 있다는 것이다. 일단 재판이 열려 버리면 신청을 받아주지 않는다. 국민참여재판으로 지정되면 일반 재판과 완전히 다른 절차로 진행되기 때문에 미리 신청하라는 것이다. 예를 들어 당신은 공소장을 1월 1일에 집으로 우편 송달 받았다. 그 후 법원에서는 제1회 재판을 2월 1일 오전 10시에 열겠다고 공판기일통지서를 보냈다. 이 경우 당신은 국민참여재판신청서를 1월 31일까지 법원에 내야 한다. 아니면 공판기일이 열리기 전인 2월 1일 오전 10시에 법정에서 판사가 "자,

이제 피고인 ○○○에 대한 사건번호 ○○호 재판을 진행하겠습니다. 앞으로 나오세요"라고 안내 멘트를 할 때 곧바로 "저는 국민참여재판을 신청합니다"라고 말해 재판이 시작되기 전에 구두로 신청해야 한다. 재판의 시작은 "피고인의 이름이 ○○○가 맞습니까? 공소사실은 ○○○입니다"라고 말하는 인정신문, 공소사실이 진술될 때를 시작으로 보기 때문이다. 당신이 국민참여재판을 신청하면 재판은 곧바로 중지되고 국민참여재판을 허가할 것인지를 검토하는 재판으로 변경된다.

신청 후의 절차

1) 국민참여재판 준비기일

국민참여재판은 며칠 만에 집중적으로 끝내야 하므로 공판준비절차라는 것이 있다. 정식재판일이 아닌 준비기일이라는 것을 한 달에 한 번 정도로 여러 번 열어서 판사, 검사, 피고인, 변호인이 증인은 몇 명을 신청할 것이며 배심원들에게 증거는 어떻게 제시할 것인지 미리 협의한다. 국립과학수사연구원에 증거인 칼에 대한 사실조회나 병원의 진료내용에 대한 사실조회 같은 것도 준비기일에 미리미리 신청해서 결과를 다 받아둔다. 국민참여재판을 하루 이틀에 끝내려면 모든 증거가 미리 준비되어야 해서다.

이런 이유로 판사, 검사와 사전의 준비기일에서 협의되지 않은 증거를 국민참여재판 당일에 제시하는 경우는 매우 드문 일이기에 재판부가 증거채택을 거절할 가능성이 높다는 점을 유의해야 한다. 모두 미리 제출해야 한다.

2) 시청각 자료를 잘 활용한다

국민참여재판에서는 판사 한 명이 서류를 보는 것이 아니다. 영화에서 흔히 보듯이 큰 화면에 서류를 띄워서 다 같이 읽어본다. 검사나 변호인도 자신들의 주장을 배심원에게 설명할 때 프레젠테이션을 사용해서 설명한다.

피고인의 주장

과잉정당방위 내지 폭처법상 상해

피해자가 병을 깨서 공격하기에 방어하기 위하여 칼로 대응 중 불가피하게 상해

→ 살인의 고의부정

• 프레젠테이션 예시

3) 법정 모습도 다르다

재판정 한 면에는 합창단석처럼 생긴 배심원단석이 따로 마련되어서 다섯~아홉 명의 배심원이 재판 내내 앉아서 지켜

본다. 배심원들이 궁금한 점이 있을 경우에는 재판장 판사에게 메모지로 증인이나 피고인에게 신문할 사항을 적어내면 판사가 대신 질문한다. 배심원은 눈과 귀는 있되 입은 없는 셈이다. 누구든지 배심원을 매수해서는 안 되고 위협이나 청탁할 경우 형사처벌된다. 배심원들은 재판에 대해 알게 된 사항에 대해 비밀유지 의무가 있다.

국민참여재판은 오전에 배심원선정절차를 먼저 진행하고, 오후부터 재판절차를 진행하는 것이 일반적이다.

배심원 활용법

1) 배심원은 누구일까

배심원이란 국민참여재판법에 따라 형사재판에 참여하도록 선정된 사람이다. 파산선고를 받고 복권되지 않았거나 최근 형사처벌을 받은 사람, 직업에 따른 제외 사유로 국회의원, 법조인, 경찰공무원 등은 배심원을 할 수 없다. 다른 배심원들의 의사를 부당하게 장악해버릴 수 있기 때문이다.

배심원선정절차는 여러 단계를 거친다. 정부는 매년 지방법원장에게 '배심원후보예정자명부'를 보낸다. 그 법원의 관할구역 내 거주하는 만 20세 이상 국민 중 무작위로 추출한 2,000명에서 1만여 명의 명부이다. 국민참여재판이 잡히면 지방법원장은 명부 속 예정자 중에서 무작위로 200~300명을 선정하여 선정 및 출석 요청 고지서를 보낸다. 이 후보자 중 국민참여재판 당일에 출석한 보통 50여 명 내외의 주민에게 번호표를 준 뒤 법원 공무원이 현장에서 무작위 추첨으로 배심원 후보자를 선정한다. 출석한 모든 배심원 후보자들에게는 일정한 차비나 수당이 지급된다. 한 번 배심원을 한 경우 일정 기간 배심원 출석 의무가 면제되고, 이번에 출석 고지서를 받았더라도 회사일 등으로 못 나간다는 사유서를 내면 이번 재판에서는 면제되고 나중에 언젠가 다시 추첨받게 된다. 사법 주권 행사를 직접 해볼 수 있는 귀한 경험이니 선정된다면 꼭 참여해보자.

2) 배심원 선정 방법

배심원 수는 중범죄에는 아홉 명이 선정된다. 보통은 일곱 명이며, 자백하는 사건이면 다섯 명도 가능하다. 배심원이 갑자기 아픈 경우 등을 대비해 한 명 정도 예비 배심원을 더 뽑는 것이 일반적이다.

20세 이상의 그 지역 주민이면 누구나 추첨으로 배심원 자격을 얻기 때문에 실제 재판에서는 가정주부, 학생, 자영업자, 회사원, 노인 등 다양한 연령과 직업, 성별을 가진 주민들이 배심원이 된다. 만약 내 사건의 배심원이 일곱 명이라고 가정한다면 네 명이 나에게 우호적인 성향의 주민이라면 다수결로 이길 가능성이 매우 높다. 재판 날 출석한 배심원 후보자 중에서 일곱 명의 배심원을 선정할 때 내 의견을 반영하는 것이 승리를 위한 첫걸음이다.

배심원선정절차는 매우 중요한 부분이기 때문에 철저한 준비가 필요하다. 배심원 선정이 승패의 관건이라 해도 과언이 아니다. 국민참여재판 실시 며칠 전에 법원은 변호인과 검사에게 명부와 후보자들이 스스로 적은 이름, 나이, 성별, 가족관계, 직업, 전과유무, 범죄피해유무, 가족 중 경찰 법조인의 존재 등을 적은 질문표를 전해준다. 재판 전에 명부와 질문표를 검토하고 반드시 배제할 배심원, 반드시 선정할 배심원, 보류할 배심원 등으로 미리 나누어 두는 것이 좋다.

후보자를 뽑으면 법원, 검사, 변호사는 배심원결격사유 해당 여부와 불공평한 판단을 할 우려가 있는지 등을 판단하기 위하여 후보자에게 질문한다. 예를 들어 채팅 사이트에서 만난 친구에게 문신을 보여주며 돈을 빼앗았다는 공갈혐의재판이 있다고 가정해보자. 후보자들은 O, X와 주관식이 섞인 질문을 받는다. 범죄에 대한 기본적인 인식, 타인이 처한 환경에 대한 공감 정도, 질문표에 누락된 부분이 있는지, 답변 태도에서 보이는 자기주장의 강도 등을 보는 것이다.

배심원 후보자 질문사항 (2017 고합 ○○○ 피고인 ○○○)

1. 형사재판의 원칙 중 두 가지 대립되는 견해가 있습니다. 열 명의 범죄자를 풀어주더라도 한 명의 억울한 사람을 만들어서는 안 된다는 견해와 한 명의 억울한 사람이 생기더라도 반드시 범인을 처벌해야 한다는 것입니다. 어느 쪽이 우리 사회에 바람직한 원칙이라고 생각하십니까? 돌아가면서 의견을 말씀해주세요.

2. 본인 또는 친척이나 친구가 폭력을 당한 경험이 있으신 분 계신가요?
   있다 - 비우호 없다 - 우호

3. 요즘 보도되는 인터넷을 이용한 범죄 중에는 폭력을 당한 것이 아닌데도 악감정을 가지고 일부러 허위신고를 하는 경우도 있다고 하는데요. 반면에 피해신고를 할 정도면 그 말은 상당히 신뢰할 수 있다는 입장도 있습니다. 실제로 허위폭력신고가 있을 수 있다고 생각하시나요? 돌아가면서 의견을 말씀해주세요.

4. 인터넷 채팅을 해본 일이 있으신가요?
   있다 - 우호 없다 - 비우호

5. ○○이라는 채팅 사이트를 아시는 분 계신가요?
   안다 - 우호 모른다 - 비우호

6. 자녀가 있는데 질문표에 적지 않은 분이 계신가요? 자녀의 나이대가 어떻게 되나요?
   있다 - 비우호 없다 - 우호

7. 요즘 젊은이들 사이에서는 타투라고 해서 문신하는 것이 유행인데요. 타투에 대해 어떻게 생각하시는지 돌아가면서 의견을 말씀해주세요.

배심원 후보자에 대한 질문은 판사, 검사, 변호인이 모두 돌아가며 할 수 있다.

3) 배심원을 기피하자

질문이 모두 끝나면 당신은 당신의 질문에 대한 배심원 후보자들의 답변과 미리 분류해둔 배심원 후보 예정자들의 기본정보 질문표 분석을 종합해서 그중 문제가 있는 배심원 후보자에 대해 기피권을 행사할 수 있다. 당신에 대해 지나치게 선입견이 있는 것으로 보이는 배심원 후보자라거나, 너무 나이가 많아 재판을 끝까지 집중하여 심리해줄 수 없을 것 같은 배심원 후보자라는 이유를 들어 판사에게 배심원 기피신청을 하는 것이다. 판사가 기피신청을 받아들이면 그 후보는 배심원 불선정 결정을 받고 방청석으로 돌아간다.

그 뒤 재판참여관이 다시 방청석에 있는 배심원 후보 예정자를 추가로 무작위 추첨하여 배심원 후보자석에 앉게 하고 다시 질문과 기피권 신청을 반복한다. 일곱 명의 배심원을 다 뽑으면 배심원선정절차가 끝난다. 남은 후보 예정자들은 집으로 돌아가고, 본격적인 재판이 시작된다.

배심재판의 진행 방법

배심원선정절차 후에는, 「형사소송법」에 따라 모두진술－증인신문－서증조사－(검증 등 기타 증거조사)－피고인신문－구형과 최후변론－피고인 최후진술 순으로 보통의 형사절차와 동일하게 진행된다.

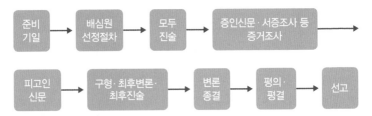

1) 배심원에게 프레젠테이션하는 법

재판이 시작되면 모두절차에서 검사가 먼저 공소사실이 무엇이고 적용되는 법조문이 어떤 것인지, 그 결과 피고인에게 주어져야 하는 형량에 대해 배심원과 판사에게 설명하며 자신의 주장을 편다. 뒤이어 변호인은 검찰의 기소 내용에 대한 피고인의 입장과 그 입장의 주된 이유가 무엇인지 프레젠테이션한다. 이때 충분한 의심을 심어줄 수 있도록 전체 주장의 요지를 단순명료하고 강하게 전달해야 하는 것이 기본이다. 그래서

입증계획

▸ 박OO 증인신문
▸ 김OO(검찰증인) 반대신문
▸ 요리용 칼에 의한 과실 증명
▸ 지형사진

▪ 프레젠테이션 예시

변호인은 모든 프레젠테이션에서 법적용어보다는 일상용어를
사용해 쉽게 설명하려고 노력한다.

2) 배심재판의 증거조사 방법

증인신문은 보통의 형사절차와 같지만 배심원들이 이해하
기 쉬운 언어로 자세히 신문하는 것이 좋다. 서류로 된 증거들
은 증거기록을 검사가 한 장씩 넘기며 실물화상기(서류를 대형 화
면에 보여주는 기계)로 확대하여 배심원들에게 보여준다. 변호인도
자신이 제출한 서류 증거들과 탄원서 같은 참고자료를 실물화
상기로 보여준다.

마지막으로 피고인의 직접 육성을 들려주는 피고인신문은
배심원들에게 미치는 영향이 크다. 태도, 답변 내용, 용어 선택
에 대해 미리 전략을 짜고 변호인과 같이 연습하는 것이 좋다.
실제로 공무집행방해죄사건에서 피고인이 거만한 태도로 뒤로
기대어 앉아 검사의 피고인신문에 대해 말싸움까지 한 재판이
있었는데, 유죄가 선고되었을 뿐만 아니라 배심원들의 평의 결
과와 형량도 일반 법관재판보다 더 높았다고 한다.

모든 증거에 대한 조사를 마치면 검사는 최종적으로 증거
를 요약해서 설명하고 피고인에게 어떠한 형을 선고해달라는
내용의 구형을 한다. 변호인은 이제까지 증거에서 알 수 있는
점과 피고인의 주장 요지, 피고인이 처한 상황 등에 대해 최후

변론을 편다.

당신도 최후진술을 하게 된다. 배심원들과 판사에게 진술하고 인상 깊은 모습을 보이도록 변호인과 미리 상의해 할 말을 준비하자.

국민참여재판 평의와 선고

1) 배심원 평의 방법

드디어 변론절차가 모두 끝났다. 이제 배심원단은 밀실인 평의실로 들어가서 그들끼리 평의를 진행한다. 먼저 유무죄에 관하여 평의 즉 토론하고, 전원의 의견이 일치하면 그에 따라 평결을 내리고 이를 적어 재판부에 전달한다. 배심원 과반수가 동의하면 판사를 불러 의견을 들을 수 있고 증거도 가져다볼 수 있다. 결국 판사의 의견이 많은 영향을 미칠 것이라는 점을 짐작할 수 있을 것이다. 재판 과정에서 법적인 다툼을 잘 벌여 판사도 설득해야 함을 잊지 말아야 한다.

만장일치여야 배심원끼리 유죄인지 무죄인지에 대한 평결을 내릴 수 있다. 만약 유무죄에 관하여 전원의 의견이 일치하지 않으면, 반드시 판사의 설명을 다시 한 번 들은 뒤 배심원끼리 다수결로 유무죄 평결을 내린다.

- 배심원의 평의 방식

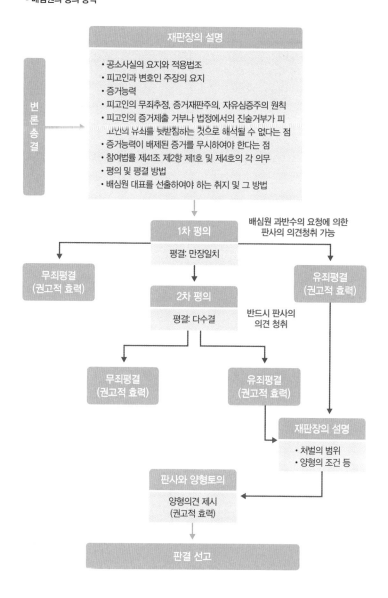

변론 종결

재판장의 설명

- 공소사실의 요지와 적용법조
- 피고인과 변호인 주장의 요지
- 증거능력
- 피고인의 무죄추정, 증거재판주의, 자유심증주의 원칙
- 피고인의 증거제출 거부나 법정에서의 진술거부가 피고인의 유죄를 뒷받침하는 것으로 해석될 수 없다는 점
- 증거능력이 배제된 증거를 무시하여야 한다는 점
- 참여법률 제41조 제2항 제1호 및 제4호의 각 의무
- 평의 및 평결 방법
- 배심원 대표를 선출하여야 하는 취지 및 그 방법

1차 평의

평결: 만장일치

배심원 과반수의 요청에 의한
판사의 의견청취 기능

무죄평결
(권고적 효력)

유죄평결
(권고적 효력)

2차 평의

평결: 다수결

반드시 판사의
의견 청취

무죄평결
(권고적 효력)

유죄평결
(권고적 효력)

재판장의 섬명

- 처벌의 범위
- 양형의 조건 등

판사와 양형토의

양형의견 제시
(권고적 효력)

판결 선고

배심원들이 당신에 대해 불행히도 유죄라는 평결을 내렸다. 이제부터 배심원들은 판사와 함께 어느 정도의 형량이 적정한지 당신의 양형에 관하여 토의한다. 결론을 내리면 평결서를 적는다.

양식

평결서

사건번호 2000고합 ○○
피 고 인 ○○○

이 사건의 배심원들은 다음과 같이 평결합니다.

다 음

죄명 및 적용법조

- 피고인은 20○○년 ○월 ○○에서 피해자 ○○의 금전 100만 원을 절취함
- 절도 형법 제329조

평결

유죄 - ○○명
무죄 - ○○명

양형에 관한 의견

징역6월: 배심원 5명
벌금 900만 원: 배심원 2명

20○○. ○. ○○.
배심원○ 번○○○(서명)
배심원○ 번○○○(서명)
배심원○ 번○○○(서명)
배심원○ 번○○○(서명)
배심원○ 번○○○(서명)
배심원○ 번○○○(서명)
배심원○ 번○○○(서명)

○○ 지방법원 귀중 ○○ 지방법원

2) 드디어 판결 선고

이 평의절차는 짧으면 한두 시간, 길게는 종일 이어진다. 평결 결과를 전달받은 재판부는 판결문을 쓰고 법정에 피고인, 변호인, 검사, 배심원들을 출석시킨 뒤 선고한다. 아쉽게도「국민참여재판법」에 의해 배심원의 평결과 양형의견은 법원을 기속하지 않는다. 권고의 효력만 있기 때문에 참고할 뿐이다.

국민참여재판 이후

1) 당연히 항소할 수 있다

1심판결에 대해 다른 재판과 마찬가지로「형사소송법」에 따라 7일 이내 항소 가능하다. 2심부터는 일반 재판으로 진행되고 동일하다.

배심원의 유무죄 평결과 양형의견은 항소심인 2심이나 대법원 판사도 권고로서 참고하게 된다. 그래서 1심 배심재판의 결정과 다른 결정을 2심에서 내릴 수도 있다. 우리 대법원은 1심 국민참여재판에서 배심원 만장일치로 무죄가 선고된 경우에는 2심에서 새로운 증거가 나오지 않는 이상 무죄를 뒤집을 수는 없다는 입장이다. 그렇지만 만장일치가 아닌 경우 유죄로 뒤집을 수 있고, 만장일치인 경우에도 형량은 올라갈 수 있다. 누가 항소했느냐, 2심 변론을 어떻게 하느냐에 따라 형량이 더 올라갈 수도 내려갈 수도 있다는 것은 당연하다. 국민참여재판에서 법조인보다 현명한 솔로몬 같은 판결이 내려지는 경우도 많기 때문에 이를 잘 활용해보자.

2.
약식절차

약식절차란?

약식절차란 지방법원이 그 관할에 속한 사건에 대하여 검사의 청구가 있는 때에 공판절차 없이 약식명령으로 피고인을 벌금, 과료 또는 몰수에 처할 수 있는 재판을 말한다. 검사가 당신의 행동은 징역형보다는 벌금형 정도를 내리는 것이 좋겠다고 생각할 경우 기소하는 동시에 벌금형에 처해달라는 뜻의 약식명령을 같이 청구할 수 있는데, 이를 '약식기소'라고 한다. 정식으로 재판을 하더라도 어차피 벌금이 나올 것으로 보이는 간단한 사건에서 검사의 판단으로 약식기소가 이루어진다.

법원은 검사가 벌금을 선고해달라고 기소하면, 정식으로 재판을 열지 않고 판사가 당신이 경찰서와 검찰에서 수사받은 서류 중 검사가 추려서 제출한 증거기록만 보고 재판을 선고한다. 법원은 약식명령서에 당신의 범죄사실, 적용법령, 어떤 벌금형에 처하는 내용인지, 7일 이내에 정식재판을 청구할 수 있다는 내용을 적어서 보낸다.

약식명령을 받았다면

1) 7일 이내 정식재판 청구 가능

약식절차에서 주의할 점은 약식명령이 내려졌음을 통지받은 날로부터 7일이 지나면 더 이상 불복할 수가 없고 재판을 열어 선고한 것과 똑같이 더 이상 다툴 수 없다는 것이다. 당신에게 벌금형 전과가 생긴다는 것이다. 그래서 약식명령이라고 해서 '돈만 내면 되겠지' 하고 쉽게 봐서는 안 되고 벌금형 전과가 생겼을 경우 내게 생길 수 있는 문제점을 잘 따져봐야 한다. 예를 들어 말싸움을 하다가 서로 욕설을 했는데, 상대방이 당신을 모욕죄로 고소해서 검사가 벌금 50만 원으로 약식기소를 했다. 당신은 별생각 없이 벌금을 냈고 끝났다고 생각했는데 6개월 뒤에 상대방이 모욕 행위로 인한 정신적 손해배상을 하라며 300만 원의 손해배상을 청구해왔다. 아차 싶어 당신도 욕설을 들은 피해에 대해 모욕죄로 고소하려 했다. 하지만 친고죄인 모욕죄의 고소 기간은 6개월이기 때문에 더 이상 고소가 불가능하다. 한쪽은 형사판결이 있고 한쪽은 없는 상태에서 민사소송을 진행하게 되면 당신이 불리한 것은 불 보듯 뻔하다. 이럴 바엔 약식명령을 받았을 때 아예 정식재판을 청구하고 법정에서 시시비비를 가려 사실은 서로 욕설을 했다는 점을 밝혀 합의를 유도하고 결론을 명확하게 내는 것이 좋았을 것이다.

특히 당신이 금융회사 직원이거나 교직원, 공무원과 같이 형사 전과가 해고나 징계의 불이익을 줄 위험이 있는 직종에 종사한다면 벌금 전과라고 그냥 받아들이지 말고 정식재판을 받아서 다툴 필요가 있다. 판사가 전후 사정을 살펴서 선고를 하지 않는 선고유예라는 재판도 있기 때문에 유죄를 인정한다고 해서 그대로 다 벌금형이 나오는 것도 아니다. 당신이 자영업자라고 해도 무죄를 다투거나 벌금 액수가 다른 사람에 비해 너무 많을 경우, 약식재판을 해서는 법관에게 어필할 기회조차 갖지 못하고 끝나기 때문에 오히려 불리하다. 정식재판으로 가자.

결국 약식명령도 형사재판이라는 것을 잊지 말고, 혹시 생길 수 있는 경우의 수에 대해 변호사 상담을 받는 것이 좋다. 정식재판을 청구하고 싶다면 법원 민원실에 비치된 정식재판청구서에 서명해서 민원실에 접수하고 돌아오면, 한두 달 뒤에 재판 날짜가 적힌 정식 공소장을 받게 될 것이다. 각종 재판에 필요한 양식 중 대표적인 것은 대법원 홈페이지의 전자민원센터(http://help.scourt.go.kr/nm/main/index.html)에 들어가면 다운받을 수 있다.

정 식 재 판 청 구 서

		공판절차	
		사건번호	
		재판부	

<table>
<tr><td rowspan="2">사건</td><td>20　　고약　　　　　　(죄명)

＊우측 음영부분은 기재하지 마십시오.</td></tr>
</table>

20　　　　：
공판기일 통지서 및
국선변호인선정고지를
각 받았음
20　．　．　．
영　　수　　인
㊞

피고인	성명 : 송달가능한 주소 : 전화번호 :　　　　　　휴대전화: 이메일 주소:
약식명령	벌금(　　　　　)만 원의 약식명령을　20　．　．　． 수령하였습니다.
신청이유	위 약식명령에 대하여 아래와 같은 이유로 정식재판을 청구합니다. (해당란에 ∨ 표시) ☐ 벌금액수가 너무 많다. ☐ 공소사실을 인정할 수 없다. ☐ 기타 [구체적 내용과 이유 및 기타 특별한 사정이나 재판에서 참작해 주기를 바라는 사항(분량이 많으면 별지 사용 가능)]
관련사건	☐ 없음 ☐ 있음[계류중인 기관(경찰, 검찰, 법원명) :　　　　　사건번호:　　　　　] ※ 관련사건은 피고인에 대한 본건 이외의 관련 형사사건, 피해자와 사이에 손해배상 청구 등 민사사건, 공소사실과 관련된 인·허가처분의 취소등을 구하는 행정사건을 말함.
접수인	20　．　．　． 　　　　청구인　　　　　　날인 또는 서명(피고인과의 관계:　　)

2) 무죄를 주장한다면

당신은 이 사건에서 무죄를 주장하고 있다. 그런데 약식명령을 받았다면 어떻게 해야 할까. 무조건 약식명령장을 받은 날로부터 7일 이내에 법원에 정식재판청구서를 내야 한다. 약식명령이 있었더라도 법원은 정식으로 재판 날짜를 정해서 다시 통지한다. 재판 날에 출석해서 입장을 밝히면 된다.

3) 벌금 액수를 깎고 싶다면

당신이 만약 범죄사실은 인정하지만 벌금 액수가 너무 많다고 생각한다면 어떻게 해야 할까. 역시 벌금을 감액받기 위해 정식재판청구서를 내 정식재판으로 갈 수 있다.

그렇지만 이 경우에는 오히려 벌금형이 올라갈 위험이 있다는 점을 잘 생각해봐야 한다. 약식명령에 불복해 정식재판을 청구한 사건에 대해 법원은 벌금형을 징역형으로 아예 형의 종류를 바꾸지는 못하지만 벌금형의 범위 안에서라면 벌금 액수를 오히려 올릴 수도 있도록 2017년에 「형사소송법」 제457조의2가 개정되었기 때문이다.

⚖️ **쫄지 마 법전 「형사소송법」 제457조의2(형종 상향의 금지 등)**

① 피고인이 정식재판을 청구한 사건에 대하여는 약식명령의 형보다 중한

종류의 형을 선고하지 못한다.

② 피고인이 정식재판을 청구한 사건에 대하여 약식명령의 형보다 중한 형을 선고하는 경우에는 판결서에 양형의 이유를 적어야 한다. (전문개정 2017.12.19)

벌금 액수를 깎으려는 생각으로 정식재판을 청구한다면, 벌금이 깎일 만한 사유가 당신에게 있는지를 판단해본 뒤에 하도록 하자. 이러한 사유를 '양형 요소'라고 한다. 당신이 기소된 범죄의 이름을 대법원 양형위원회 홈페이지(http://sc.scourt.go.kr/sc/krsc/main/Main.work)에 들어가서 찾아보면 범죄별 양형 요소가 공개되어 있다. 유리한 양형 요소는 초범, 합의, 부양가족, 벌금이 과도한 고통을 수반하는 경우, 반성, 고려할만한 동기 등이다.

4) 판사에 의한 정식재판 실시

당신이 약식명령에 대해 불복하지 않았는데도 정식재판이 열리는 경우가 있다. 판사가 검사의 약식기소를 읽어본 뒤 당신의 사건은 약식명령으로 하는 것이 적당하지 않다고 생각하면 판사 권한으로 공판절차를 연다. 무죄를 다투고 있다고 생각되거나 검사가 정해서 기소한 벌금 액수가 너무 적거나 많은 경우이다.

약식 기소 재판의 장점과 단점

약식명령은 당신이 법정에 출석하지 않아도 된다는 점이 가장 큰 장점이다. 재판이 빨리 끝나고 벌금만 내면 괴로운 형사절차에서 벗어날 수 있다. 그러나 약식명령 벌금도 엄연히 벌금 전과라는 점을 명심하자. 검사가 작성한 증거만을 보고 판사가 판단한다는 점도 불리한 점이다.

약식명령의 효력

약식명령을 받은 뒤 7일간의 정식재판 신청 기간이 지날 때까지 정식재판청구를 하지 않으면 약식명령 결과는 그대로 확정된다. 벌금을 내라는 통지서가 검찰로부터 오게 된다. 벌금액을 지정 장소에 납부하면 끝이다.

7일간의 정식재판 신청 기간을 놓쳤다면?

약식명령을 잘 받았는데도 7일간 정식재판을 청구하지 않았다면 안타깝지만 다툴 방법이 없다. 그렇지만 내 주소지로 약식명령이 오지 않고 공시송달 방식으로 재판이 진행된 것을 당신이 나중에 알게 된 경우와 같이 자신이 책임질 수 없는 사유로 정식재판청구 기간이 지난 경우에는 1심 법원에 정식재판청구권 회복청구를 할 수 있다(「형사소송법」 제346조, 제458조). 이때 왜 정식재판 청구를 못 했는지 이유를 같이 적어내야 한다.

3.
즉결심판

즉결심판이란 무엇일까

즉결심판은 경미한 형사사건을 정식재판을 거치지 않고 신속하게 처리하는 것이다. 특히 20만 원 이하의 벌금, 구류, 과료에 해당하는 경미한 사건이나 교통범죄로 인해 범칙금 통고처분을 받았으나 이를 납부하지 않은 사건에 대해 경찰서장이 법원에 직접 청구하는 방식으로 진행된다. 경찰서장이 즉결심판을 청구할 때는 법원에 즉결심판청구서를 제출하는데 이 청구서에는 피고인인 당신의 이름, 죄명, 범죄사실과 적용법조를 기재하게 된다. 예를 들면 이유 없이 소란하게 하거나 거리에서 소변을 보는 것처럼 혐오감을 주는 행위를 하는 경우 「경범죄처벌법」에서 10만 원 이하의 벌금, 구류, 과료로 처벌할 수 있어 즉결심판 대상이 된다. 즉결심판청구는 경찰서장이 법원에 청구하는 것이고 검사가 청구하지 않는 재판이다.

즉결심판은 어떻게 진행될까

즉결심판일에는 꼭 출석해야 할까? 납부할 범칙금의 1.5배액을 예납하고 불출석심판청구서를 제출하여 법원의 허가를 받으면 출석하지 않아도 된다. 즉결심판 날짜에 당신이 출석한 경우 판사는 당신에게 피고사건의 내용과 「형사소송법」 제283조의2에 규정된 진술거부권이 있음을 알리고 변명할 기회를 주게 된다. 판사는 필요하다고 인정할 때에는 적당한 방법에 의하여 증거를 조사할 수 있다.

물론 즉결심판이라 해도 변호인을 선임할 수 있고 변호인은 기일에 출석하여 제2항의 증거조사에 참여할 수 있으며 의견을 진술할 수 있다. 당신의 진술을 듣고 난 뒤 판사는 즉시 당신에 대한 형량을 심판한다. 이때 당신의 이야기를 들은 판사가 즉결심판해서 형량을 정하기에는 사건이 복잡하거나 무죄라는 의심이 든다면 즉결심판 청구를 기각 결정한다. 이 경우 사건은 검찰청으로 넘어가게 되고 정식으로 다시 형사절차가 진행된다.

더 자세한 사항을 알고 싶다면 인디넷 종합법률정보 사이트(https://glaw.scourt.go.kr/wsjo/intesrch/sjo022.do)에 들어가서 즉결심판에 관한 절차법을 검색해서 읽어보자.

정식재판을 받고 싶다면

즉결심판은 간이한 절차로 진행하는 재판이다. 그럼에도 이 즉결심판 결과는 정식재판의 청구 기간이 지나고 나면 일반 확정판결과 동일한 효력이 생긴다. 즉 당신은 즉결심판에서 선고받은 그대로 형사 전과가 생기게 된다는 점을 명심하자.

만약 당신이 무죄를 주장하고 싶다거나 즉결심판받은 형을 그대로 이행하는 것에 억울한 사정이 있다면 즉결심판의 선고·고지를 받은 날부터 7일 이내에 정식재판청구서를 경찰서장에게 제출하면 된다. 청구서를 받은 경찰서장은 지체 없이 판사에게 청구사실을 알린다. 그러면 즉결심판결과는 즉시 효과가 사라질 뿐만 아니라 당신의 사건은 일반 형사재판절차로 넘어가서 정식 형사재판으로 진행되게 된다.

Q&A

Q. 국민참여재판의 배심원은 누가 되나?

A. 당신의 재판을 하게 되는 법원의 관할 안에 사는 주민 중 성인 누구나 무작위로 추첨된다. 예를 들어 서울서부지검에서 조사를 받은 당신이 국민참여재판을 받게 된다면 재판 관할권은 서울서부지방법원에 있는 것이다. 서울서부지방법원의 관할지역은 서울 은평구, 용산구, 마포구이므로 세 구에 사는 성인 누구나 추첨 대상이다.

Q. 국민참여재판을 신청할 수 있는 재판은 무엇인가?

A. 1심 형사재판 전부이다.

Q. 국민참여재판을 받고 싶은데 변호인이 없어서 곤란한 경우에는 어떻게 해야 하나?

A. 국민참여재판은 필요적 국선사건이기 때문에 법원에서 변호인을 선임해준다.

Q. 국민참여재판의 배심원 결정에 판사가 반드시 따라야 하나?

A. 그렇지 않다. 1심 법원을 포함해서 2심 법원과 대법원도 국민참여재판의 배심원들의 평결 결과를 따라야 하는 기속력은 받지 않는다. 다만 실무상 배심원들의 결정을 따르는 경우가 많고 특히 대법원은 1심 재판에서 배심원 만장일치로 무죄의 평결을 내린 것을 판사도 받아들여 무죄를 선고했다면 2심에서 새로운 증거로 다른 판단을 할 필요성이 있는 경우가 아닌 이상 1심 결과에 따라야 한다고 판단하고 있다.

Q. 약식명령에 대해 정식재판을 청구하면 형이 올라갈 수도 있나?

A. 벌금 액수가 올라갈 수 있다. 법 개정으로 형의 종류는

변경하지 못하지만 벌금 액수는 올라갈 수 있게 되었으니 유의
하자.

Q. 약식명령에 대해 정식재판을 청구했는데 그냥 벌금을
내고 재판을 끝내고 싶다. 방법이 있나?

A. 정식재판청구는 1심 선고 전까지 취하할 수 있기 때문에
법원에 취하서를 내면 재판을 끝낼 수 있다.

Q. 외국에 있다가 와서 7일 안에 약식명령에 대해 정식재
판 청구를 하지 못했는데 다툴 방법이 있나?

A. 자신이 책임질 수 없는 이유로 정식재판을 청구하지 못
한 경우라는 점을 잘 적어서 정식재판청구권회복 청구서를 1심
법원에 내면 된다.

제4부

형사재판과 인권

1.
형사재판절차와 피해자 보호

형사재판절차

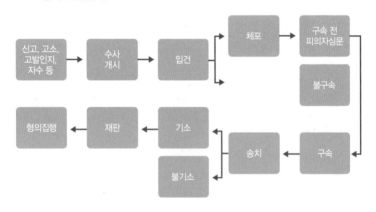

출처: 법무부 형사사법포털

　지금부터는 당신이 피고인이 아닌 범죄피해자가 된 경우 재판절차에서 알아야 할 사실들을 살펴보도록 하자. 당신은 가해자를 경찰에 형사고소하였는데, 가해자는 형사재판에 회부되었다. 가해자에 대해 형사처벌을 하는 재판을 '공판'이라고 한다. 가해자에 대한 형사재판절차에서 피해자로서 어떠한 권리를 주장할 수 있을지 알아보자.

⚖️ 쫄지 마 법전 「범죄피해자 보호법」 제3조 제1호

범죄피해자란 타인의 범죄행위로 피해를 당한 사람과 그 배우자(사실상의 혼인관계를 포함한다), 직계친족 및 형제자매를 말한다.

1) 공판단계에서 피해자는 어떤 권리를 가질까?

범죄피해자는 검사에게 요청하여 공판기일, 공소제기된 법원, 판결 주문, 선고일, 재판의 확정 및 상소 여부 등 처분 결과를 서면이나 전화 등의 방법으로 제공받을 수 있고, 진행 중인 소송기록의 열람 또는 복사를 재판장에게 신청할 수 있다. 피해자가 가해자의 재판을 담당하는 법원 재판부에 신청하면 법원은 피해자인 당신을 증인으로 채택해서 법정에서 진술을 들어야 한다(「형사소송법」 제294조의 2). 당신은 피해의 정도 및 결과, 피고인 처벌에 관한 의견, 그 밖에 해당 사건에 관한 의견을 진술할 수 있다. 그러나 이미 해당 사건에 관하여 공판 또는 수사 절차에서 충분히 진술한 경우, 피해자의 진술로 인하여 공판절차가 현저히 지연될 우려가 있는 경우, 피해자가 여러 명이어서 그중 가장 적합하다고 여겨지는 진술 신청만 받아들여도 되는 경우에는 의견 진술 신청이 받아들여지지 않을 수 있다.

범죄피해자로서 증인이 되면 당신은 증인 보호 조치를 요구할 수 있다. 즉 증인 출석할 때 법원에 비디오 같은 중계장치에 의한 중계시설을 통하여 신문해달라거나, 가림막 같은 것으로 차폐시설을 피고인과 증인 사이에 설치하고 진술하게 해달라고 하거나, 피고인이 법정 밖으로 나간 상태에서 증언할 수 있게 해달라고 요청할 수 있다. 피해당한 범죄의 성질, 증인의 연령, 심신의 상태, 피고인과의 관계, 그 밖의 사정으로 인해 가해자인 피고인과 대면하여 진술하면 심리적인 부담으로 정신의 평온을 현저하게 잃을 우려가 있다고 인정되는 경우 요청이 가능하다. 가림막으로 가리거나 퇴정을 시킨 뒤에 증언을 하더라도 범죄가해자가 나중에 당신의 증인신문조서를 등사해서 볼 것이 걱정된다면, 재판장에게 당신의 사생활에 관한 비밀 보호 또는 신변에 대한 위해 방지 등을 위해 재판속기록, 녹음물 또는 영상녹화물 사본을 가해자에게 주지 말 것을 신청하거나 주더라도 그 범위를 제한해줄 것을 요청할 수 있다. 범죄피해자로 증인 진술할 때에 너무 불안하거나 긴장을 느껴서 제대로 증언을 못 할 것 같다면 법원에 배우자나 가족처럼 신뢰관계가 있는 사람의 동석을 신청할 수 있다. 당신이 증언을 할 때 가족이 옆에 같이 앉아 있을 수 있도록 해달라는 신청이다. 범죄피해자가

13세 미만인 청소년이거나 신체적 또는 정신적 장애가 있으면 법원은 부득이한 경우가 아닌 한 반드시 신뢰관계가 있는 사람을 동석하게 하도록 되어 있다. 범죄피해자가 법정에 출석하여 진술하는 경우 가해자 또는 그 가족, 동료 등에게 보복을 당할 우려가 있으면 검사에게 신청하여 범죄피해자지원센터 등에 의뢰하여 보호에 필요한 조치를 해달라고 요청할 수 있다.

2) 피해자가 요구할 수 있는 더 구체적인 보호방법은 무엇이 있을까

당신이 강력범죄피해자라면, 가해자로부터 보복을 당할 우려가 있는 경우 검사에게 신청하여 자신의 주거지 또는 현재지 관할 경찰서장에게 신변안전조치를 하도록 요청할 수 있다. 범죄피해자의 신상정보 노출로 인한 2차 피해가 발생할 우려가 있을 때는 검사에게 요청하여 공소장에 자신의 이름이나 신상정보를 노출할 위험이 있는 범죄 장소의 상세한 주소, 직업·근무처 등을 기재하지 않도록 할 수 있다. 일정한 범죄로 신체적 또는 정신적 피해를 본 범죄피해자는 검사에게 신청하여 치료비, 심리치료비, 생계비, 학자금, 장례비 등을 지원받을 수 있다. 일정한 자격을 갖춘 범죄피해자는 범죄피해자구조심의회에 신청하여 국민임대주택 우선 입주권 및 매입·전세 임대주택을 지원받을 수 있다. 위기상황에 처하여 도움이 필요한 범죄피해자는 「긴급복지지원법」에 따라 관할 시장·군수·구청장에게 긴급지원을 받을 수 있다.

한편 범죄피해자나 성폭력·가정폭력·학교폭력·아동학대 범죄 등 중대범죄의 범죄신고자, 친족 또는 동거인 그 밖에 밀접한 인적관계에 있는 사람이 보복을 당할 우려가 있어 신변의 안전을 보호받을 필요가 있는 경우에도 위치확인장치 및 이사비를 지원받을 수 있다.

3) 금전적 피해배상 방법을 알아보자

당신은 범죄피해자로서 가해자가 처벌을 받는 것으로 일정 정도 피해구제를 받았다. 그러나 가해자가 처벌받는다고 해서 범죄로 인한 피해 자체에 대한 회복이 되는 것은 아니다. 가해자가 자발적으로 피해배상을 해주는 경우도 있기는 하지만 매우 드물고, 피해배상을 요구하는 민사소송절차를 밟아야 한다. 피해자가 별도의 소송을 제기하여 배상을 받는 것은 번거롭고 쉽지 않은 일이다. 법에서는 가해자의 형사절차 진행 중에 민사상 배상도 가능하게끔 두 가지를 마련해놓았다. 형사절차에서의 화해와 형사상 배상명령이 그것이다.

형사재판에서의 화해

화해란 당사자가 서로 양보하여 분쟁을 종지할 것을 약정함으로써 성립하는 계약을 말한다.

⚖️ **쫄지 마 법전 「소송촉진 등에 관한 특례법」 제36조(민사상 다툼에 관한 형사소송절차에서의 화해)**

① 형사피고사건의 피고인과 피해자 사이에 민사상 다툼(해당 피고사건과 관련된 피해에 관한 다툼을 포함하는 경우로 한정한다)에 관하여 합의한 경우, 피고인과 피해자는 그 피고사건이 계속 중인 제1심 또는 제2심 법원에 합의 사실을 공판조서에 기재하여 줄 것을 공동으로 신청할 수 있다.

② 제1항의 합의가 피고인의 피해자에 대한 금전 지불을 내용으로 하는 경우에 피고인 외의 자가 피해자에 대하여 그 지불을 보증하거나 연대하여 의무를 부담하기로 합의하였을 때에는 제1항의 신청과 동시에 그 피고인 외의 자는 피고인 및 피해자와 공동으로 그 취지를 공판조서에 기재하여 줄 것을 신청할 수 있다.

③ 제1항 및 제2항에 따른 신청은 변론이 종결되기 전까지 공판기일에 출석하여 서면으로 하여야 한다.

④ 제3항에 따른 서면에는 해당 신청과 관련된 합의 및 그 합의가 이루어진 민사상 다툼의 목적인 권리를 특정할 수 있는 충분한 사실을 적어야 한다.

형사사건의 피고인과 범죄피해자 사이에 민사상 다툼(해당 형사사건과 관련된 범죄피해에 관한 다툼을 포함하는 경우만 해당)에 관해 합의가 있는 경우에 법원에 합의 사실을 공판조서(공판 진행 내용을 기재하는 공문서)에 기재해 줄 것을 신청할 수 있다. 이러한 신청은 재판이 끝나기 전까지 공판진행기일에 출석하여 문서로 하여야 한다. 이 문서에는 해당 신청과 관련된 합의 및 그 합의가 이루어진 민사상 다툼의 목적인 권리를 특정할 수 있는 충분한 사실을 적어야 한다. 공판조서에 기재된 화해 내용은 민사상 확정판결을 받는 것과 같은 효력을 가진다.

형사상 배상명령

쫄지 마 사전 배상명령

일정한 범죄에 대해 제1심 또는 제2심의 형사공판절차에서 법원이 유죄판결을 선고할 경우에 그 유죄판결과 동시에 범죄행위로 발생한 직접적인 물적 피해 및 치료비 등에 대한 배상을 명하거나, 피고인과 피해자 사이에 합의된 손해배상액에 관해 배상을 명하는 것을 말한다.

피해자가 민사절차 등 다른 절차에 따르지 않고 가해자인 피고인에 대한 형사재판절차에서 간편하게 피해배상을 받을 수 있는 제도이다. 배상명령신청이 가능한 대상 범죄는 상해죄, 성폭력범죄, 절도·강도죄, 사기·공갈죄, 횡령·배임죄 등이다 (자세한 내용은 「소송촉진 등에 관한 특례법」 제25조를 참고하면 된다). 피해자는 제1심 또는 제2심 형사공판이 마칠 때까지 소송이 진행 중인 법원에 배상명령신청서와 상대방 피고인의 수에 해당하는 신청서 부본을 제출하여 배상명령을 신청할 수 있다. 배상명령 신청서에는 증거서류를 첨부할 수 있다. 피해자가 증인으로 법정에 출석한 때에는 말로 배상명령을 신청할 수 있다. 피해자는 해당 범죄행위로 발생한 피해에 대해 다른 절차에 따른 손해배상청구소송이 진행 중인 때에는 배상명령신청을 할 수 없다.

배 상 명 령 신 청 서

사 건	2019고단○○○사기
피 고 인	홍길동
주 소	서울 서초구 서초동 1
	(현재 서울구치소 수감 중)
배상명령신청인	김○○
주 소	서울 서초구 서초동 2

신 청 취 지

피고인은 배상명령 신청인에게 금 이천만 원(₩ 20,000,000)을 지급하라.

신 청 원 인

배상신청금의 성격 〈해당란에 ☑ 표시〉
☐ 편취금 ☐ 갈취금 ☐ 횡령금 ☐ 수리비 ☐ 치료비
☐ 합의된 손해배상액 ☐ 기타

신청원인: 공소장 기재와 같음.

첨부서류: 차용증서 1통

20○○. ○. ○○.

배상명령신청인   김○○ (인)
전 화 : 010-○○○○-○○○○

서울중앙지방법원 형사 제○단독 귀중

배상명령신청은 민사소송을 제기하는 것과 같은 효력이
있다. 배상명령의 신청인은 배상명령이 확정되기 전까지는 언
제든지 그 신청을 취하할 수 있다. 배상명령신청이 각하되거나
그 일부가 인용된 재판에 대해 신청인은 불복을 신청하지 못하
며, 다시 동일한 배상신청을 할 수 없다. 법원은 유죄판결을 선
고할 때에 배상명령을 함께 하며, 이는 배상의 대상과 금액을
유죄판결의 주문에 표시하는 것으로 한다. 법원은 배상명령을
하는 경우 가집행할 수 있다는 것을 선고할 수 있다.

확정된 배상명령 또는 가집행선고가 포함된 배상명령이
기재된 유죄판결서의 정본은 「민사집행법」에 따른 강제집행에
관해서는 집행력 있는 민사판결 정본과 동일한 효력이 있다. 배
상명령이 확정된 경우에는 그 인용금액 범위에서 피해자는 다
른 절차에 따른 손해배상을 청구할 수 없다. 유죄판결에 대한
상소의 제기가 있는 때에는 배상명령은 해당 사건과 함께 상소
심으로 넘겨진다. 상소는 재판이 확정되기 전에 상급법원에 1

심판결의 취소·변경을 구하는 불복신청을 말하며, 항소(2심)와 상고(3심)가 있다.

배상명령신청은 공소장에 적힌 피해금액만을 간결하게 적어야 인용될 가능성이 높아진다. 「소송촉진 등에 관한 특례법」 제25조에서는 법원이 배상명령을 하면 안 되는 경우를 규정하는데 피해금액이 특정되지 아니한 경우, 피고인의 배상책임의 유무 또는 그 범위가 명백하지 아니한 경우, 배상명령으로 인하여 공판절차가 현저히 지연될 우려가 있거나 형사소송절차에서 배상명령을 하는 것이 타당하지 아니하다고 인정되는 경우에는 배상명령을 금지하기 때문이다. 손해배상액수나 손해배상 책임이 있는지 애매한 부분은 민사소송을 제기해서 정식으로 다투라는 것이다. 배상명령을 신청할 때는 공소장에 기재된 나의 피해금액만을 적어서 배상명령 부분이라도 확실히 법원의 판결문을 받도록 하고 이자나 범죄 피해로 직장 일을 못 한 경우의 배상 같은 추가 부분은 별도로 다투는 것이 배상명령제도를 잘 활용하는 방법이다.

1) 범죄피해자구조제도를 알아보자

범죄피해자구조제도란, 범죄행위로 사망하거나 장해 또는 중·상해를 입었음에도 불구하고 범죄피해의 전부 또는 일부를 보상받지 못하는 등의 사유가 발생한 경우에 국가에서 피해자 또는 유족에게 일정 한도의 구조금을 지급하는 제도를 말한다.

범죄피해 구조금의 지급대상이 되는 범죄는 대한민국의 영역 안 또는 대한민국의 영역 밖에 있는 대한민국 선박·항공기 안에서 행해진 사람의 생명 또는 신체를 해치는 범죄이다. 외국인이 구조대상 범죄피해를 받은 사람이거나 유족인 경우에는 해당 국가 간의 상호 보증이 있는 경우에만 구조금을 지급받을 수 있다(「범죄피해자 보호법」 제23조).

사람의 생명 또는 신체를 해치는 범죄로 사망하거나 장해 또는 중·상해를 입은 경우에 구조금을 지급받을 수 있다. '장해'란 범죄행위로 입은 부상이나 질병이 치료(그 증상이 고정된 때를 포함함)된 후에 남은 신체의 장해로 자세한 장해범위에 대해서는 「범죄피해자 보호법 시행령」 제2조 제1항 및 별표1에 나와 있다. 해당 범죄피해의 발생을 안 날부터 3년이 지나거나 해당 범죄피해가 발생한 날부터 10년이 지나면 구조금을 신청할 수 없다. 구조금은 유족구조금과 장해구조금, 중상해구조금으로 구분한다. 우선 유족구조금은 구조피해자가 사망했을 때 「범죄피해자 보호법」에 정해진 순서에 따라 맨 앞의 순위인 유족에게 지급된다. 다만 순위가 같은 유족이 두 명 이상이면 똑같이 나누어 지급된다. 유족구조금은 구조피해자의 사망 당시의 월급액이나 월 실수입액 또는 평균임금에 개월 수를 곱한 금액으로 한다. 다만 유족구조금액은 평균임금의 48개월분을 초과할 수 없다.

장해구조금은 구조피해자가 신체에 손상을 입은 당시의 월급액이나 월 실수입액 또는 평균임금에 장해급여에 따라 법령에서 정한 개월 수를 곱한 금액으로 한다. 다만, 장해구조금액은 평균임금의 40개월분을 초과할 수 없다. 긴급구조금은 긴급한 구조의 필요가 있을 때에 긴급구조금 지급 결정 시 예상되는 구조금액의 2분의 1의 범위에서 지급되는 구조금이다. 긴급구조금을 지급받은 사람에 대해 구조금을 지급하는 결정한 경우에는 긴급구조금으로 지급된 금액을 제외한 부분만 구조금으로 지급된다. 긴급구조금을 지급받은 사람은 해당 구조결정에 따라 지급되는 구조금의 금액이 긴급구조금으로 지급된 금액보다 적은 때에는 그 차액을 국가에 반환해야 하며, 구조금을 지급하지 않는다는 결정이 있는 때에는 해당 긴급구조금으로 지급된 금액 전부를 국가에 반환해야 한다.

2) 범죄피해 구조금지급절차는 무엇일까

유족구조금이나 긴급구조금의 지급을 신청하려는 사람은 그 주소지, 거주지 또는 범죄 발생지를 관할하는 지방검찰청의

▪ 구조금지급절차

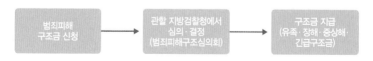

범죄피해구조심의회에 다음의 서류를 제출해야 한다. 구조금은 해당 범죄피해의 발생을 안 날부터 3년이 지나거나 해당 범죄피해가 발생한 날부터 10년이 지나면 신청할 수 없다. 지구심의회는 설치된 지방검찰청 관할 구역의 구조금 지급에 관한 사항을 심의·결정한다. 지구심의회는 구조금의 지급에 관한 사항을 심의하기 위해 필요한 경우에는 신청인, 그 밖의 관계인을 조사하거나 의사의 진단을 받게 할 수 있고 행정기관이나 공공기관이나 그 밖의 단체에 조회하여 필요한 사항을 보고하게 할 수 있다.

구조금 신청이 있는 경우 지구심의회는 신속하게 구조금의 지급 여부를 결정(지급한다는 결정을 하는 경우에는 그 금액을 포함)해야 한다. 구조금은 일시금으로 지급된다. 범죄행위 당시에 구조피해자와 가해자 사이에 일정 친족관계가 있는 경우에는 구조금이 지급되지 않는다. 구조피해자나 유족이 해당 범죄피해를 원인으로 다른 급여 등을 받을 수 있거나 손해배상을 받는 경우에는 구조금을 지급받을 수 없다. 구조피해자가 해당 범죄행위를 교사 또는 방조하는 등 일정 책임이 있는 경우에는 구조금이 지급되지 않는다. 지구심의회에서 구조금 지급신청을 기각 또는 각하하면 신청인은 결정의 정본이 송달된 날부터 2주일 이내에 그 지구심의회를 거쳐 범죄피해구조본부심의회에 재심을 신청할 수 있다.

3) 법률구조제도를 활용하자

법률구조제도란, 경제적으로 어렵거나 법의 보호를 충분히 받지 못하는 사람들에게 법률상담, 소송대리, 형사변호 등의 방법으로 법률구조를 해주는 제도를 말한다. 형사사건의 피해자는 일정 요건에 해당하는 경우 무료로 법률구조를 받을 수 있다. 피해자는 법률상담, 변호사나 공익법무관에 의한 소송대리, 그 밖의 법률 사무에 관한 모든 지원을 받을 수 있다. 현재 대한법률구조공단에서는 범죄피해자에게 가해자를 상대로 한 손해배상청구소송이나 국가에 청구하는 범죄피해자구조금신청을 지원하고 있다. 법률구조를 받으려는 피해자는 본인이 가지고 있는 피해 관련 서류를 모두 들고 우선 가까운 법률구조공단 사무실을 방문하여 상담하면 된다.

2.
장애인, 성폭력피해자, 소년, 외국인에 대한 특례

장애인에 대한 특례

당신이 범죄피해를 당했거나 형사재판을 받는 장애인이라면 장애인을 위한 사법절차 지원제도를 잘 활용할 필요가 있다. 법에서 정한 지원제도에는 다음과 같은 것들이 있다.

1) 국선변호인신청권

형사재판을 받는 당신이 장애인이고 사선변호인 선임을 하지 못했다면 법원에 국선변호인 선임을 신청할 수 있다. 법원은 피고인(형사재판을 받는 자)이 농아 또는 심신장애의 의심이 있는 경우에 변호인이 없는 때에는 반드시 변호인을 선임하여야 한다. 피고인의 연령·지능 및 교육 정도 등을 참작하여 권리보호를 위하여 필요하다고 인정하는 때에는 피고인의 명시적 의사에 반하지 아니하는 범위 안에서 변호인을 선정하여야 한다.

2) 정당한 편의제공 신청권

장애인이 형사재판에 피고인이나 증인으로 참여하는 경우 필요한 때에는 보조인력, 점자자료, 인쇄물음성출력기기, 수화통역 혹은 문자통역, 대신 읽기, 음성지원시스템, 컴퓨터 등의 정당한 편의 제공을 법원에 신청할 수 있다. 법원은 사건관계인에 대하여 의사소통이나 의사표현에 어려움을 겪는 장애가 있는지를 확인하고, 그에게 형사절차에서 조력을 받을 수 있음과 그 구체적인 조력의 내용을 알려주어야 한다.

3) 신뢰관계에 있는 자의 동석신청권

범죄피해자가 법정에서 증인으로 진술할 때 자신의 연령, 심신의 상태, 그 밖의 사정을 고려하여 현저하게 불안 또는 긴장을 느낄 우려가 있다면 법원에 신청하여 피해자 자신과 신뢰관계에 있는 자를 동석하게 할 수 있다(『형사소송법』 제163조의 2). 피고인이나 피해자와 신뢰관계에 있는 자의 범위는 피고인이나 피해자의 배우자, 직계친족, 형제자매, 가족, 동거인, 고용주, 변호사(피해자의 경우), 그 밖에 심리적 안정과 원활한 의사소통에 도움을 줄 수 있는 사람이다. 재판장은 동석한 자가 부당하게 재판의 진행을 방해할 경우 동석을 중지시킬 수 있기 때문에 판사의 재판 진행에 부당하게 끼어들거나 하는 일이 없도록 주의해야 한다.

4) 장애인 관련자의 동석

「장애인차별금지법」에 따라 장애인을 대리·동행하는 장애인 관련자가 장애인인 피고인이나 피해자와 동석을 요구하는 경우 법원은 이를 허용하여야 한다. 특히 장애인인 피고인 또는 증인이 수화통역, 점역, 점자교정, 낭독, 대필, 안내 등 의사소통 지원이 필요하여 장애인 관련자를 대동할 경우 법원은 정당한 사유 없이 이들의 활동을 강제·방해하거나 부당한 처우를 하여서는 안 된다.

성폭력피해자에 대한 특례

성폭력특별법(정식명칭은 「성폭력범죄의 처벌 등에 관한 특례법」)에서는 성폭력피해자를 위한 몇가지 특례를 규정하고 있다.

1) 신뢰관계에 있는 자의 동석신청권

성폭력범죄로 인한 피해자가 법정에서 증인으로 진술할 때 법원에 신청하여 자신과 신뢰관계에 있는 자를 동석하게 할 수 있다. 법원은 재판에 지장을 줄 우려가 있는 등 부득이한 경우가 아니면 피해자와 신뢰관계에 있는 사람을 동석하게 하여야 한다.

2) 성폭력피해자의 변호사

성폭력사건의 피해자 및 그 법정대리인은 형사절차상 입을 수 있는 피해를 방어하고 법률적 조력을 보장하기 위하여 변호사를 선임할 수 있다. 피해자의 변호사는 검사 또는 사법경찰관의 피해자 및 그 법정대리인에 대한 조사에 참여하여 의견을 진술할 수 있다. 또한 피의자에 대한 구속 전 피의자심문, 증거보전절차, 공판준비기일 및 공판절차에도 출석하여 의견을 진술할 수 있다. 성폭력 피해 아동이나 장애인에게 변호인이 없는 경우에 법원에 자신을 위한 국선변호사 지정을 신청할 수 있다. 피해자 또는 그 법정대리인이 경찰서, 검찰청 등 수사기관에 피해사실 신고와 함께 말로 또는 서면으로 피해자 국선변호사 지원을 요청하면 된다.

TIP

성폭력 피해상담소 또는 아동보호전문기관 등을 통해서도 피해자 국선변호사의 지원을 요청할 수 있다.

---

3) 진술조력인

법정에서 증언하여야 할 성폭력범죄 피해자가 13세 미만 아동이거나 신체적인 또는 정신적인 장애로 의사소통이나 의사표현에 어려움이 있는 경우 법원에 피해자 본인, 법정대리인이나 변호사가 신청하여 진술조력인으로 하여금 증인신문에 참여하여 중개하거나 보조하게 할 수 있다. 법원은 증인이 13세 미만 아동이거나 신체적인 또는 정신적인 장애로 의사소통이나 의사표현에 어려움이 있는 경우 증인신문 전에 피해자, 부모님 등 법정대리인 및 변호사에게 진술조력인에 의한 의사소통 중개나 보조를 신청할 수 있음을 알려주어야 한다.

소년에 대한 특례

1) 소년보호사건의 대상이 되는 경우

만 19세 미만의 소년이 범죄를 저지른 경우에 「소년법」에서는 소년의 형사사건에 대한 특별절차를 규정하고 있다. 소년보호사건으로 되는 대상은 ① 죄를 범한 14세 이상 19세 미만의 소년(범죄소년), ② 형벌 법령에 저촉되는 행위를 한 10세 이상 14세 미만인 소년(촉법소년), ③ 집단적으로 몰려다니며 주위 사람들에게 불안감을 조성하는 성벽이 있거나, 정당한 이유 없이 가출하거나, 술을 마시고 소란을 피우거나 유해환경에 접하는 성벽이 있고 그의 성격이나 환경에 비추어 앞으로 형벌 법령에 저촉되는 행위를 할 우려가 있는 10세 이상인 소년(우범소년)이다. 14세가 안 된 14세 미만자의 행위는 형사미성년자라고 하여 형사처벌 대상이 되지 않는다(형법 제9조). 검사는 소년에 대한 피의 사건을 수사한 결과 보호처분에 해당하는 사유가 있다고 인정한 경우에는 사건을 관할 가정법원 소년부에 보낸다. 소년보호를 위해 소년사건재판은 비공개로 진행되는 것이 원칙이다. 소년부 판사는 심리 결과 보호처분을 할 필요가 있다고 인정하면 결정으로써 다음 각 호의 어느 하나에 해당하는 처분을 하여야 한다.

⚖️ **쫄지 마 법전 「소년법」 제32조(보호처분의 결정)**

1. 보호자 또는 보호자를 대신하여 소년을 보호할 수 있는 자에게 감호 위탁

2. 수강명령

3. 사회봉사명령

4. 보호관찰관의 단기(短期) 보호관찰

5. 보호관찰관의 장기(長期) 보호관찰

6. 「아동복지법」에 따른 아동복지시설이나 그 밖의 소년보호시설에 감호 위탁

7. 병원, 요양소 또는 「보호소년 등의 처우에 관한 법률」에 따른 소년의료 보호시설에 위탁

8. 1개월 이내의 소년원 송치

9. 단기 소년원 송치

10. 장기 소년원 송치

2) 소년형사사건의 대상이 되는 경우

소년보호사건으로 진행되지 않는 소년형사사건은 일반 형사사건과 기본적으로는 같다. 따라서 일반 형사사건의 예에 따라 「형사소송법」이 적용되지만, 소년의 특성을 고려하여 특별 규정이 몇 가지 있다.

3) 구속의 제한

소년에 대한 구속영장은 부득이한 경우가 아니면 발부하지 못한다. 소년을 구속하는 경우에는 특별한 사정이 없으면 다른 피의자나 피고인과 분리하여 수용하여야 한다.

4) 검사의 결정 전 조사

검사는 소년피의사건에 대하여 소년부 송치, 공소제기, 기소유예 등의 처분을 결정하기 위하여 필요하다고 인정하면 피의자의 주거지를 관할하는 보호관찰소장 등에게 피의자의 품행, 경력, 생활환경이나 그 밖에 필요한 사항에 관한 조사를 요구할 수 있다.

5) 선도조건부 기소유예

검사는 피의사건에 대한 공소를 제기하지 않고 소년피의자에 대하여 범죄예방자원봉사위원의 선도, 소년의 선도, 교육과 관련된 단체·시설에서의 상담·교육·활동 등을 받게 할 수 있다.

📖 쫄지 마 사전

이처럼 선도를 조건으로 하는 검사의 기소유예 결정을 '선도조건부 기소유예'라고 한다.

이 경우 소년과 소년의 친권자와 후견인 등 법정대리인의 동의를 받아야 한다.

6) 국선변호인 선정

소년형사사건의 피고인에게 변호인이 없는 때에는 법원은 직권으로 변호인을 선정하여야 한다. 판결만을 선고할 경우가 아닌 한 변호인 없이 개정하지 못한다. 변호인이 출석하지 아니한 때에는 법원은 직권으로 변호인을 선정하여야 한다.

7) 소년형사사건의 심리

소년형사사건의 심리는 친절하고 온화하게 하여야 하며, 그 심리에는 소년의 심신 상태, 품행, 경력, 가정상황, 그 밖의 환경 등에 대하여 정확한 사실을 밝힐 수 있도록 특별히 유의하여야 한다. 법원은 소년형사사건에 관하여 필요한 사항을 조사하도록 조사관에게 위촉할 수 있다. 소년에게 징역형을 선고하는 경우 형의 장기와 단기를 정하여 선고하는데, 원칙적으로 장기는 10년, 단기는 5년을 초과하지 못한다.

8) 소년이 범죄로 인한 피해자인 경우

법원은 범죄로 인한 피해자가 13세 미만인 경우에 재판에 지장을 초래할 우려가 있는 등 부득이한 경우가 아닌 한 피해자와 신뢰관계에 있는 자를 동석하게 하여야 한다.

외국인에 대한 특례

한국어를 못 하는 외국인이 형사재판을 받게 된 경우 법원에 통역인 및 번역인 지정신청을 할 수 있다. 한국어를 못 하는 피고인에게 통역을 붙이지 않고 공판절차를 진행하여 유죄판결을 선고하면, 이는 항소이유가 된다. 법원은 외국인 피고인의 형사사건이 접수되면 국적을 기재한 후 해당 국가에서 사용하는 언어로 된 안내서, 번역된 소송 서류 등을 제공한다. 법원에서 후보로 관리하는 통역인 중 적정한 사람을 골라 해당 사건의 번역·통역인으로 지정한다. 공소장 등의 소송관계 서류들은 기일 전에 통역인에게 미리 교부하여 통역을 준비하도록 한다. 국선변호인이 지정된 사건의 경우에 국선변호인이 피고인과 접견하면서 생기는 수당과 통·번역료도 법원에서 지급된다.

외국인이 범죄를 저질러 체포 혹은 구속된 경우 경찰은 해당국 영사관에 체포·구속사실을 통보해야 한다. 체포·구속된 외국인은 해당 영사관 직원과 접견할 수 있다. 영사접견권은 자기방어권의 사각지대에 놓인 외국인의 권리보호를 위한 것으로, 대한민국이 가입한 '영사관계에 관한 비엔나 협약'에 의하여 보장되는 외국인의 권리이다. 이러한 영사접견권을 침해당한 때에는 국가배상을 청구할 수 있다.

 Q&A

Q. 가해자를 형사처벌하면 피해배상은 자동으로 받을 수 있나?

A. 아니다. 가해자가 형사재판을 받고 유죄판결을 받더라도 피해배상을 자동으로 받을 수 있는 것은 아니다. 피해배상을 받기 위해서는 수사 과정에서 형사조정을 하거나, 형사재판 진행 중 화해하여 그 합의사실을 공판조서에 기재하도록 하거나, 가해자 형사재판과 별도로 손해배상청구소송을 제기하여

야 한다.

Q. 범죄피해자에게도 국선변호사가 선임될 수 있나?

A. 모든 범죄피해자에게 국선변호사를 선임하는 것은 아니다. 성폭력 피해 아동이나 장애인에게 변호인이 없는 경우에 법원에 신청하면 국선변호사를 선임해주도록 하고 있다.

Q. 미성년자의 범죄는 모두 소년보호사건으로 진행되는 것인가?

A. 아니다. 우선은 담당 검사가 소년에 대한 피의사건을 수사한 결과 소년보호사건으로 처리할 상당한 이유가 있다고 인정한 경우 사건을 관할 가정법원 소년부로 보낸다. 소년부 판사는 심리결과 보호처분을 할 필요가 있다고 인정하면 보호처분을 내리고, 형사처벌을 내릴 필요가 있다고 인정하면 형사법원으로 이송한다.

Q. 소년보호처분도 전과에 해당하나?

A. 아니다. 「소년법」 제32조 제6항은 "소년의 보호처분은 그 소년의 장래의 신상에 어떠한 영향도 미치지 아니한다"고 규정하고 있다. 법원 소년부의 보호처분은 형사처벌과 달라서 소년원에 송치된다고 하더라도 전과자가 되는 것은 아니다.

Q. 외국인이 범죄피해를 당한 경우에 범죄피해자 구조금을 지급받을 수 있나?

A. 범죄피해자나 유족이 외국인인 경우에는 해당 국가의 상호보증이 있는 경우에만 구조금을 지급받을 수 있다(「범죄피해자보호법」 제23조). 현재 법규상 외국과의 상호보증절차나 방식에 대해 별도의 규정은 없으나, 법무부는 상호보증이 있는 경우의 해석을 해당 국가에서 외국인인 대한민국 국적의 국민에게 보상금을 지급하는 경우 상호보증이 있는 것으로 보고 구조금 제도를 운영하고 있다. 현재 상호보증이 있는 것으로 보는 국가는 미국, 독일, 프랑스 등이다. 그 외 국가의 경우 대사관을 통하여 확인하여야 한다.

Q. 외국인도 법률구조공단의 법률구조를 받을 수 있나?

A. 그렇다. 기준 중위소득 이하인 국내 거주 외국인이 법률구조가 필요한 경우 여권이나 외국인 등록증 사본 등 국내 거주 외국인임을 입증하는 서류와 법률구조 대상자임을 소명할 자료, 주장 사실을 입증할 자료를 구비하여 가까운 법률구조공단 사무실에 방문하여 상담을 신청하면 된다.

제5부

실전편

1.
집회와 공무집행방해사건

일독을 권하는 법률

국민의 표현의 자유를 보장하고 다수의 의견을 정책에 반영하는 과정은 민주주의 국가의 가장 기본적인 요소다. '집회의 자유'는 집단적 방식으로 이루어지는 표현의 자유를 보장하기 위한 것으로서 민주주의 사회에서 가장 기본적 권리다. 특히 권력 집단과 달리 자신을 대변할 힘과 매체를 가지지 않은 일반 시민들에게 더더욱 중요한 권리다. 헌법에서도 집회의 자유를 헌법상 기본권으로 보장하고 집회에 대한 허가제를 금지하고 있다. 그런데 실상 현행법은 집회의 자유를 충분히 보장하기보다는 금지와 제한을 중심으로 만들어져 있어서 집회에 참여한 시민이 집시법 위반으로 기소되는 경우가 적지 않다.

언론·출판에 대한 허가나 검열과 집회·결사에 대한 허가는 인정되지 아니한다.

당신이 집회로 인하여 재판을 받게 되었다면 우선 「집회 및 시위에 관한 법률(이하 줄여서 집시법)」, 「경찰관직무집행법(이하 줄여서 경직법)」 두 가지 법률을 찾아볼 필요가 있다.

집회 참여로 기소된 경우 공소장에는 죄명으로 집시법 위반이 기재되고, 적용법조로는 구체적인 집시법 조항이 적혀 있을 것이다. 가령 미신고로 집회를 주최했다면 집시법 제6조 제1항이, 금지통고한 집회를 주최했다면 제8조나 제12조가 적혀 있을 것이다. 집시법은 제1조(목적)부터 제26조(과태료)까지 전체가 길지 않으므로 일독을 권한다.

경직법은 공소장에 기재되어 있지는 않을 것이다. 이 법에는 경찰관의 의무를 위반하거나 직권을 남용하여 다른 사람에게 해를 끼친 사람을 1년 이하의 징역 또는 금고로 처벌하는 벌칙규정이 있으므로 집회를 주최하거나 참여한 시민을 기소한 공소장에 경직법이 적혀 있을 수는 없다. 이 법이 문제가 되는 것은 공무집행방해죄, 즉 형법 제136조 제1항 "직무를 집행하는 공무원에게 폭행 또는 협박"을 하여 기소된 경우에, 과연 공무원이 적법한 공무집행을 했는지를 따질 때이다. 만약 공무원이 적법한 공무집행을 하지 않은 경우 그에 대해서 폭행이 있었다고 하더라도 범죄가 되지 않기 때문이다. 경직법은 제1조(목적)부터 제12조(벌칙)까지로 집시법보다 더 간략하다.

그럼 지금부터 집회로 기소되었을 때 당신이 무엇을 따지고 방어해야 하는지 살펴보자.

집시법상 집회인가

집시법은 원칙적으로 '옥외집회'와 '시위'를 적용대상으로 삼으면서 집회신고를 요구하고 여러 규제를 한다.

⚖️ **쫄지 마 법전 「집회 및 시위에 관한 법률」 제2조(정의)**

1. "옥외집회"란 천장이 없거나 사방이 폐쇄되지 아니한 장소에서 여는 집회를 말한다.

2. "시위"란 여러 사람이 공동의 목적을 가지고 도로, 광장, 공원 등 일반인이 자유로이 통행할 수 있는 장소를 행진하거나 위력(威力) 또는 기세(氣勢)를 보여, 불특정한 여러 사람의 의견에 영향을 주거나 제압(制壓)을 가하는 행위를 말한다.

도대체 여기서 말하는 집회가 뭘까? 법원은 '집시법에 의하여 보장 및 규제의 대상이 되는 집회란 특정 또는 불특정 다

수인이 공동의 의견을 형성하여 이를 대외적으로 표명할 목적 아래 일시적으로 일정한 장소에 모이는 것을 말한다'고 설명한 다(대법원 2009. 7. 9. 선고 2007도1649 판결 등). 그러나 여전히 추상적이 다. 당신이 기자회견이나 추모행사를 했을 때 이를 집회라고 생각하지 않거나 경찰서에 집회신고를 할 의무도 없다고 생각했는데, 공소장에는 '기자회견을 명목으로 하여 미신고집회를 개최하고', '추모제를 기화로 금지된 집회를 개최하고'라는 등의 표현으로 기소되는 경우가 있을 수 있다. 기자회견이나 1인 시위도 집회인가? 야외공연도 집회신고를 하라는 말인가? 하나씩 살펴보자.

1) 기자회견이 집회라고?

당신이 실외에서 기자회견을 했다면 이것도 집시법상 집회일까? 법원은 일반적으로 집시법상 집회에 해당하기 위해서는 ① 적어도 2인 또는 3인 이상의 특정 또는 불특정 다수인이 모일 것 ② 공동의 의견을 형성하여 외부에 표명할 목적이 있을 것 ③ 모임은 결사와는 달리 '일시적'일 것 ④ 일정한 장소에 모일 것 등의 요건을 충족하여야 한다고 되어 있다(대법원 2012. 5. 24. 선고 2010도11381 판결 등 참조).

여러 명이 모여 실외 기자회견을 한 경우 위 집회의 형식적 요건을 충족하는 것처럼 보인다. 그렇다고 실외에서 하는 기자회견을 쉽게 변형된 미신고집회라고 하면서 해산을 명령하고 집시법 위반이라고 기소하는 게 타당한가. 법원이 어떤 경우에 기자회견이 집회에 해당하여 규제할 수 있다고 보는지 기준이 분명치는 않으나 기자회견을 집회로 보는 경우가 적지 않은 게 사실이다. 기자회견 명칭을 사용했더라도 '피켓을 들고 구호를 외쳤다'거나 '공동의견을 외부에 표명할 목적으로 모였다'는 이유로 집시법상의 집회로 봐 처벌하기도 한다. 그러나 기자회견은 표현의 자유로 보장되는 것이므로 집시법 제15조에 따라 신고 없이 할 수 있는 행위로 봐야 하고 쉽게 집시법상 집회로 규제할 것이 아니라는 점을 따져볼 가치가 있다. 가령 대전지방법원 2018. 6. 22. 선고 2017노3002 판결은 대전지방검찰청 앞에서 주최자들이 '직권남용 및 직무유기 문형표 복지부장관 고발장 접수 기자회견'이라고 적은 현수막에다가 '영리자회사 가이드라인 폐지하라'는 등의 문구의 피켓을 들고 '고발한다, 의료법시행규칙 즉각 폐지하라'는 구호를 외친 사건에서 ① 당초부터 소규모의 참여자가 비교적 짧은 시간 동안 기자회견을 하는 것으로 예정되었다는 점, ② 기자회견이 10분 동안만 진행되었고, 소음도 크지 않았으며 도보상 장해가 발생하지도 않아 참가자와 일반 공중 사이에 이익충돌 상황이 발생하지 않았다는 점 ③ 사전에 주최자를 비롯한 참가자와 일반 공중 사이의 이익충돌이나 교통상 장해 등이 우려되어 주최자·참가자에 대한 보호와 공공의 안녕질서를 유지해야 할 필요성이 있는 행위라고 볼 수 없다는 점 ④기자회견 과정에서 피켓을 들고 구호를 외치는 행위를 하기는 했으나 이는 기자회견의 내용을 함축적이고 효율적으로 전달하기 위한 시청각적 방법으로, 의사표현 자유의 범주에 속하는 행위로 봄이 타당하다는 점들을 들어서 해당 기자회견을 집시법상의 집회에 해당하지 않는다고 하여 기소된 집시법 위반에 대하여 무죄를 선고했다(위 대전지방법원 판결은 대법원 2018도11081 사건으로 계속 중이다).

2) 1인 시위도 집회인가?

당연히 1인 시위는 집회가 아니다. 집회가 되려면 적어도 2인 또는 3인 이상의 특정 또는 불특정 다수인이 모여야 한다는 요건을 충족하지 못하기 때문이다. 따라서 1인이 피켓을 들고 벌이는 통상적인 의사표현은 집시법의 적용을 받을 이유가 없으므로 집회신고를 할 필요가 없다. 그런데 여러 명이 일정한 거리를 두고 피케팅을 하거나 유인물을 배포하는 등의 변형된 1인 시위의 경우에는 집회에 해당하는지 판단이 애매할 때가 있다. 대법원은 2012년 6월 삼성SDI에서 근무하다가 질병에 걸린 근로자에 대한 보상을 촉구하기 위해 울산공장 앞에서 집회를 하면서 약 30미터 거리를 두고 피켓을 드는 방법을 택한 것에 대해서 '피고인이 시위자들과 함께 집회를 하기로 약속했고, 이들이 사용한 피켓은 모두 같은 단체에서 제작한 점, 이들이 피켓을 들고 서 있는 장소는 삼거리 교차점의 각 모서리 부분으로 서로 밀집한 위치에 있었다'는 사실 등을 적시하며 유죄를 선고한 원심을 그대로 확정시킨 바 있다(대법원 2014. 11. 27. 선고 2014도7408 판결 참조).

3) 옥외집회였나

집시법은 원칙적으로 옥외집회와 시위를 법 적용대상으로 삼는다고 했다. 그런데 옥내에서 개최한 집회인데도 집시법 위반으로 기소되었다면, 주최하거나 참가한 집회가 옥내집회로 볼 수 있는 것은 아닌지 살펴볼 필요가 있다. 옥내집회의 경우에는 신고의무가 없고 금지통고의 대상이 되지 않는다. 다만 옥외에서 기자회견을 하고 이어서 건물 내부로 들어가 플래카드를 펼쳐 보인 사안에서 법원은 실내에 들어간 것과 기자회견이 일련의 행위로 보고 앞서의 기자회견도 단순한 기자회견이 아니라 옥외집회로 판단한 사안도 있다. 다만 이 경우도 기자회견과 실내진입이 일정한 간격이 있다면 달리 판단될 수도 있을 것이다.

미신고집회, 금지통고된 집회를 했다고 기소되었다면

집시법은 집회 개최 48시간 전까지 관할경찰서장에게 집회신고를 하며 신고를 받은 경찰서장은 집회에 대한 금지나 제한통고를 할 수 있다고 정하고 있다. 집회신고를 하지 않고 집회하거나 금지통고를 받고도 집회한 경우 처벌한다(주최자만 처벌하고 참가자를 처벌하지는 않는다). 이런 방식의 처벌은 집회에 대한 허가제를 금지한 헌법을 위반한 것이라는 비판이 많다.

어쨌든 당신이 미신고집회 개최를 이유로 기소되었다면 따져봐야 한다. 어떤 집회는 '신고할 수 없는 집회'일 수 있기 때문이다. 주로 문제가 되는 게 '우발적 집회', '긴급집회'라는 것이다. 우발적으로 집회를 하게 된 경우에는 현실적으로 신고를 할 수가 없다. 법원이 인정한 사례 중 애초 토론회에 참석하기 위하여 대학교에 들어가야 하는데 정문 앞에서 출입이 저지되자 즉흥적으로 20분 정도 항의 구호와 노래를 같이 부른 경우가 있다(대법원 1991. 4. 9. 선고 90도2435 판결). 한편 긴급집회는 48시간을 준수해서는 집회의 목적을 달성하기 어려운 경우로 당장 24시간 이내에 일어날 일에 대해 항의를 해야 하는 상황이라면 48시간 전에 집회신고를 할 수 없게 된다. 긴급집회도 신고의 예외가 되는 게 타당하지만, 현재는 우발적 집회와 달리 48시간 이내에라도 신고의 가능성이 존재한다면 즉시 신고를 해야 그 위법성이 면해진다. 만약 긴급집회라고 판단되는 경우에는 집회의 긴급성을 적극 주장하고 48시간 이내의 시간이기는 하지만 개최 전에 신고했다는 점을 적극 밝힐 필요가 있다.

TIP

집시법 제15조는 "학문, 예술, 체육, 종교, 의식, 친목, 오락, 관혼상제(冠婚喪祭) 및 국경행사(國慶行事)에 관한 집회에는 제6조부터 제12조까지의 규정을 적용하지 아니한다"고 규정한다. 당신이 연 행사가 체육이나 추모를 위한 행사였다면 (옥외집회이기는 하지만) 아예 신고나 금지통고의 대상이 되지 않는다는 것이다.

'주최자'인가 '참가자'인가도 중요하다

집시법은 '주최자'를 자기 이름으로 자기 책임 아래 집회를 여는 사람이나 단체라고 정의하고 있다(제2조 제3호). '주관자'도 있는데, 이는 주최자가 아니라고 하더라도 집회의 실행을 맡아 관리하도록 위임받은 자를 말한다(제2조 제3호). 주관자는 쉽게 사회자라고 볼 수 있다. 주최자와 주관자는 공모공동정범이론, 즉 공범관계로 인정되므로 거의 같은 책임을 부담하게 될 가능성이 크다. 엄밀한 의미에서 주관자라고 보기 어렵더라도 집회 개최 이전에 집회를 계획하고 조직하여 실행하는 경우에도 공범관계로 인정될 수 있는 것이 대법원 판례이다(대법원 1983. 2. 8. 선고 82도1930 판결).

'참가자'는 정확히는 집시법상으로 '참가하는 자'인데, 이들은 주최자가 아닌 이들을 의미한다고 보면 된다. 집시법은 미신고 집회, 금지통고된 집회, 신고범위를 일탈한 집회, 소음기준을 초과한 경우 주최자를 처벌하고 있지만, 이러한 집회에 참가하는 자까지 처벌하지는 않는다. 물론 참가하는 자가 '참가'의 범위를 넘어 주최자와 공범관계에 이르는 행위를 했다면 위에서 설명한 주관자처럼 주최자의 공범으로 처벌될 수 있을 것이다. 공소된 사실에 따라서 자신이 결국 주최자가 아니라 참가자라는 사실이 밝혀진다면 무죄가 선고될 가능성도 있기 때문에 당신이 집회에서 주최자였는지 참가자였는지를 따지는 일은 중요하다. 당신이 단순참가자라면 기소된 내용이 참가자도 처벌되는 아래 경우에 해당하는지 확인해볼 필요가 있다.

집시법이 참가자를 처벌하는 경우

① 헌법재판소의 결정에 따라 해산된 정당의 목적을 달성하기 위한 집회(제5조 제1항 1호), 집단적인 폭행·협박·손괴·방화 등으로 공공의 안녕질서에 직접적인 위협을 끼칠 것이 명백한 집회(제5호 제1항 제2호)라는 점을 알면서 집회에 참가한 경우(제22조 제4항).

② 집회에서 총포·폭발물·도검·철봉·곤봉·돌덩이 등 다른 사람이 생명을 위협하거나 신체에 해를 끼칠 수 있는 기구를 휴대하거나 사용하는 행위, 또는 다른 사람에게 이를 휴대하거나 사용하게 하는 행위를 하는 경우(제16조 제4항 제1호), 폭행·협박·손괴·방화 등으로 질서를 문란하게 하는 행위(제16조 제4항 제2호)를 하는 경우(제22조 제3항),

③ '해가 진 이후 24시까지의 시위'(제10조 본문 참조), 집회가 금지되는 장소
에서의 집회 또는 시위(제11조), '교통소통을 위한 금지통고가 이루어진 집
회 또는 시위'(제12조)라는 사실을 알면서 이를 참가하는 경우(제23조 제3호).

확성기 소음으로 기소되었다면

집회는 시끄럽게 해서 자기 목소리를 듣게 하려는 게 목적
인데, 집시법에는 소음 때문에 처벌하는 규정도 있다. 법이 정
한 소음기준을 넘어서 경찰이 확성기의 음량을 줄이거나 사용
중지를 명했는데 이를 집회주최자가 따르지 않으면 처벌한다(집
시법 제14조, 제24조). 당신이 소음기준 위반으로 기소되었다면, 등
사한 증거기록 가운데 소음측정지가 법령에서 규정된 방법에
따라서 정확히 측정되었는가를 따질 필요가 있다. 집회로 인한
소음이 없는 상태에서 5분간 측정한 배경소음이 있어야 한다.
'배경소음'을 측정하지 않은 채 대상소음만 측정해서 기준 위반
인지를 따졌다면 측정이 위법하고, 위법한 측정 방법에 따른 소
음 측정을 거부했다고 하더라도 유죄가 아니다. 소음은 풍속에
도 영향을 받는다. 법령에 따르면 풍속이 2㎧ 이상이면 반드시
소음계에다가 방풍망을 부착하여 바람의 영향을 배제한 상태에
서 소음을 측정해야 하고, 이에 따라 측정되지 않았다고 하여
무죄를 선고한 경우가 있다(서울중앙지방법원 2019. 2. 19. 선고 2016고정
4109 등 판결). 아주 간단하게 '생활소음 측정자료 평가표'라는 표

가 있는지부터 살펴봐야 한다. 없다면 법령에 따라 측정하지 않았을 가능성이 크다.

가장 무서운 해산명령위반과 일반교통방해

집회로 인해 기소되는 경우 중에는 해산명령위반죄, 그리고 집시법 말고 형법에 있는 일반교통방해죄로 기소되는 경우가 꽤 많다.

1) 경찰이 해산명령절차를 지켰는가

집회 현장에서 경찰이 방송차량 마이크로 해산하라고 방송하는 것을 들어봤을 것이다. 집시법은 경찰서장이 금지된 집회에 대하여 해산명령을 하고 이에 따르지 아니하면 해산명령불응죄로 처벌한다고 규정한다. 그러나 방송을 했는데 해산하지 않았다고 무조건 해산명령불응죄가 되는 것은 아니다. 집시법은 해산명령의 절차를 아래와 같이 상세하고 정해두고 있다 (제20조, 시행령 제17조). 주최자에 대한 종결선언 요청→참가자에 대한 해산요청→세 번 이상의 해산명령이 순서대로 모두 적법하게 이루어져야 한다. 당신이 기소되었다면 수사기록에서 이 부분을 꼼꼼히 살펴보는 게 좋다.

⚖️ 쫄지 마 법전 「집회 및 시위에 관한 법률 시행령」 제17조(집회 또는 시위의 자진 해산의 요청 등)

법 제20조에 따라 집회 또는 시위를 해산시키려는 때에는 관할 경찰관서장 또는 관할 경찰관서장으로부터 권한을 부여받은 국가경찰공무원은 다음 각 호의 순서에 따라야 한다. (단서 생략)

1. 종결선언의 요청

주최자에게 집회 또는 시위의 종결 선언을 요청하되, 주최자의 소재를 알 수 없는 경우에는 주관자·연락책임자 또는 질서유지인을 통하여 종결 선언을 요청할 수 있다

2. 자진 해산의 요청

제1호의 종결 선언 요청에 따르지 아니하거나 종결 선언에도 불구하고 집회 또는 시위의 참가자들이 집회 또는 시위를 계속하는 경우에는 직접 참가자들에 대하여 자진 해산할 것을 요청한다.

3. 해산명령 및 직접 해산

제2호에 따른 자진 해산 요청에 따르지 아니하는 경우에는 세 번 이상 자진 해산할 것을 명령하고, 참가자들이 해산명령에도 불구하고 해산하지 아니하면 직접 해산시킬 수 있다.

또한 미신고집회나 금지통고된 집회라고 하여 경찰이 당연히 해산명령을 할 수 있는 것이 아니다. 이 경우에도 경찰은 집회가 '타인의 법익이나 공공의 안녕질서에 대하여 직접적인

위험이 명백하게 존재하는 경우'에만 해산명령을 할 수 있다(대법원 2012. 4. 26. 선고 2011도6294 판결). 당신은 해산명령 대상이 되는 집회가 아니었다고 주장할 수 있고, 검사는 재판에서 그러한 위험의 존재를 증명해야 한다.

2) 도로에 서 있었는데 일반교통방해?

집회에 참가했는데 집시법이 아닌 형법상의 일반교통방해죄로 기소되는 경우도 많다. 통상 많은 사람이 참석하여 도로나 인도를 일정 시간 점거했을 때가 문제 된다.

⚖️ **쫄지 마 법전 형법 제185조(일반교통방해)**

육로, 수로 또는 교량을 손괴 또는 불통하게 하거나 기타 방법으로 교통을 방해한 자는 10년 이하의 징역 또는 1천 500만 원 이하의 벌금에 처한다.

이때에도 죄가 되는지 사실을 꼼꼼히 따져봐야 할 것이 많다. 우선 '교통을 방해'했다는 공소사실에 대해서는 '차량의 통행을 불가능하게 하거나 현저하게 곤란'한 정도에 이르지 않았다고 다툴 수 있다. 법원의 판단은 그때마다 다른데, '한쪽 방향 차로는 전혀 점거하지 아니한 채 다른 방향 차로 중 2개 차로만 섬거한 징도만으로 차량익 통행을 불가능하게 하거나 현저하게 곤란하게 되었다고 보기 어렵다'고 무죄로 인정된 사안도 있다(대법원 2011. 7. 14. 선고 2010도 17417 판결). 다음으로 신고된 집회이고 신고 내용에 도로 등 행진이 포함되어 있던 경우는 신고한 범위를 현저히 벗어나지 않는 한 일반교통방해죄가 될 수 없다. 또한 당신이 집회주최자나 주도적으로 관여한 사람이 아닌 단순 참가자라면 이 점도 강하게 주장할 필요가 있다. 최근 법원 판결 중에는 전체 집회의 관여 정도가 적은 단순참가자에게 일반교통방해죄의 공범을 인정하는 데 신중해야 한다는 취지의 판결들이 있다(대법원 2018. 1. 24. 선고 2017도11408 판결 등)

공무집행방해로 기소되었다면

집회 도중이든 그 전후이든 아니면 집회 등과 무관하게든 당신이 '공무집행방해'로 수사받거나 기소되었다면, 일단 검찰이 보기에 당신이 공무원에게 폭행·협박을 했다고 본다는 것이다. 당신이 폭행이나 협박을 한 사실이 없다면 '나는 그런 적이 없다'고 주장하면 된다. 그런데 억울한 마음에 '공무원이면 다인가' 하는 생각으로 공무원에게 물리적 힘을 가했거나 협박하는 말을 한 것이 맞다면, 이때 재판의 가장 중요한 쟁점은 '공무원의 공무집행이 적법한 것이었는가'가 된다.

대법원은 '공무집행방해죄는 공무원의 적법한 공무집행이 전제가 되고, 그 집행이 적법하기 위하여는 그 행위가 당해 공무원의 추상적인 직무권한에 속할 뿐 아니라 구체적으로도 그 권한 내에 있어야 하며, 또한 직무행위로서의 중요한 방식을 갖추어야 한다'고 판시하고 있다(대법원 2002. 4. 12. 선고 2000도3485 판결). 즉 ① 추상적인 직무권한에 속하고 ② 구체적으로도 그 권한 내에 있어야 하고 ③ 당시 공무집행이 직무행위로서의 중요한 절차와 방식을 따랐다는 세 가지를 모두 갖추어야 적법한 공무집행이 된다. 그 요건을 갖추지 못한 공무집행에 대해 폭행이나 상해가 이루어졌더라도 공무집행방해죄가 되지 않고 폭행이나 상해죄도 되지 않는다는 것이다.

따라서 사례마다 사실관계를 구체적으로 따져봐야 한다. 체포나 압수 수색에서 대항하는 과정이 주로 문제 되는데 이때는 수사관이 「형사소송법」이 정한 원칙과 절차를 지켰느냐가 주로 문제된다. 공무집행방해죄가 되지 않는다고 한 몇 가지 사례를 살펴보자.

법정형이 긴급구속사유에 해당하지 않는 범죄혐의로 기소중지된 사람을 경찰관들이 검거하는 과정에서 그 구원을 요청받은 피고인 등의 폭행으로 공무집행이 방해되었다는 공소사실에 대하여 경찰관들이 임의동행을 거절하는 공소외인을 강제로 연행하려고 한 것이라면 이는 적법한 공무집행에 해당하지 아니하므로 강제적인 임의동행을 거부하는 방법으로서 경찰관을 폭행·협박을 하여도 공무집행방해죄는 성립하지 아니한다(대법원 1991. 5. 10. 선고 판결).

법정형 5만 원 이하의 벌금, 구류 또는 과료에 해당하는 경미한 범죄에 불과한 경우 비록 그가 현행범인이라고 하더라도 영장 없이 체포할 수는 없고, 또한 범죄의 사전 진압이나 교통단속의 목적만을 이유로 그에게 임의동행을 강요할 수도 없다 할 것이므로, 경찰관이 그의 의사에 반하여 강제로 연행하려고 한 행위는 적법한 공무집행이라고 볼 수 없고, 따라서 피고인이 위 경찰관의 행위를 제지하기 위하여 경찰관에게 폭행을 가하였다고 하여도 이는 공무집행방해죄를 구성하지 아니한다(대법원 1992. 5. 22. 선고 92도506).

헌법재판소는 '체포영장이 발부된 피의자를 체포하기 위하여 타인의 주거 등을 수색하는 경우에 피의자가 그 장소에 소재할 개연성만 인정되면 수색영장을 발부받기 어려운 긴급한 사정이 있는지 여부와 무관하게 영장주의의 예외를 인정하는 것'이 헌법상의 영장주의에 반하는 것이라고 하면서 영장 없이도 '타인의 주거나 타인이 간수하는 가옥 등'에서 피의자를 수색할 수 있도록 한 「형사소송법」 제216조 제1항 제1호에 대하여 헌법불합치 결정을 내렸다(헌법재판소 2018. 4. 26. 2015헌바370 등 결정). 경찰이 피의자를 체포하기 위해서 그의 주거가 아닌 제삼자의 주거 등에 항상 영장 없이 진입할 수 있는 것은 아니라는 취지다.

경찰의 직무집행이 적법한지를 판단하는 또 다른 중요한 기준이 바로 '경직법'이다. 경직법에는 경찰이 직무집행 시 지켜야 할 원칙과 방식이 적혀 있다. 불심검문이나 임의동행을 하는 과정에서 문제가 발생했다면 경찰의 불심검문 또는 임의동행이 적법했는지를 구체적으로 다투어야 한다(경직법 제3조). 한편 경찰이 긴급한 상황에서 당신을 직접 제지하는 근거로 자주 사용하는 것 중에 경직법 제6조 '행정상 즉시강제'라는 것이 있다.

⚖️ **쫄지 마 법전 「경찰관직무집행법」 제6조 제1항**

경찰관은 범죄행위가 목전에 행하여지려고 하고 있다고 인정될 때에는 이를 예방하기 위하여 관계인에게 필요한 경고를 발하고, 그 행위로 인하여 인명·신체에 위해를 미치거나 재산에 중대한 손해를 끼칠 우려가 있어 긴급을 요하는 경우에는 그 행위를 제지할 수 있다.

그러나 경직법 제6조는 국민의 행동을 직접적으로 제약하는 규정이므로 결코 함부로 남용해서는 안 되는 규정이다. 법원도 위 조항은 예외적으로 허용되는 것이므로 '불가피한 최소한도 내에서만 행사뇌도록 그 발동·행사 요건을 신중하고 엄격하게 해석하여야 한다'고 했다. 비록 집시법상 금지되는 집회가 예상된다고 하더라도, 집회와 시간적·장소적으로 근접하지 않은 곳에서 집회 참여를 위해 출발 또는 이동하는 사람을 함부로 제지하는 것은 적법한 공무집행으로 인정될 수 없다고 했다(대법원 2008. 11. 13. 선고 2007도9794 판결). 경찰이 당신의 어떤 행위를 직접 제지하여 다툼이 발생한 경우라면 경직법 제6조를 잘 따져봐야 한다.

 Q&A

Q. 국회나 법원 앞에서 집회하면 처벌되나?

A. 현재 집시법 제11조는 아래와 같이 옥외집회와 시위 금지 장소를 정하고 있다. 위헌 논란이 많았고 그중에서 제1호 국회의사당과 각급 법원, 제3호 국무총리 공관에 대해서는 헌법재판소에서 헌법불합치 결정을 내리면서 2019년 12월 31일까지만 '잠정적용'한 상태다. 따라서 곧 개정이 예상되며 법 개정 전이라도 위 조항에 대한 처벌은 쉽지 않을 것이다.

1. 국회의사당, 각급 법원, 헌법재판소
2. 대통령 관저, 국회의장 공관, 대법원장 공관, 헌법재판소장 공관
3. 국무총리 공관. 다만, 행진의 경우에는 해당하지 아니한다.
4. 국내 주재 외국의 외교기관이나 외교사절의 숙소. 다만, 다음 각 목의

어느 하나에 해당하는 경우로서 외교기관 또는 외교사절 숙소의 기능이나 안녕을 침해할 우려가 없다고 인정되는 때에는 해당하지 아니한다.

　가. 해당 외교기관 또는 외교사절의 숙소를 대상으로 하지 아니하는 경우

　나. 대규모 집회 또는 시위로 확산될 우려가 없는 경우

　다. 외교기관의 업무가 없는 휴일에 개최하는 경우

2.
국가보안법

당신이 국가보안법 재판을 받을 가능성은 없다고?

　여기서 「국가보안법」을 다루는 이유가 뭘까. 누구나 「국가
보안법」 재판을 받을 수 있기 때문이다. 「국가보안법」으로 인해
불편할 일이 하나 없는데 그게 말이 되냐고 반문할 수 있다. 우
리는 북한을 혐오하고 적대하며, 북한의 주장이라면 불신하고
거부하는 데 익숙하다. 또 평생 북한을 왕래하거나 북한 사람과
접촉하며 교류한 경험도 별로 없다. 북한에 대해 칭찬하거나 북
한의 주장과 논리에 공감을 표한 적은 더더구나 없다. 북한을
반국가단체로 해석하는 「국가보안법」의 냉전논리에 익숙하게
살아온 우리들에게 「국가보안법」 재판은 먼 나라의 남의 이야기
다. 그런데 요즘처럼 남북정상과 북미정상이 수시로 정상회담
을 하는 분위기에서는 누구나 북한에 대한 관심이 많아진다. 북
한에 대한 우호적 여론이 형성되고, 북한과 접촉하고 교류하며

왕래할 일이 생기게 된다. 그러다 보면 당신 또한 「국가보안법」을 크게 의식하지 않고 자연스럽게 북한 지도자를 칭찬하는 말을 하거나 북한의 주장에 동조하는 등 「국가보안법」에 걸리는 행동들을 할 수 있다. 그러다가 남북관계가 일관되지 못하고 좋아졌다가 나빠지면 그간 당신의 북한 관련한 행적들이 「국가보안법」으로 문제 되어 큰코다칠 수 있다. 당신이 평화와 화해의 시대에 이뤄진 왕래와 접촉, 교류와 만남, 서로 존중하는 분위기에서 한 말과 행동들이 「국가보안법」의 표적이 되고 종북몰이 대상이 될 수 있다. 분단 이래 「국가보안법」 적용 논리는 변하지 않아 왔다. 그렇기 때문에 남북관계가 좋아졌다고 해서 한반도 평화와 번영 그리고 통일의 꿈에 도취한 나머지 「국가보안법」을 전혀 의식하지 않는 당신의 부주의는 뜻밖의 위험을 초래할 수도 있다. 당신이 이 책에서 「국가보안법」 재판을 받게 되는 경우의 '쫄지 마 비법'을 공부해야 하는 이유다.

1) 헌법 위의 국가보안법?

⚖ 쫄지 마 법전 헌법 제21조 제1항

모든 국민은 언론·출판의 자유와 집회·결사의 자유를 가진다

⚖️ 쫄지 마 법전 「국가보안법」 제7조(찬양·고무 등) 제1항

국가의 존립·안전이나 자유민주적 기본질서를 위태롭게 한다는 정을 알면서 반국가단체나 그 구성원 또는 그 지령을 받은 자의 활동을 찬양·고무·선전 또는 이에 동조하거나 국가변란을 선전·선동한 자는 7년 이하의 징역에 처한다.

당신은 북한과 관련하여 말과 행동에 심각한 제약을 받는다. 당신은 대북정책, 대미정책에 대해서는 제대로 주권자로서 행동하지 못하고 있지는 않은가? 당신의 말과 행동은 헌법 제21조의 사상의 자유, 양심의 자유, 표현의 자유의 영역에서 보장되어야 함에도 북한과 관련해서는 「국가보안법」의 찬양고무죄가 보다 빨리 다가와 말과 행동을 제약하곤 한다. 한번 생각해보라. 북한과 관련하여 당신은 스스로에 대한 검열 없이 말과 행동을 자유롭게 할 수 있는가? 누구나 평화협정 체결, 주한미군 철수, 한미동맹 폐기, 한미연합훈련 중단 등의 주장을 들으면 거부반응부터 생기거나 아니면 함부로 주장하다가는 친북으로 몰린다고 겁부터 먹는다. 「국가보안법」 찬양고무죄가 처벌하는 자유주의적 기본질서를 위태롭게 한다는 정을 안다는 의미를 법원이 넓게 해석해온 결과이다. 이를 거슬러 자유롭게 의견을 형성하여 북한의 주장을 공감하거나 수용하고, 이해하거나 동조하고 지지할 수 없는 게 현실이다. 그와 같은 주장을 하는 집회에 참여하거나 그와 같은 주장을 관철하기 위하여 연대하여 조직결성 및 공동 활동을 하기는 더욱 어렵다.

국가보안법이 도대체 어떤 법이기에

자, 그렇다면 「국가보안법」은 어떤 규정을 가지고 있는지 알아보자.

「국가보안법」 제2조 제1항은 "정부를 참칭하거나 국가를 변란할 것을 목적으로 하는 국내외의 결사 또는 집단으로서 지휘통솔체제를 갖춘 단체"를 반국가단체로 규정하고 있다. 북한은 「국가보안법」 제2조 제1항의 정부를 참칭하고 국가를 변란할 목적으로 조직된 반국가단체로 해석된다. 남북관계 변화에 상관없이 일관되게 확립된 대법원의 견해이다.

「국가보안법」 제4조 제1항 목적수행 간첩죄는 반국가단체의 구성원이나 그로부터 지령을 받은 자가 국가기밀을 탐지, 수집, 누설, 전달하거나 중개한 경우에 처벌하는 규정이다. 북한 주민 등과 단순히 접촉한 경우까지 '반국가단체의 구성원으로부터 지령을 받은 자'라고 폭넓게 적용한다. '국가기밀'의 범위를 무한정 넓게 해석하여 국내 정치, 경제, 사회, 문화 등 다방면에 걸쳐 반국가단체에 대하여 비밀로 하거나 확인되지 않는 대한민국의 이익이 되는 모든 정보를 포괄한다.

「국가보안법」 제6조 제1항 잠입·탈출죄는 "반국가단체의 지배하에 있는 지역"을 단순히 드나든 것을 범죄로 처벌하고 있다. 대한민국 국민은 남북교류협력법상 정해진 절차에 따라 정부의 방북 승인을 받고 북한을 방문하지 않는 경우 이 탈출죄가 적용된다.

「국가보안법」 제8조 회합·통신죄는 "반국가단체의 구성원 또는 그 지령을 받은 자와 회합·통신 기타의 방법으로 연락"하는 행위를 처벌하고 있다. 정부의 승인 없이는 북한이 참가한 국제행사에 참석하여 북한 주민과 접촉하는 행위, 남북가족 간에 서신 교환이나 인터넷 등의 방법으로 연락을 주고받는 행위 등이 모두 처벌된다.

특히, 「국가보안법」 제7조 제1항(찬양·고무 등)과 제5항(이적표현물 소지 등)의 규정은 일상생활에서조차 우리로 하여금 북한과 관련해서는 담을 쌓고 눈과 귀를 가리고 입을 조심하게 만드는 조항이라고 해도 과언이 아니다. 지금까지 가장 많이 적용되어온 조항이기 때문이다. 당신이 북한에 대해 글을 쓰거나 토론하는 것은 가장 처벌 근거가 되기 쉬운 조항이니 아래에서 더 자세히 살펴보자.

⚖️ **쫄지 마 법전 「국가보안법」 제7조 제5항**

제1항·제3항 또는 제4항의 행위를 할 목적으로 문서·도화 기타의 표현물

을 제작·수입·복사·소지·운반·반포·판매 또는 취득한 자는 그 각항에 정한 형에 처한다.

1) 국가보안법 제7조는 국제사회의 '동네북 신세'

「국가보안법」 제7조는 시민적·경제적 권리에 관한 국제규약 제18조는 사상, 양심 및 종교의 자유, 제19조는 의견의 자유와 표현의 자유 등에 반하는 법률이라는 비판이 끊이지 않아 왔다. 실제로 유엔인권이사회 등 유엔기구에서는 1990년 우리나라가 국제인권규약을 비준한 이후 최근까지 「국가보안법」의 폐지 등을 지속적·반복적으로 권고해왔다. 또한 미국에서 재미한국청년연합 회원 활동과 평화적 시위를 한 것에 대하여 「국가보안법」 제7조 제1항 및 제3항 위반으로 처벌한 사건, 전국민족민주운동연합 연례회의에서 반정부 유인물을 배포한 행위를 「국가보안법」 제7조 제1항과 제5항 위반으로 처벌한 사건, 화가가 그린 '모내기'라는 제목의 그림을 「국가보안법」 제7조 위반으로 처벌한 사건, 한국대학총학생회연합 대의원이라는 이유로 「국가보안법」 제7조 위반으로 처벌한 사건에서 피고인들이 유엔인권이사회에 개인진정 제소했는데 모두 국제인권규약 위반임이 확인되기도 했다. 2017년 8월, 수원지방법원 판사는 「국가보안법」 제7조 위반으로 재판에 넘겨진 피고인들을 재판하는 과정에서 이 조항이 표현과 양심의 자유를 과도하게 침해한다고 판단하여 헌법재판소에 위헌법률심판을 제청했다. 또 유엔 인권이사회도 2017년 11월 9일 한국을 대상으로 한 국가별 정례인권검토에서 「국가보안법」 7조가 평화로운 표현에 대한 권리, 언론, 결사의 자유를 보장하도록 개정할 것을 권고했다.

국가보안법 재판의 특징

검찰은 「국가보안법」 재판에서 늘상 피고인의 말과 행동은 북한을 이롭게 할 생각에서 비롯된 것이라고 주장한다. 현대판 궁예의 관심법이라도 적용하는 것일까. 검사는 피고인의 마음속에 품은 생각을 어떻게 알고 그런 주장을 할까. 이적목적이라는 추상적인 생각을 입증하기 위해서 검찰은 당신이 평소 어떤 말과 행동을 해왔는지를 SNS와 홈페이지에 쓴 글, 주고받은 이메일, 집에 있는 책 목록 등을 수집해서 그중에 조금이라도 북한에 이로울 만한 정황이 엿보이면 그것을 모아서 피고인 생각의 이적성을 드러내는 증거로 법원에 제출한다. 정부에 비판적인 말과 행동을 하거나 농담으로라도 북한을 칭찬하는 이야기를 하거나 북한의 주장에 일부 공감한 경우라도 마찬가지인 경우가 많다.

1) 제가 국가보안법 위반자라고요?!

이제 당신이 「국가보안법」 위반 수사를 받은 후 이적표현물 소지 및 이적동조 등 혐의로 검사에 의해 기소가 된 경우를 상상해보자.

당신이 북한 책자를 소지했고, 북한 관련 인터넷 기사에 북한에 우호적이거나 북한의 주장에 공감하는 댓글을 달았다고 가정하자. 북한 책자를 소지하고 북한의 주장에 공감하는 댓글을 다는 행위를 한 당신이 재판에서 무죄판결을 받기는 쉽지 않다. 검사나 판사는 북한 책자 내용 중에 북한 지도자 찬양성 문구 몇 개로 이적성이 있는 것으로 판명할 것이다. 북한 책자를 소지한 당신이 북한 관련하여 북한에 우호적 의견이나 북한의 정책에 동조했으므로 이적목적을 인정할 것이고, 이적동조 목적으로 북한 책자를 소지한 것으로 인정할 가능성이 크기 때문이다. 그렇다면 북한 관련 이적동조, 이적표현물위반사건에서 무죄를 받으려면 어떻게 해야 할까?

2) 이적지정, 이적목적 및 실질적 위험성이란

「국가보안법」 제7조 제5항 이적표현물 소지의 유무죄를 판단하는 기준이 되는 것은 이적지정, 이적목적 및 실질적 위험성이다. 제7조 제1항 이적동조의 유무죄를 판단하는 기준이 되는 것은 이적지정 및 실질적 위험성이다. '이적지정'이란 「국가보안법」 제7조 제1항의 "국가의 존립, 안전이나 자유민주적 기본질서를 위태롭게 한다는 정을 알면서"를 줄여서 말하는 표현이다. '이적목적'이란 반국단체 등의 활동을 찬양·고무·선전·동조할 목적이다. 대법원은 「국가보안법」 제7조 제5항 범죄의 성립을 인정하기 위해서는 피고인의 경력과 지위, 해당 표현물의 내용, 행위의 동기 및 경위 등의 간접사실을 종합적으로 고려하여 이적행위 목적이 인정되어야 한다고 판시하고 있다(대법원 2010. 7. 23. 선고 2010도1189 전원합의체 판결 참조). '국가의 존립·안전이나 자유민주적 기본질서를 위태롭게 할 실질적 위험성'을 판단함에 있어 대법원은 무장봉기나 폭력 등이 포함될 경우에 한하여 실질적 위험성을 인정하여야 한다는 소수견해도 있었지만, 다수의 대법원 의견은 일관되게 주한미군 철수, 평화협정 체결, 한미동맹 폐기 등 북한의 대남선전선동 내용에 동조하는 경우에도 이적성, 위험성이 인정된다고 판시하고 있다(대법원 2010. 7. 23. 선고 2010도1189 전원합의체 판결 참조).

3) 당신에게는 이적목적이 없다

「국가보안법」 제7조 제5항 이적표현물 소지와 관련하여 당신이 북한 책자를 소지한 행동에 대해 다음과 같이 항변해야 무죄를 받을 수 있다. 우연히 호기심에, 학술연구 목적으로, 영리 목적 등으로 북한 책자를 소지한 것일 뿐 북한의 주장에 동조하거나 북한과 북한 지도자를 이롭게 할 목적(찬양·고무·선전·동조할 목적)이 없었다는 점을 주장한다. 이에 반하는 증거로 당신에게 유죄가 추정될 수 있다면 그러한 증거들에 대해 해명을 잘해야 한다. 특히 당신이 북한에 대하여 비판한 내용이 조금이라도 남아 있다면 무조건 그것을 법정에서 현출시켜야 당신은 「국가보안법」의 이적표현물 소지의 오해를 벗을 수 있다. 당신이 학자도 아니고 교사도 아니면서 집에 북한 책을 너무 많이 가지고 있고, 밑줄까지 긋고 학습장까지 만들어 체계적으로 학습한 것으로 비춰지면 참으로 난감할 수밖에 없다. 당신이 북한 연구 전문가로 평판이 있고 북한 관련 학과를 다니고 있거나 북한 관련 논문을 쓴 적이라도 있다면 참으로 다행일 것이다. 당신이 이것과 거리가 멀다면 평소 북한의 주장에 공감하는 말과 행동을 한 증거들이 제출될 경우에는 항변하기가 난감하다. 그럴 때는 북한이 적이 아니라고 항변하거나 북한이 적이라고 하더라도 북한 책자를 읽거나 북한의 주장에 공감하거나 북한의 주장을 수용하고 동조하며 단체를 만들어 선전활동을 하는 것은 사상의 자유, 표현의 자유, 결사의 자유에 해당한다고 변론해야 한다.

4) 당신의 행위는 위험하지 않다

「국가보안법」 제7조 제1항 이적동조와 관련하여 당신은 북한을 평화통일의 동반자로 여기고 남북이 평화적으로 공존하며 상호존중의 원칙에서 평화적 통일을 이루는데 기여할 목적으로 북한에 대한 우호적 의견과 북한의 주장에 공감하여 의견표명을 한 것에 불과하다고 주장해야 한다. 국가안보나 대한민국의 자유민주적 기본질서를 위태롭게 할 의도가 전혀 없었다고 '이적지정'을 부인하는 항변을 해야 한다. 특히 대법원의 다수견해에 따르면, 당신이 대학시절에 「국가보안법」 전력이 있거나, 주한미군 주둔을 비판하고 북한에 대하여 긍정적인 생각을 가졌을 뿐만 아니라 그러한 생각을 갖고 대외적으로 꾸준한 표현활동을 하면서 여러 사람과 함께 조직적 캠페인을 해왔다면 위험한 사람으로 인정되어 「국가보안법」 위반 유죄를 받을 가능성이 커진다. 당신이 폭력혁명을 옹호하거나 폭력적 방법을 사용하여 주장을 펼친 적도 없고 단지 북한의 주장에 동조한 것 밖에 없는 당신의 행위는 위험하지 않지 않은가. 이와 동일한 논리가 대법원의 소수의견으로 판시된 적이 있다. 재판 과정에서 당신의 행위에 대해 자유민주적 기본질서에 실질적 해악을 끼칠 의도나 그러한 실질적 위험성이 없다고 적극적으로 주장하고 해명하자.

「국가보안법」 재판에서 당신은 법정 발언 하나 하나에 조

심할 필요가 있다. 피고인의 사상을 들여다보는 증거로서 이적
지정과 이적목적을 추단하는데 사용될 수 있기 때문이다. 「국가
보안법」 재판 과정에서 피고인신문 등의 기회에 검사나 판사가
사상 검증식 질문을 하는 경우가 있는데, 피고인은 반드시 옆에
앉은 변호인의 조력을 받아 진술거부권을 행사하거나 질문에
답변하는 것이 바람직하다.

5) 헌법재판소와 유엔자유권위원회의 활용

⚖️ **쫄지 마 법전 「세계인권선언」 제19조**

모든 사람은 의사표현의 자유를 누릴 권리가 있다. 이 권리에는 간섭받지

않고 자기 의견을 지닐 수 있는 자유와, 모든 매체를 통하여 국경과 상관

없이 정보와 사상을 구하고 받아들이고 전파할 수 있는 자유가 포함된다.

⚖️ **쫄지 마 법전 「시민적 및 정치적 권리에 관한 국제규약」 제19조**

1. 모든 사람은 간섭받지 아니하고 의견을 가질 권리를 가진다.

2. 모든 사람은 표현의 자유에 대한 권리를 가진다. 이 권리는 구두, 서면

또는 인쇄, 예술의 형태 또는 스스로 선택하는 기타의 방법을 통하여 국경

에 관계없이 모든 종류의 정보와 사상을 추구하고 접수하며 전달하는 자

유를 포함한다.

3. 이 소 제2항에 규정된 권리의 행사는 특별한 의무와 책임이 따른다. 따

라서 그러한 권리의 행사는 일정한 제약을 받을 수 있다. 다만, 그 제한은 법률에 의하여 규정되고 또한 다음 사항을 위하여 필요한 경우에만 한정된다.

(a)타인의 권리 또는 신용의 존중

(b)국가안보 또는 공공질서 또는 공중보건 또는 도덕의 보호

⚖️ 쫄지 마 법전 개인통보(Individual Communication)

• 인권침해를 당한 개인이 제출한 진정을 위원회가 검토하여 준사법적 결정을 내린다.

• 현재 자유권, 인종차별철폐, 고문방지, 여성차별철폐위원회 도입, 다른 위원회도 도입 중이다.

• 자유권규약위원회, 여성차별철폐조약은 선택의정서를 비준한 국가를 대상으로, 인종차별 철폐 및 고문방지협약은 협약을 체결한 모든 국가 (유보조항인 경우에는 제외)의 모든 사람이 제출 가능하다(제삼자 제출가능).

• 해당 국가의 구제절차를 모두 마친 경우에만 가능하다.

• 고문방지와 여성차별 2개 위원회는 조사가 가능하며 조사결과는 즉각 위원회에 제출되고 논의되며, 적절한 논평과 권고가 이루어진다.

위헌소송이나 유엔제소를 활용할 필요도 있다. 아예 법원에 「국가보안법」 규정에 대해 위헌법률심판을 받게 해달라고 신청하거나, 유엔자유권위원회에 「국가보안법」 규정으로 처벌

하는 것이 유엔의 시민적·정치적 권리에 관한 국제규약(자유권규약)의 위반이라는 이유로 개인진정을 제기하는 방법이 그것이다.

⚖ Q&A

Q. 「국가보안법」에 대한 위헌법률제청신청은 무엇이고 어떻게 하는 것인가?

A. 「헌법재판소법」 제41조는 위헌 여부 심판의 제청이라는 제도를 두고 있는데, 판사가 재판을 하다가 피고인을 처벌하는 법률이 헌법에 위반되는지 여부가 재판의 전제가 된다고 판단이 되면 헌법재판소에 법률의 위헌 여부 심사를 신청한다. 이것을 '위헌법률심판제청'이라고 한다. 피고인이 판사에게 법원이 제청할 것을 신청할 수도 있는데, 이것을 피고인의 '위헌법률심판제청 신청'이라고 한다. 신청할 때는 제청법원의 표시, 사건 및 당사자의 표시, 위헌이라고 해석되는 법률 또는 법률의 조항, 위헌이라고 해석되는 이유를 모두 적어서 재판 중인 법원에 제출한다.

Q. 「국가보안법」으로 기소되었는데 유엔 제소를 할 수 있나?

A. 유엔 「시민적 및 정치적 권리에 관한 국제규약」은 신체의 자유, 표현의 사유, 집회·결사의 자유 등을 보장하도록 하

고 있으며, 한국 정부도 1990년에 가입한 바 있다. 「국가보안법」으로 처벌받게 되면 이 규약 위반을 이유로 유엔자유권위원회에 개인 진정을 제기할 수 있다. 국가에 의해 표현의 자유가 침해된 것이 인정되고 국가 내에서의 여러 가지 사법절차에 의해 구제절차를 밟았음에도 끝내 그것이 해결되지 않으면 유엔자유권규약위원회는 개인 진정에 따라 해당 당사국의 인권침해 여부를 판단하고 심판하도록 하겠다는 개인통보제도를 사용할 수 있다.

Q. 「국가보안법」으로 수사받거나 재판받게 되면 꼭 변호인이 있어야 하나?

A. 「국가보안법」 재판은 다른 재판과 다른 점이 많다. 여러 간접적인 증거들로 피고인의 이적성이라는 사상을 검증하는 식으로 진행되기 때문에 풍부한 경험을 가진 변호사와 상의하여 재판받는 것이 좋다.

3.
표현의 자유

표현의 자유로 당당해지자

⚖️ **쫄지 마 법전 헌법 제21조 제1항**

모든 국민은 언론·출판의 자유와 집회·결사의 자유를 가진다.

헌법 제21조의 언론의 자유, 출판의 자유, 집회결사의 자유를 모아서 '표현의 자유'라고도 한다. 공공의 관심사에 대한 사람들의 의견표명을 중요한 기본권으로 보장해야 하는 이유는 뭘까? 사실 사람들은 하나같이 저마다의 개성과 서로 다른 생각을 가지고 있다. 만약 정부든 언론사든 힘을 가진 기관이 모든 사람에게 한두 가지의 의견과 감정만을 갖도록 요구한다면 우리 사회는 정체하고 쇠퇴하게 된다. 타인과 구별되는 의견과 감정을 교환하고 이를 토대로 정치·사회·문화·예술의 변화와 발전을 가져오는 역할을 하는 것이 바로 표현의 자유라는 기본권이다. 표현의 자유를 민주주의의 대전제, '기본권 중의 기본권'이라고 부르는 이유가 여기에 있다. 이러한 권리는 특히 기존의 질서나 관념에 반하는 생각과 행동 양식을 가진 '소수자'에게 중요한 의미를 갖는다. 자신의 의견을 표명할 수단이나 기회가 부족한 사회적 약자들에게도 표현의 자유를 통한 자신들의 목소리 내기는 생존의 필수조건이기도 하므로 각별하다.

그러니 자신의 의견을 내는 것에 당당해져야 한다. 헌법과 법률이 당신에게 말할 자유를 보장하고 있으니 우선 이를 믿어도 좋다.

명예훼손이 문제다

다만 다른 사람에 대하여 악의적인 거짓 소문을 유포하여 그가 다니던 직장에서 그만두게 한다든가, 선거에서 이기기 위해 상대 후보자의 신상에 관한 왜곡과 거짓말로 유권자들을 호도하는 행동까지 표현의 자유라는 이름으로 보장해달라는 건 과욕이다. 정치적 이득을 얻기 위하여 또는 차별과 배제 의식에 사로잡혀 외국인 노동자, 장애인, 성 소수자와 같은 사회적 약자들에게 혐오의 감정을 쏟아붓는 일 또한 명예훼손이나 모욕으로 처벌받을 수 있다.

당신은 사회적으로 의미 있는 일이라 생각하여 용기 있게 발언했는데 명예훼손 고소를 당하여 재판을 앞두고 있을 수 있다. 아니면 당신 자신도 모르게 오픈된 공간에서 순간의 감정에 휩싸이거나 일시적으로 분별을 잃고 한계를 넘은 발언을 하거나 인터넷에 댓글을 남겼을 수도 있다. 실제 재판에서는 공론의 장에서 서로가 양해 가능한 발언인 건지, 진실이 아닌 이야기를 했더라도 단순히 오해한 것인지, 악의적인 거짓 비방인지, 상대방을 모욕하여 수치심을 도저히 견딜 수 없게 한 것인지, 수용 가능한 의견인지가 항상 문제 된다. 그러니 기소되었다고 무조건 쫄지 말고 우선 당신이 말할 당시에 어떤 과정을 통해 그런 생각을 하게 되어 말과 글로 옮기게 된 것인지 찬찬히 돌아봐야 한다. 그리고 나서 당신이 말하거나 쓴 내용 중에 진실이 아닌 것은 무엇인지, 표현을 과도하게 모욕적으로 한 것은 무엇인지, 그리고 그게 처벌받을 만큼 잘못된 것인지를 잘 생각해야 한다. 물론 당신 혼자만의 힘으로 판단하기 어려우니 변호사와 상담해서 의견을 들어보는 것이 꼭 필요하다. 그리고 나서 재판에 어떻게 임할지를 정해야 한다.

TIP

우리 형법은 제307조에서 공연히 사실 또는 허위사실을 적시하여 사람의 명예를 훼손한 자를 처벌한다. 출판물, 라디오 등에 의하여 사실 또는 허위사실을 적시하는 경우도 처벌하는데 이 경우에는 특히 제309조에서 '비방할 목적'을 추가로 요구하고 있다. 이런 명예훼손 행위가 진실한 사실로서 오로지 공공의 이익에 관한 경우에는 '위법성이 조각'되어 처벌하지 않는다. 비록 허위라고 하더라도 진실한 사실이라고 믿을 만한 정당한 사유가 있으면 마찬가지로 처벌의 대상에서 제외된다. 이렇듯 '사실'에 관한 것만이 처벌 대상이 되는 것은 아니다. 타인에게 모욕감을 주는 욕설 등은 제311조에 의하여 모욕죄로 처벌된다. 인터넷 공간에서 사실이나 허위사실로 명예훼손을 하면 정보통신망법이라고 불리는 특별법에 의하여 더 중하게 처벌한다. 다만 이 경우도 '비방할 목적'을 처벌의 요건으로 요구하고 있다.

당신이 잘못했다 싶으면 먼저 합의를 시도하라

명예훼손 관련 범죄들은 친고죄 또는 반의사불벌죄로 규정되어 있어서 피해자의 고소 또는 제삼자의 고발로 수사기관이 수사를 개시했거나 이미 재판을 시작한 뒤에도 피해자와 합의하면 처벌하지 않는다. 처벌의 이유가 피해자의 명예감정에 큰 손상을 입혔기 때문이므로 피해자가 가해자를 용서하거나 피해자가 합의금을 받고 재판을 끝내기로 하면 수사기관이나 법원은 더 이상 이에 관여하지 않고 수사절차나 재판절차를 종료한다.

만약 당신이 한 말과 글을 돌아보고 잘못했다 싶은 생각이

든다면, 또는 변호사가 처벌 가능성이 높다고 조언해준다면 우선 피해자에게 사과하면서 합의를 시도해야 한다. 피해자에게 연락을 취하고 가능하다면 그를 직접 만나서 진심을 담아 사과해야 한다. 처음 만났을 때의 태도가 합의의 성패를 결정한다고 해도 과언이 아니니, 이 점을 명심해야 한다. 상대방이 지나치게 많은 합의금을 요구한다고 해서 흥분하거나 합의를 쉽게 포기해서는 안 된다. 상대방의 첫 번째 요구는 많은 금액에서 시작하기 마련이니, 당신의 사정과 입장을 진솔하게 설명하면서 감액을 부탁해야 한다. 진지하게 논의하면서 조정하다 보면 합의점을 찾을 수 있다. 명심할 것은 무죄를 확신하는 경우가 아니라면 비용이나 여러 면에서 재판을 진행하는 것보다는 합의로 사건을 끝내는 것이 대개 더 낫다는 점이다.

당신이 거짓말했음을 검사가 입증할 책임이 있다

실무 재판상 가장 문제 되는 쟁점은 문제 된 표현이 진실한 사실인지 아니면 허위사실인지 하는 것이다. 검사는 허위 여부에 대하여 증거를 동원하여 판사를 설득할 책임을 진다. 검사가 제출한 증거만으로 충분히 허위사실임을 증명하는 경우도 있지만, 진실인지 아닌지가 애매하여 도무지 판단하기 어려운 경우도 많다. 피고인이나 변호인도 반대증거를 제출하여 피고인이 표현한 사실관계가 거짓이 아닌 진실이라고 주장하기 때문에, 판사는 검사와 피고인 측이 제출한 증거 모두를 고려하여 사실 판단을 해야 한다. 판사는 양측의 증거를 모두 살펴본 뒤 대상 표현이 '허위'인지를 합리적으로 고민해본 결과 의심의 여지 없이 거짓이라고 확신해야 유죄를 선고할 수 있다. 뒤집어 말하면 허위일 것이라는 강한 의심은 드는데 만에 하나 진실일 가능성을 배제할 수 없다면 무죄를 선고해야 한다. 이러한 이유 때문에 실제 재판에서 변호인의 변론은 '검사가 제출한 증거만으로는 사실일 수도 있다는 의심을 완전히 지울 수 없다'는 인식을 판사에게 심는 것에 집중하게 된다. 그러기 위해선 검사가 제출한 증거의 신빙성을 꼼꼼하게 공격해야 한다. 당신도 변호인과 함께 당신에게 유리한 정황증거 등을 재판에 제출하여 설득력 있게 설명해야 한다. 판사의 심증을 흔들게 되면 무죄판결을 받을 가능성이 커진다.

당신이 이야기한 것은 '사실관계'에 관한 것이 아니라 당신의 '의견'임을 주장하라

재판에서 또 하나 중요한 쟁점은 문제 된 표현이 사실관계에 관한 것이냐, 아니면 의견이나 감정에 관한 것이냐 하는 것이다. 명예훼손죄는 사실관계를 언급하여 그것이 거짓말로 밝혀지거나 또는 진실이라고 하더라도 그것이 드러남으로써 다른 사람의 명예에 큰 피해를 주게 되었을 때 성립한다. 즉 구체적인 사실관계를 거론한 것이 아니라 정치적, 사회적 문제에 대한 개인적 의견을 표명한 것으로 인정되면 명예훼손죄는 성립하지 않는다. 그러나 표현 중에 사실과 의견은 서로 섞여서 구분해 내기가 쉽지 않다. 예를 들면 '그가 한 일은 천인공노할 짓이다' 라고 하면 '나쁜 일을 했다'는 사실을 적시한 것 같지만 사실은 '그가 한 일은 나쁜 짓이다'라는 당신의 의견을 표명한 것이므로 모욕죄의 성립은 별도 문제로 하고 명예훼손죄가 성립하지는 않는다. 우리 법원은 '폭력시위'라는 똑같은 표현에 대해서도 어떤 경우에는 단순한 의견표명이라고 보기도 하고 어떤 경우에는 사실관계를 표현한 것이라고 판단하기도 한다. 즉, '이 사건 시위의 준비·전개과정이나 물리적인 충돌이 발생하게 된 원인과 경위 등에 관한 구체적인 사실을 기술한 다음 그러한 사실을 바탕으로 '이 사건 시위는 폭력시위였다'라고 했다면 이는 단순한 의견표명에 불과할 수 있다. 하지만 그러한 전제 사실에 대해서는 아무런 언급을 하지 아니한 채 '○○○은 폭력시위를 주동했다'라는 내용만을 의도적·기교적으로 표현했다면 이는 단순한 의견표명이 아니라 구체적인 사실의 적시에 해당한다' 라고 판단했다(서울남부지방법원 2007. 11. 22. 선고 2005고합69, 2006고합 267(병합) 판결). 이 역시 일반인은 판단하기 어려운 쟁점이므로 섣불리 판단하지 말고 변호사의 조언을 꼭 받는 것이 좋다.

공공의 이익을 위해서였다는 주장을 빠뜨리지 말자

당신이 한 말이나 쓴 글이 공공의 이익을 위해 중요한 사실이라는 이유로 처벌을 면할 수 있는 것은 아닌지를 따져봐야 한다. '진실한 사실로서 오로지 공공의 이익에 관한 것일 것'이면 처벌할 수 없는데, 위 문언 때문에 '개인적 이익이 개입하면' 처벌받는 것은 아닌지 걱정하는 경우가 많다. 하지만 우리 법원은 '비록 개인적 이익이 일부 포함되어 있더라도 중요한 부분에서 공공의 이익과 관련된 것이라면 위법성을 조각'하여 처벌하지 않는다는 입장이다.

또 객관적으로 진실한 사실은 아니지만 당신이 이걸 진실로 믿었다면 역시 범죄가 되지 않아서 처벌을 면할 가능성이 생긴다. 다만 진실이 아닌 것을 진실로 믿은 데에 그럴만한 정당한 사정이 있어야 한다. 여러 사정 때문에 진실한 사실로 믿을 수밖에 없었다는 사정은 당신이 입증해야 한다. 주장만 내세워서는 법원이 이를 인정할 근거가 없다. 입증을 한다는 것은 반드시 증거의 제시를 필요로 한다. 발언할 당시의 상황과 피고인이 알고 있었던 사정, 당시에는 알지 못했지만 신문기사 등에서 공개되어 다른 사람들은 진실로 믿고 있었던 사정 등에 관한 자료를 취합하여 잘 정리한 후 증거로 제출하면 처벌을 면할 수 있다.

방송사나 신문사와 같은 기존 언론사의 기사들은 보통 공공의 이익과 관련된 것으로 보이기 쉽다. 그러나 언론사에 따라서는 특정 정치·경제세력을 돕기 위하여 사실을 왜곡하여 보도하는 경우가 있다. 많은 사람의 이목을 끌기 위하여 선정성에 치우친 나머지 인권을 침해하는 기사를 쓰는 경우도 많다. 그중 한 경우가 성폭력피해자의 피해 경위를 과장·왜곡하거나 성폭력으로 입은 상처 부위를 자세하게 보도하는 등 피해자에게 2차 가해를 가하는 경우도 많다. 이러한 언론사의 보도는 공공의 이익에 관련된 것으로 볼 수 없으니 처벌 대상이다.

TIP

언론사의 보도라고 이를 믿고 말을 함부로 옮기면 당신 역시 처벌될 수 있으니 꼭 주의해야 한다.

인터넷상 가짜뉴스나 혐오표현에 주의하자

인터넷이 생활의 일부가 되면서 포털사이트에 실리는 기사 댓글, SNS에서 주고받는 말들에서 명예훼손이나 모욕사건이 발생하는 경우가 많아졌다. 근래에는 유튜브를 통하여 어느 일방의 정치적 입장만을 홍보하거나 상대방이 한 일을 왜곡하고 날조하여 불특정 다수의 사람에게 전달하는 일이 빈번하게 벌어져서 중요한 사회문제가 되고 있다. 이와 같은 가짜뉴스에는 난민, 성 소수자, 성폭력피해자 등에 대한 편견과 차별을 적대적으로 드러내면서 수치심이나 두려움을 주거나 멸시하고 모욕하는 혐오표현들이 다수 등장한다. 특히 문제 되는 것은 소수자들에 대한 차별과 악의, 폭력과 공격을 '조장'하고 '선동'하는 표현들이다. 이러한 표현들에 대해서는 공공의 이익을 전혀 인정할 수 없기 때문에 범죄로 처벌 대상이 된다. 당신이 이런 가짜뉴스나 혐오표현을 접했을 때 '인터넷 공간이니까 괜찮겠지'라는 안일한 생각으로, 또는 선동하는 표현들에 감정이 고조되어 나도 모르게 욕설과 멸시의 단어들을 쉽게 써버릴 수 있다. 내가 처음 시작한 것이 아니라도, 다른 사람이 하는 욕설에 동조한 것이라고 해도 책임을 면하기는 어렵다. 한 사람 한 사람의 목소리가 모아져 피해를 당하는 사람에게는 평생 돌이킬 수 없는 상처를 주는 결과가 될 수 있다. 이런 일로 재판을 받게 되면 시간과 비용을 헛되이 버리게 될 뿐만 아니라 범죄자의 낙인이 남는다. 재판 과정에서 변명하거나 책임을 면할 수 있는 마땅한 법적 수단도 없다. 그러니 가짜뉴스와 혐오표현을 경계하고 그와 같은 표현들을 무분별하게 전달하는 사람들에게 항의하는 용기를 내보길 바란다.

Q. SNS에서 다른 사람이 쓴 글을 단순히 전달하거나 리트윗하더라도 처벌되나?

A. 맞다. 다른 사람이 퍼뜨리는 거짓 소문을 그대로 옮기더라도 같이 처벌된다. 소문을 퍼뜨리는 행위에 가담한 것이 되기 때문이다. 다만 처음에 그 말을 만들어낸 사람에 비하면 조금은 가볍게 처벌받을 수 있을 뿐이다. 그러니 너무 쉽게 리트윗이나 공유하기를 누르지는 말자. 이 글이 가짜뉴스가 아닐지 의심해보고 그런 정황이 있으면 말을 옮기지 말아야 한다.

Q. 재판이 시작된 이후에도 피해자와 합의하면 처벌을 면할 수 있나?

A. 맞다. 수사기관에 의하여 조사를 받는 동안 피해자와 합의하면 검찰은 공소권 없음이라는 처분명으로 수사절차를 종결한다. 수사 단계에서 합의가 없어서 재판이 시작된 이후라고 해도 판결이 선고되기 전에 합의하면 법원은 공소기각판결을 한다. 합의했으므로 처벌할 수 없다는 의미이다. 합의는 2심인 항소심이 끝나기 전까지 하면 된다.

Q. 합의금으로는 얼마를 주어야 하나?

A. 합의금의 기준이 정해진 건 없다. 가장 중요한 기준은

명예훼손이나 모욕으로 피해자가 입은 피해의 정도이다. 당신이 한 거짓말 때문에 피해자 입장에서 돌이키기 어려운 마음의 상처를 입었거나 또는 사회적 평판이 심각하게 훼손되었다면 많은 합의금을 주어야 한다. 단순한 욕설이나 비방을 한 정도라면 50만 원 또는 100만 원 정도에서 합의하는 경우가 많다. 합의금의 액수를 정할 때도 역시 변호사의 도움을 받는 것이 좋다.

쫄지 마!
법률용어

간이공판절차: 제1회 공판기일에 피고인이 공소사실을 모두 자백하면 피고인이 증거에 동의한 것으로 보고 신속하게 재판을 진행하는 절차이다.

감정: 법원이 제삼자로서 전문가로 '감정인'을 지정. 감정인이 전문적인 식견으로 감정 목적물에 대한 의견을 내놓고 증거조사를 하는 절차이다.

검증: 법원이 직접 또는 전문가 등의 도움을 받아 물건을 살펴보거나 어떠한 장소를 방문해서 자세히 살펴보는 방식으로 법원이 눈으로 보고 듣고 느끼고 판단한 것을 기록해 증거조사를 하는 절차이다.

공무소 등에 대한 조회: 법원이 직권 또는 검사, 피고인이나 변호인의 신청으로 공무소나 공사단체에 조회하여 필요한 사항의 보고 혹은 그 보관 서류의 송부를 요구하는 절차이다. 국가나 지방자치단체, 그 밖의 공공기관과 사기업, 그 밖의 민간단체 등에 대해서도 신청이 가능하다.

공탁: 법원에 공탁서를 작성하여 공탁사무를 처리하는 공탁관에게 제출한 후, 공탁할 돈이나 물건을 지정된 은행이나 창고업자에게 납입하는 제도를 말한다. 피해자가 있는 형사사건에서 피해자가 형사합의에 응하지 않는 경우, 형사소송에서 피해자에 대한 배상이 없었다는 점이 양형에서 불리하게 작용할 수 있다. 이런 경우 피고인 측이나 변호인이 법원 공탁계에 방문하여 공탁서를 작성하여 제출하고 공탁금을 은행에 제출하는 경우가 많다.

공판기일: 법원과 검사, 피고인 및 기타 소송관계인이 모여 실행하는 기일이다.

공판준비기일: 본격적인 공판을 시작하기에 앞서 향후 공판이 집중적·효율적으로 진행될 수 있도록 검찰과 변호인이 쟁점사항을 정리하고 증거조사 방법에 관해 논의하는 절차를 실행하는 기일이다.

구성요건: 어떤 행위를 처벌하는지 형법이나 특별법에 정해놓은 행위 내용이다. 상해죄는 '상해'를 금지하고 있으므로 '상해 행위'가 구성요건에 해당된다.

구속집행정지: 구속의 집행력을 정지시켜서 피고인을 석방하는 재판 및 그 집행을 말한다. 법원은 상당한 이유가 있는 경우에는 결정으로 검사의 의견을 묻고 구속된 피고인을 친족·보호단체 기타 적당한 자에게 부탁하거나 피고인의 주거를 제한하여 구속집행을 정지할 수 있다.

구형: 검사가 판사에게 구체적인 양형(형벌의 종류와 기간)에 대하여 의견을 이야기하는 것이다.

국민참여재판: 사법의 민주적 정당성과 신뢰를 높이기 위하여 피고인의 신청에 따라 국민이 배심원으로 형사재판 1심에 한하여 재판에 참여하는 제도이다.

기소: 검사가 법원에 피의자를 처벌해달라고 청구하는 행위이다.

기소독점주의: 현행법상 기소는 국가기관 중 검사만이 할 수 있다는 원칙이다. 「형사소송법」 제246조에서 "공소는 검사가 제기하여 수행한다"고 규정하고 있다.

기소편의주의: 죄가 인정되더라도 검사가 무조건 기소하는 것이 아니라 기소·불기소를 재량으로 결정할 수 있는 제도이다. 「형사소송법」 제247조는 범인의 연령, 성행(性行), 지능과 환경, 피해자에 대한 관계, 범행의 동기, 수단과 결과, 범행 후의 정황에 따라 공소를 제기하지 않을 수도 있다고 규정하고 있다.

내용부인: 사법경찰관이 작성한 피의자신문조서에 기재된 내용이 진실에

부합하지 않는다는 진술이다.

무기평등의 원칙: 형사소송에서 피고인이 검사와 대등한 위치에서 싸울 수 있도록 변호인 선임권과 묵비권 등을 보장해야 한다는 원칙이다.

무죄추정의 원칙: 형사판결이 확정되기 전까지는 무죄로 추정된다는 헌법상의 원칙이다. 검사는 이 추정을 깰 정도로, 즉 법관으로 하여금 합리적 의심이 들지 않을 정도로 유죄의 입증을 하여야 할 책임을 부담한다.

무죄판결의 공시: 무죄판결이 확정된 경우 이 판결의 요지를 일반 민간신문과 법원 홈페이지를 통하여 공고하는 것이다. 다만 피고인이 동의하지 않거나 피고인으로부터 동의받을 수 없는 경우는 예외가 된다.

문서송부촉탁신청: 공무소 등에 대한 조회의 일종으로, 공무소나 공사단체가 보관하고 있는 서류의 송부를 요구하는 절차를 문서송부촉탁이라 부른다. 이를 법원에 신청하는 것을 '문서송부촉탁신청'이라고 한다.

미신고집회: 학문·예술·체육·종교·친목·오락·관혼상제·국경행사에 관한 것이거나 공공 안녕의 위험성이 전혀 없는 경우가 아님에도 불구하고 신고를 하지 아니한 옥외집회나 시위를 일컫는다.

반의사불벌죄: 피해자의 고소가 없어도 수사를 개시할 수는 있으나 피해자가 가해자의 처벌을 원하지 않는다는 뜻을 명확하게 밝히면 죄가 인정되어도 기소할 수 없고 처벌할 수도 없는 범죄를 말한다. 명예훼손죄가 이에 해당한다.

배심원: 「국민참여재판법」에 따라 형사재판에 참여하도록 선정된 사람이다. 파산선고를 받고 복권되지 않았거나 최근 형사처벌을 받은 사람, 직업에 따른 제외 사유로 국회의원·법조인·경찰공무원 등은 배심원을 할

수 없으며, 피고인이 재판받을 법원이 관할하는 그 지역 주민들 중 5~9인으로 구성된다.

배심원 기피: 배심원 후보자 선정 후 검사와 변호사가 후보자들에게 배심원결격사유에 해당하는지 여부와 불공평한 판단을 할 우려가 있는지 여부 등을 판단하기 위한 질문을 한 뒤 그중 문제가 있는 후보자에 대해 판사에게 배심원 부채택 결정을 신청하는 권리이다.

배심원 평의: 변론절차가 끝난 뒤 배심원단이 피고인의 유무죄에 관하여 토론하는 절차이다. 만장일치 또는 다수결에 따라 평결을 내려 재판부에 전달하면 재판부와 같이 양형토의를 진행한다.

배제결정: 피고인의 국민참여재판 신청에 대해 법원이 배심원의 생명, 재산에 대한 침해 우려가 있거나 공범 피고인이나 성범죄피해자가 국민참여재판을 원하지 않은 경우, 그 밖에 국민참여재판으로 진행하는 것이 적절하지 않은 경우에 불허 결정하는 것을 말한다.

범죄피해자 구조제도: 범죄행위로 사망하거나 장해 또는 중·상해를 입었음에도 불구하고 범죄 피해의 전부 또는 일부를 보상받지 못하는 등의 사유가 발생한 경우 국가에서 피해자 또는 유족에게 일정 한도의 구조금을 지급하는 제도이다.

범죄피해자 긴급지원: 위기상황에 처하여 도움이 필요한 범죄피해자가 관할 시군구에 요청하여 생계지원 등의 긴급지원을 받는 것이다.

법률구조제도: 경제적으로 어렵거나 법의 보호를 충분히 받지 못하는 사람들에게 법률상담, 소송대리 및 형사변호 등의 방법으로 법률구조를 해주는 제도이다.

법정형: 형법과 「특정범죄가중법」, 「폭력행위처벌법」, 「성폭력처벌법」 등과 같은 「형사특별법」의 법률조항에서 규정하고 있는 형의 종류와 양형의 범위이다.

변론요지서: 피고인의 변론내용을 논리적, 법리적으로 기재하여 문서의 형식으로 법원에 제출하는 것으로, 재판부가 피고인의 주장을 파악하는 데 있어 가장 중요하게 참고하는 자료이다.

보석: 형사재판 단계에서 법원이 적당한 조건을 붙여 구속된 피고인의 구금을 풀어주는 제도이다. 어떤 조건을 붙여 석방할 경우 피고인이 도망가지 않고 형사재판을 받을 수 있을 것이라고 예상되면 법원은 불필요한 구속을 억제하고 구속으로 인한 폐해를 줄이고자 이 제도를 통해 피고인을 석방할 수 있다.

부수명령: 주된 형벌에 부수하여 내려지는 보호관찰처분, 사회봉사명령·수강명령을 통틀어서 이르는 말이다. 보호관찰소에서 집행하고, 위반하는 경우 지명수배자 입력이나 집행유예 취소가 가능하다.

비방목적: 타인의 명예를 훼손하는 것을 주요 목적으로 하는 의도적이고 적극적인 의사이다. 공익목적을 가진 경우 보통 비방목적을 인정하지 않는다.

사실조회신청: 공무소 등에 대한 조회의 일종으로 공무소나 공사단체에 증명에 필요한 사항의 보고를 요구하는 절차를 사실조회라고 한다. 사실조회신청은 이를 법원에 신청하는 것을 말한다.

상고이유: 항소심(2심)판결에 불복하면서 이 판결에 파기되어야 할 사유가 있다고 지적하는 것으로, 사유가 '법리적 문제점이 있다(법리오해)'로 한정되어 있다.

서증: 법원에 증거로 제출하는 문서를 말한다. 검사는 수사절차에서 작성된 피의자신문조서, 참고인신문조서, 피의자나 참고인의 진술조서나 그 밖에 수집된 각종 공문서나 사문서 등을 서증으로 제출한다. 피고인도 자신이 보유하고 있는 증거가 될 문서를 법원에 서증으로 제출한다.

선고유예: 재판부가 '1년 이하의 징역이나 금고, 자격정지 또는 벌금의 형을 선고할 경우'에 '개전의 정상이 현저한 때'에 형의 선고 자체를 유예하는 것이다.

선고형: 법정형의 범위 내에서 법률상 가중 또는 감경사유 등을 반영한 후 재판부가 구체적 사건의 피고인에게 현실의 법정에서 선고하는 형(피고인이 선고기일에 출석하여 언도받는 형)이다.

성폭력피해자에 대한 특례: 성폭력사건의 피해자가 형사재판절차에서 진술할 때 신뢰관계에 있는 자와 함께 동석하거나 변호인을 선임해주는 등의 특별한 규정을 둔 것이다.

소년보호사건: 만 19세 미만의 소년이 범죄를 저지른 경우 소년의 형사사건에 대한 특별절차로 가정법원 소년부에서 재판하도록 하는 사건이다.

소송기록접수통지서: 항소심 법원 또는 상고심 법원이 원심으로부터 재판기록을 송부받고 이 사실을 피고인 또는 검사에게 통지하는 서류이다.

소음기준: 타인에게 심각한 피해를 주는 소음으로 집회나 시위를 하는 경우에도 발생시켜서는 안 된다고 대통령령에서 정해놓은 기준이다.

시위: 여러 사람이 공동의 목적을 가지고 도로·광장·공원 등 일반인이 자유로이 통행할 수 있는 장소를 행진하거나 위력 또는 기세를 보여, 불특정한 여러 사람의 의견에 영향을 주거나 제압을 가하는 행위이다.

신변보호(안전)조치: 범죄신고 등과 관련하여 보복을 당할 우려가 있는 범죄피해자, 신고자, 목격자 등이 수사나 재판 과정에서 가해자로부터 해를 입었거나 입을 우려가 있는 경우 경찰이나 검찰에 신청하여 신변보호를 받는 것이다.

약식명령: 법원이 그 관할에 속한 사건에 대하여 검사의 청구가 있는 때에 피고인이 출석하는 공판기일을 열지 않고 서류심사만으로 피고인을 벌금, 과료 또는 몰수에 처할 수 있는 재판이다.

양형기준: 재판부가 특정한 선고형을 정하고 형의 집행유예 여부를 결정함에 있어 참조하는, 대법원 양형위원회가 확정하여 공개한 기준이다. 법적 구속력은 없으나 합리적 사유 없이 양형기준을 위반할 수는 없다.

옥외집회: 천장이 없거나 사방이 폐쇄되지 않은 장소에서 여는 집회이다.

위법성조각사유: 형법에서 금지하는 행위이지만, 실질적으로 위법하지 않다고 인정할만한 특별한 사유이다. 정당방위가 여기에 해당된다.

위법수집증거배제법칙: 위법한 절차에 의하여 수집된 증거의 증거능력을 배제하는 법칙이다.

위헌법률심판제청: 법원이 헌법재판소에 피고인을 처벌하는 법률의 위헌 여부를 결정해주도록 요청하는 제도.

이적목적: '반국가단체 등의 활동을 찬양, 고무, 선전, 동조할 목적'의 준말이다.

이적지정: '국가의 존립, 안전과 자유민주적 기본질서를 위협하는 정을 알면서'의 준말이다.

인정신문: 재판장이 공판기일에 피고인의 성명·연령·직업·등록기준지·주소 등을 물어 피고인임이 틀림없음을 확인하는 절차이다.

일반교통방해: 일반 공중의 교통안전을 그 보호법익으로 하여 형법 제185조에서 '육로, 수로, 교량을 손괴 또는 불통하는 등으로 교통을 방해'하는 경우 10년 이하의 징역이나 1500만 원 이하의 벌금에 처한다고 규정하고 있는 범죄이다.

입증책임: 재판에서 어떤 사실을 주장하는 자가 이를 증명하지 못할 경우 불이익을 받을 책임이다. 형사재판에서는 검사가 공소사실이 사실임을 증거를 통해 증명해야 할 입증책임이 있다. 검사가 공소사실을 증명하지 못하면 판사는 무죄를 선고해야 한다.

자백보강법칙: 법관이 피고인의 자백을 기초로 유죄의 심증을 얻게 되었다 할지라도 그 자백이 다른 증거에 의하여 보강되지 않는 유일한 증거인 경우에는 유죄로 인정할 수 없다는 법칙이다.

전문법칙: 증거로 할 수 없다는 법칙이다.

정상: 재판부가 피고인에 대한 형벌을 정하는 데 참작하는 사유이다. 연령·성행·지능과 환경, 피해자와의 관계·합의 여부, 범행의 동기·수단·결과, 범행 후의 정황, 전과·경력, 가족관계, 건강상태, 진지한 반성 등이 이에 해당된다.

정식재판청구: 피고인이 법원의 약식명령을 받은 뒤 7일간의 정식재판 신청 기간 내에 약식명령 결과에 불복하여 정식으로 출석 재판을 열 것을 법원에 신청하는 제도이다.

죄형법정주의: 범죄와 형벌을 미리 법률로써 정하여야 한다는 헌법상의

기본원칙이다.

즉결심판: 경미한 형사사건을 정식재판을 거치지 않고 신속하게 처리하는 것이다. 특히 20만 원 이하의 벌금, 구류, 과료에 해당하는 경미한 사건이나 교통범죄로 인해 범칙금 통고처분을 받았는데 범칙금을 납부하지 않은 사건에 대해 경찰서장이 법원에 직접 청구하는 방식으로 진행된다.

증거신청: 형사재판에서 검사나 피고인이 할 수 있는 증거신청은 서류나 물건, 증인, 검증, 감정, 외국어 문서의 번역, 공무소 등에 대한 조회, 감정인이나 통역인 또는 번역인에 대한 신문 등이 있다.

증거인부: 피고인 또는 변호인이 검사가 제출한 증거에 대해 동의·부동의, 인정·불인정 등의 증거의견을 밝히는 절차이다.

증거재판주의: 형사재판에서 법원은 증거에 의해서만 사실인정을 할 수 있다는 원칙을 말한다.

증거채택: 검사나 피고인, 변호인이 신청하는 증거에 대해 법원이 증명의 필요성과 재판의 일정 등을 고려하여 증거신청을 받아주고 앞으로 그 신청된 증거를 조사해보겠다고 결정하는 것을 말한다.

증인: 법정에 나와 자신의 경험으로 증명할 사항에 대해 진술하는 사람을 말한다. 검사와 피고인이 증인을 법정에 불러내서 물어보고 답하게 하는 것을 증인신문이라고 하는데, 보통 검사나 피고인이 재판부에 증인신문하고 싶은 사람에 대해 신청서를 제출한다. 재판부는 증인을 불러내서 증인신문할 것인지 여부를 결정한다.

진술조력인: 13세 미만 아동인 성폭력범죄의 피해자나 신체적 또는 정신적 장애로 의사소통이나 의사표현에 어려움이 있는 장애인이 법정에서

진술하는 경우 법원에 신청하여 자신의 진술을 보조하거나 중개해주는 사람이다.

집행유예: 재판부가 '3년 이하의 징역이나 금고 또는 500만 원 이하의 벌금형을 선고할 경우에 그 정상에 참작할 만한 사유가 있는 때'에 '1년 이상 5년 이하의 기간'형의 집행을 유예하는 것이다.

집회: 특정 또는 불특정 다수인이 공동의 의견을 형성하여 이를 대외적으로 표명할 목적 아래 일시적으로 일정한 장소에 모이는 것이다.

집회주관자: 주최자의 위임에 따라 집회 또는 시위의 실행을 맡아 관리하는 사람이다.

집회주최자: 자기 이름으로 자기 책임 아래 집회나 시위를 여는 사람이나 단체이다.

찬양고무죄: 북한에 대한 칭찬, 격려 등의 말과 행동을 이적행위로 처벌하는 「국가보안법」 제7조 제1항의 죄이다. 국민의 눈과 귀를 가리고 입을 조심하게 만드는 '헌법 위의 「국가보안법」'을 상징하는 대표적 독소조항이다.

책임조각사유: 형법이 금지한 행위에 해당하고 위법하지만 행위자에게 비난 가능성이 없어 책임을 인정하기 어려운 경우이다. 강요된 행위가 여기에 해당될 수 있다.

최후진술: 1심과 항소심(사실심)에서 검사의 구형의견과 변호인의 최후변론이 있은 후 진행되는 공판기일의 마지막 절차로, 피고인이 자신의 주장을 재판장에게 직접 말로 개진하는 것이다.

친고죄: 피해자가 고소해야 수사를 개시할 수 있는 범죄이다. 수사 중에 라도 피해자가 고소를 취소하면 수사를 종료해야 하고 처벌할 수도 없다. 모욕죄가 이에 해당된다.

표현의 자유: 정치, 사회, 문화, 예술의 모든 영역에서 자신의 의견이나 감정을 자유롭게 드러내거나 이를 전달하는 것을 방해받지 않을 권리이다.

항소(상고)이유서 제출기한: 소송기록접수통지서가 송달된 날로부터 20일 이내에 항소(상고)이유서를 반드시 제출하여야 한다. 만약 이를 지키지 않으면 심리가 진행되지 않고 항소(상고)기각결정으로 종결 처리된다.

항소이유: 1심판결에 불복하면서 이 판결에 취소되어야 할 사유가 있다고 지적하는 것이다. '사실관계를 잘못 파악했다(사실오인)', '양형이 너무 무겁다(양형부당)' 등이 주된 사유이다.

해산명령위반: 국가경찰공무원이 일정한 요건이 충족되어 자진해산의 요청을 거쳐 세 번 이상의 해산명령을 하였음에도 불구하고 해산하지 않는 것을 말한다. 6개월 이하의 징역 또는 50만 원 이하의 벌금 등에 처해질 수 있는 범죄이다.

행정상 즉시강제: 미리 의무를 명할 시간적 여유가 없거나 또는 그 성질상 의무를 명해서는 목적을 달성하기가 곤란할 때 직접 국민의 신체 또는 재산에 실력을 가하여 행정상 필요한 목적을 달성하기 위해 하는 행위이다.

형사보상: 피고인이 미결구금을 당했는데 무죄재판이 확정된 경우 국가가 억울한 구금에 대하여 보상하는 것이다. 「최저임금법」에 따른 일급 최저임금액의 5배 범위 이하에서 보상금을 지급한다.

형사비용보상: 무죄판결이 확정된 경우 피고인이었던 사람에게 재판에 소요된 비용(여비, 일당, 숙박료 ,변호인 선임료)을 국가가 보상하는 것이다. 구체적인 보상액은 실제 지출된 비용이 아닌 미리 정해놓은 획일적인 기준에 의한다.

형사상 배상명령: 형사재판절차에서 법원이 유죄판결을 선고할 경우 판결과 동시에 범죄행위로 발생한 직접적인 물적 피해 및 치료비 등에 대한 배상을 명하는 것이다.

형사재판에서의 화해: 형사사건의 가해자와 피해자가 사건피해보상에 합의한 경우에 법원에 합의사실을 공판조서에 기재하는 것이다. 이는 민사상 확정판결을 받는 것과 같은 효력을 가진다.

1인 시위: 1인의 의사표현을 목적으로 하는 각종 표현행위이다.